Nathalie Fayaud

Cambridge IGCSE® and O Level
French as a Foreign Language
Teacher's Book

CAMBRIDGE UNIVERSITY PRESS

CAMBRIDGE
UNIVERSITY PRESS

University Printing House, Cambridge CB2 8BS, United Kingdom

One Liberty Plaza, 20th Floor, New York, NY 10006, USA

477 Williamstown Road, Port Melbourne, VIC 3207, Australia

314–321, 3rd Floor, Plot 3, Splendor Forum, Jasola District Centre,
New Delhi – 110025, India

79 Anson Road, #06–04/06, Singapore 079906

Cambridge University Press is part of the University of Cambridge.

It furthers the University's mission by disseminating knowledge in the pursuit of education, learning and research at the highest international levels of excellence.

www.cambridge.org
Information on this title: www.cambridge.org/9781316626405

© Cambridge University Press 2017

This publication is in copyright. Subject to statutory exception and to the provisions of relevant collective licensing agreements, no reproduction of any part may take place without the written permission of Cambridge University Press.

First published 2017

20 19 18 17 16 15 14 13 12 11 10 9 8 7 6 5 4

Printed in Great Britain by CPI Group (UK) Ltd, Croydon CR0 4YY

A catalogue record for this publication is available from the British Library

ISBN 978-1-316-62640-5 Paperback

Additional resources for this publication at www.cambridge.org

Cambridge University Press has no responsibility for the persistence or accuracy of URLs for external or third-party internet websites referred to in this publication, and does not guarantee that any content on such websites is, or will remain, accurate or appropriate. Information regarding prices, travel timetables, and other factual information given in this work is correct at the time of first printing but Cambridge University Press does not guarantee the accuracy of such information thereafter.

....

NOTICE TO TEACHERS IN THE UK

It is illegal to reproduce any part of this work in material form (including photocopying and electronic storage) except under the following circumstances:
(i) where you are abiding by a licence granted to your school or institution by the Copyright Licensing Agency;
(ii) where no such licence exists, or where you wish to exceed the terms of a licence, and you have gained the written permission of Cambridge University Press;
(iii) where you are allowed to reproduce without permission under the provisions of Chapter 3 of the Copyright, Designs and Patents Act 1988, which covers, for example, the reproduction of short passages within certain types of educational anthology and reproduction for the purposes of setting examination questions.

....

NOTICE TO TEACHERS

The photocopy masters in this publication may be photocopied or distributed [electronically] free of charge for classroom use within the school or institution that purchased the publication. Worksheets and copies of them remain in the copyright of Cambridge University Press, and such copies may not be distributed or used in any way outside the purchasing institution.

* IGCSE is the registered trademark of Cambridge International Examinations.

Cambridge IGCSE and O Level French as a Foreign Language

Table des matières

	Grammaire	Stratégies
Introduction		5
Unité 0 Bienvenue en Francophonie ! Les pays de la francophonie		6
les distances les horaires les fêtes nationales	à + ville ; en / au / aux + pays le jour, la date et l'heure les nombres	se familiariser avec le français
Unité 1 Mon quotidien Une journée typique entre maison et collège		9
les activités quotidiennes et les horaires les tâches ménagères et les petits boulots les moyens de transport le collège : matières, horaires et vie scolaire	les verbes : l'infinitif et le présent	apprendre à conjuguer apprendre le vocabulaire
Unité 2 La pleine forme Les aliments, la santé		23
manger équilibré les cafés, les restaurants les plats traditionnels les problèmes de santé les conseils de santé	le genre et le nombre l'article : défini, indéfini, partitif l'accord et la place de l'adjectif l'adjectif et le pronom démonstratif l'adjectif possessif l'impératif	se préparer à écouter
1 et 2 Révisez bien !		35
Unité 3 Une famille à l'étranger Un séjour dans une famille francophone		37
la famille la maison les premiers contacts les lieux et activités de loisirs accepter ou refuser une invitation acheter des billets commander un repas	les verbes : le passé composé et l'imparfait venir de + infinitif les pronoms relatifs : qui / que, ce qui / ce que les pronoms compléments d'objet direct et indirect	se préparer à un jeu de rôle
Unité 4 Faites la fête ! Les fêtes		50
les festivals les jours de fête	les verbes : le futur et le conditionnel le futur avec aller et le futur simple la condition avec si (présent + futur, imparfait + conditionnel) utiliser des temps variés	comprendre ce qu'on entend
3 et 4 Révisez bien !		63
Unité 5 Ma ville, demain... ? Là où j'habite		64
les avantages et les inconvénients l'avenir de ma ville demander et indiquer le chemin les problèmes dans les magasins, à la banque, à la poste, aux objets trouvés	la négation où et y moi aussi, pas moi, moi non plus, moi si le pronom en	apprendre le vocabulaire écouter et repérer les petits mots qui changent le sens

	Grammaire	Stratégies	
Unité 6 La nature – amie, ennemie ou victime ? La nature			77
l'environnement naturel le temps et le climat	les adverbes les expressions d'intensité les expressions de quantité l'interrogation les verbes suivis de *à* / *de* + infinitif	préparer une présentation répondre à des questions	
5 et 6 Révisez bien !			90
Unité 7 Bonjour de Francophonie ! Étape : revoir les thèmes des unités 1–6			92
parler de soi, de sa famille et de ses origines parler de son cadre de vie parler de sa vie quotidienne et de sa culture présenter sa ville et des attractions	la description le comparatif le superlatif	reconnaître la nature des mots	
Unité 8 L'école, et après ? Éducation et formation après 16 ans			102
la scolarité après 16 ans les examens l'orientation l'université l'année sabbatique	révision des temps (présent, passé, futur) révision du conditionnel présent le participe présent et le gérondif la voix passive au présent	repérer les indices quand on écoute	
7 et 8 Révisez bien !			114
Unité 9 Au travail ! Le monde du travail			116
le choix d'un futur métier le stage en entreprise un job d'été un premier emploi à l'étranger	les verbes : bilan sur les modes et les temps le plus-que-parfait l'infinitif passé le subjonctif après certaines expressions le conditionnel passé	adapter un texte rédiger une lettre	
Unité 10 À l'écoute du monde Communiquer			126
les usages du portable l'informatique à l'école regard critique sur l'information les dangers d'Internet la netiquette communiquer au travail	l'accord du participe passé avec le complément d'objet direct les pronoms relatifs après une préposition bilan sur les pronoms personnels et relatifs	comprendre les abréviations se servir d'un dictionnaire bilingue	
9 et 10 Révisez bien !			137
Unité 11 En voyage Les voyages			139
récit de voyage l'importance des voyages l'hébergement en voyage accidents de la route	adjectifs et pronoms indéfinis la durée : *pendant*, *pour* la voix passive : le passé composé bilan sur les connecteurs	préparer et donner une courte présentation parler avec plus d'assurance	
Unité 12 Jeune au XXIe siècle Être jeune, les défis d'aujourd'hui			149
pression des adultes, pression du groupe la peur du chômage initiatives de jeunes l'huile de palme discrimination, inégalité, injustice les jeunes face aux conflits	les pronoms possessifs bilan : améliorer ses résultats grâce à la grammaire	enrichir son travail écrit	
11 et 12 Révisez bien !			160
Corrigés du cahier d'exercices			164

Cambridge IGCSE and O Level French as a Foreign Language

Introduction

Cette méthode, conçue spécifiquement pour aider les élèves à développer et à consolider des compétences de base précédemment / déjà acquises, couvre le programme du Cambridge IGCSE and O Level French as a Foreign Language.

Le livre de l'élève introduit de manière progressive et détaillée les thèmes, le vocabulaire et les points de grammaire contenus dans le programme du Cambridge IGCSE and O Level French as a Foreign Language.

Les thèmes choisis reflètent les centres d'intérêt et les préoccupations des adolescents de la génération du millénaire et ont pour but, outre les instruire, de les informer et de leur faire porter un regard critique sur le monde. Afin de présenter le français comme une langue globale et en vue d'inciter les élèves à explorer de nouvelles cultures, le livre de l'élève propose de nombreux textes et activités ayant trait au monde francophone.

La section « Le parfait linguiste » porte sur le développement de techniques utiles et variées dans l'apprentissage actif et indépendant d'une langue étrangère.

La méthode a aussi pour but de préparer les élèves à poursuivre leurs études de français au-delà de l'IGCSE. Par conséquent, le niveau de certaines activités et de certains points de grammaire se fait volontairement plus exigeant afin de stimuler les élèves les plus motivés, notamment dans les dernières unités.

Afin de bien progresser, il est important de réutiliser fréquemment le langage fraîchement acquis. C'est pourquoi le livre de l'élève comporte des unités de révision qui permettent aux élèves de consolider le vocabulaire et les structures appris lors des deux unités précédentes. De même, l'Unité 7 est entièrement consacrée à une révision d'ensemble des unités précédentes. Il est conseillé de l'étudier au tout début de la deuxième année d'étude du programme.

Le livre de l'élève s'accompagne aussi:

- d'un **cahier d'exercices** que les élèves peuvent utiliser en classe, suivant les conseils du professeur, ou de manière plus indépendante en dehors des cours. À noter : les exercices de grammaire peuvent se faire dans l'ordre de présentation du livre de l'élève, mais les activités de vocabulaire, plus globales, ainsi que celles de la section Mieux apprendre, ne doivent s'effectuer qu'en fin d'unité.
- de **240 exercices en ligne** qui testent les quatre aptitudes requises pour l'apprentissage d'une langue étrangère et peuvent s'effectuer soit en classe, soit en dehors des cours.

Icônes utilisés dans le livre de l'élève :

- 💬 Travail oral
- 🔊 Écoute / compréhension orale
- 📝 Travail écrit
- 📖 Lecture / compréhension écrite

Le livre du professeur contient :
- les corrigés de tous les exercices (livre de l'élève et cahier d'exercices)
- la transcription des enregistrements
- des conseils d'exploitation pour les classes de niveaux mixtes
- des suggestions d'activités supplémentaires
- des techniques d'apprentissage en lien avec les compétences d'oral et d'écrit
- des activités d'entraînement aux quatre épreuves de l'IGCSE de Français Langue Étrangère. Veuillez noter que l'épreuve 3 (Compréhension orale) pour les élèves passant l'examen de O Level French (3015) à partir de 2019 est facultative.

Le professeur disposera des ressources suivantes, en ligne (www.cambridge.org/9781316626405) :
- l'enregistrement de tous les exercices de compréhension orale
- des fiches d'activités à imprimer et à utiliser en classe pour faciliter les exercices d'écoute, d'écriture ou de révision
- des listes de vocabulaire regroupé par thèmes correspondant à chaque unité.

Les Listes de Vocabulaire sont à utiliser à la fin de chaque unité pour revenir sur le vocabulaire présenté tout au long de l'unité. Celles-ci sont divisées en sections correspondant aux sections du livre de l'élève.
Elles encouragent l'apprentissage du vocabulaire en permettant aux élèves de traduire les mots et expressions clés dans leur langue maternelle, ainsi que de les utiliser activement dans le cahier d'exercices (où elles sont signalées par l'icône 🔤) pour faire les activités des sections Entraînez-vous au vocabulaire.

Dans le Cahier d'Exercices, la section Mieux apprendre, placée entre les exercices de grammaire et ceux de vocabulaire, vise à donner aux apprenants des techniques et des méthodes d'apprentissage. Donnez les exercices de cette section aux élèves vers la fin de l'unité. Choisissez le moment exact en fonction de son contenu.

Unités 0 et 10 : contenu d'ordre général
Unités 1, 3, 4, 7 : grammaire
Unités 2, 5, 6 : vocabulaire
Unités 8, 9, 11, 12 : travail de production (écrite ou orale)

Bienvenue en Francophonie !

Au sommaire

Thème : les pays de la Francophonie

Points lexicaux
- les distances
- les horaires
- les fêtes nationales

Grammaire
- à + ville ; en / au / aux + pays
- le jour, la date et l'heure
- les nombres

Stratégie
- se familiariser avec le français

Matériel :
- Cahier d'exercices 1, 2

1 💬 Les élèves discutent de la Francophonie : ils doivent deviner quelle ville francophone est la plus grande.

Demander aux élèves :
- de donner leur propre définition de la Francophonie
- s'ils connaissent un pays ou une ville francophone
- s'ils ont déjà visité un pays ou une ville francophone.

Pour plus de renseignements au sujet de la Francophonie, il est toujours bon de consulter le site de l'Organisation internationale de la Francophonie (OIF) (www.francophonie.org).

2 📖💬 Il est conseillé que les élèves fassent cette activité à l'aide d'une carte de la Francophonie, facilement accessible en ligne ou dans le livre de l'élève (0.01 *Gros plan sur… la Francophonie*). À deux, en utilisant les deux listes, les élèves doivent relier chaque ville avec le pays francophone auquel elle appartient.

Réponse :
On parle français…
… à Abidjan, en Côte d'Ivoire.
… à Antananarivo, à Madagascar.
… à Dakar, au Sénégal.
… à Yaoundé, au Cameroun.
… à Ouagadougou, au Burkina Faso.
… à Alger, en Algérie.
… à Beyrouth, au Liban.
… à Bruxelles, en Belgique.

À l'aide d'une carte de la Francophonie, les élèves doivent continuer la liste avec un minimum de cinq autres exemples.

Exemple :
On parle français…

à Paris, en France / à Genève, en Suisse / à Tunis, en Tunisie / à Montréal, au Canada / à Rabat, au Maroc / à Libreville, au Gabon / à Lomé, au Togo / à Port-au-Prince, en Haïti / à la Guadeloupe, en France.

VARIATION

- À deux, les élèves font un jeu de *Vrai ou Faux*.
  Exemple :
  Élève A   On parle français à Mexico, au Mexique.
  Élève B   Faux.
  Élève B   On parle français à Lyon, en France.
  Élève A   Vrai.

- Lors de cette activité, les élèves peuvent aussi réviser le nom des continents : en Afrique, en Amérique (du Nord / du Sud), en Asie, en Europe, en Océanie.
  Exemple :
  Élève A   On parle français à Mexico, au Mexique, en Amérique du Sud.
  Élève B   Faux.
  Élève B   On parle français à Lyon, en France, en Europe.
  Élève A   Vrai.

- Les élèves peuvent aussi réviser les nationalités de chaque pays francophone. À deux, ils peuvent créer un minimum de cinq phrases selon le modèle suivant.
  Exemple : Les Algériens habitent en Algérie. Les Marocains habitent au Maroc. Les Belges habitent en Belgique…

À noter :

- Les noms de nationalité commencent par une lettre majuscule : *les Canadiens*.
- Les adjectifs de nationalité commencent par une lettre minuscule : *le désert marocain*.

À + VILLE, EN / AU / AUX + PAYS

Faire remarquer aux élèves que les noms de pays sont masculins ou féminins. Les pays dont la terminaison est en -e sont majoritairement féminins sauf quatre : *le Cambodge, le Mexique, le Mozambique, le Zimbabwe*.

Faire aussi remarquer que les îles telles que Tahiti, Haïti ou la Guadeloupe utilisent une préposition différente : *à Tahiti, en Haïti, à la Guadeloupe*.

Voir aussi :
- Cahier d'exercices 1, 2

0.01 Gros plan sur... la Francophonie

Matériel :
- CD 01, Piste 2
- Cahier d'exercices 3, 4, 9, 10

Avant de commencer les activités qui suivent, il est conseillé de faire réviser aux élèves les chiffres et les nombres. Suggestions d'activités orales :

- Demander aux élèves de donner un chiffre inférieur à 5, un chiffre ou un nombre entre 5 et 15, et un nombre entre 16 et 35.
- Demander à un élève de donner un chiffre ou un nombre ; son partenaire doit dire celui qui le précède ou le suit.
- Un élève donne son numéro de téléphone en utilisant le système français et donc en donnant les chiffres par deux ; son partenaire doit le noter par écrit.

Exemple :

Élève A   *Zéro quatre, soixante-sept, quatre-vingt-douze, dix-neuf, trente-cinq.*

Élève B   *04 67 92 19 35*

- Activité à deux : en utilisant l'encadré au sujet de pourcentage de francophones par pays, un élève dit une assiette de pourcentages ; son partenaire donne le nom d'un pays dans cette assiette.

Exemple :

Élève A   *Plus de soixante pour cent.*

Élève B   *La France.*

1a 📖 À l'aide de la carte, les élèves doivent deviner la distance entre Paris et des régions et territoires d'outre-mer.

1b 🔊 Un groupe de personnes a été interrogé dans la rue et il leur a été demandé d'évaluer la distance entre Paris et plusieurs régions et territoires d'outre-mer. Les élèves écoutent, notent les nombres et comparent leurs réponses avec celles de l'activité précédente.

Il est conseillé de faire écouter l'enregistrement deux fois. Selon le niveau de compréhension de la classe, l'enregistrement peut être interrompu après chaque conversation.

Réponse :
1 6 760 km, **2** 16 750 km, **3** 9 370 km, **4** 4 270 km, **5** 8 050 km

> 🔊 **CD 01, Piste 2**
>
> 1 – Bonjour ! Connaissez-vous la distance entre Paris et la Guadeloupe ?
>   – Ah non, désolé, je ne sais pas !
>   – Environ six mille sept-cent kilomètres ?
>   – Oui, c'est six mille sept-cent soixante kilomètres. Bravo !
>
> 2 – Bonjour ! Connaissez-vous la distance entre Paris et la Nouvelle-Calédonie ?
>   – Oui, je sais que c'est entre quinze mille et dix-huit mille kilomètres.
>   – Oui, c'est seize mille sept-cent cinquante kilomètres. Bravo !
>
> 3 – Bonjour ! Connaissez-vous la distance entre Paris et La Réunion ?
>   – Oui, très bien, c'est neuf mille trois cent soixante-dix kilomètres.
>   – Wow, super !
>   – Je suis de La Réunion !
>
> 4 – Bonjour ! Connaissez-vous la distance entre Paris et Saint-Pierre-et-Miquelon ?
>   – Ah non, je ne sais pas. Aucune idée.
>   – C'est quatre mille deux cent soixante-dix kilomètres.
>
> 5 – Bonjour ! Connaissez-vous la distance entre Paris et Mayotte ?
>   – Oui, Mayotte c'est huit mille kilomètres, je pense.
>   – Huit mille cinquante kilomètres pour être exact. Super !

> **APPROFONDISSEMENT**
> - Les élèves réécoutent et notent les nombres. Ils peuvent aussi s'entraîner à les redire plusieurs fois.
> - Les élèves peuvent préparer un questionnaire similaire sur les distances entre des villes de leur pays, ou entre des villes de leur pays et d'autres pays.

Avant de commencer les activités 2a et 2b, il est conseillé de faire réviser aux élèves comment donner l'heure. Pour s'entraîner, à l'aide d'une horloge en ligne (www.horlogeparlante.com / horloge-mondiale.html), les élèves peuvent donner l'heure qu'il est dans n'importe quel autre pays du monde.

Exemple : Quelle heure est-il à Moscou en ce moment ? Et à Sydney ?

2a Les élèves doivent deviner quelle heure il est chez chacun des cinq jeunes francophones s'il est midi à Paris.

Réponse :
Pour Rosine, à Bana, au Cameroun, il est midi. Pour Tien, à Hanoï, au Vietnam, il est 18 heures. Pour Simon, à Montréal, au Canada, il est 7 heures. Pour Amadi, à Madagascar, il est 14 heures. Pour Wendy, à Wallis-et-Futuna, il est 23 heures.

2b À l'aide de la carte de fuseaux horaires, les élèves doivent créer un dialogue au sujet d'une réunion Skype. On ne peut pas appeler n'importe quand ! Ils doivent deviner quelle est l'heure correcte pour appeler de Paris chacun des cinq jeunes d'une ville francophone.

0.02 La Francophonie en fête

> **Matériel :**
> - Cahier d'exercices 5–8, 11

Avant de commencer les activités qui suivent, il est conseillé de faire réviser aux élèves la date (les jours et les mois). Faire remarquer qu'on emploie :
- *le premier* pour le premier jour du mois : *mardi 1er (premier) juillet*
- les nombres cardinaux pour les autres jours du mois : *vendredi 15 (quinze) mars.*

Activité à deux : à l'aide d'une éphéméride accessible en ligne (par exemple www.ephemeride.com / calendrier / jour_semaine / 80), les élèves peuvent deviner quel jour a eu lieu une date importante de l'histoire ou même leur date de naissance.

Exemple :
Élève A   Le 14 juillet 1789, c'était quel jour ?
Élève B   C'était un mardi.

1 Les élèves doivent associer les informations sur les fêtes nationales à un pays francophone.

Réponse :
1 la Suisse, **2** le Sénégal, **3** la Belgique, **4** la France, **5** le Québec, **6** Monaco

2 Les élèves discutent de la fête nationale dans leur propre pays. Ils doivent mentionner la date et décrire ce qui se fête ce jour-là.

Exemple : Au Luxembourg, la fête nationale est le 23 juin. Nous fêtons l'anniversaire du souverain du Grand-duché de Luxembourg. Un orchestre joue le Te Deum dans la cathédrale Notre-Dame de Luxembourg et cent un coups de canon sont tirés à la fin.

Le parfait linguiste

3 Les élèves lisent et classent les conseils afin d'améliorer leur français de manière indépendante. La liste n'est pas exhaustive : le professeur et les élèves peuvent ajouter leurs propres idées (voir l'activité 4). Le professeur peut aussi, par exemple, ajouter des noms de chanteurs francophones ou des adresses de sites Internet utiles.

Le professeur trouvera peut-être plus aisé de donner ces conseils en utilisant la langue d'apprentissage de ses élèves.

4 Les élèves ajoutent leurs propres suggestions à la liste A–H et les discutent avec le reste de la classe.

> **VARIATION**
> Les élèves peuvent regarder des films francophones de préférence sans sous-titres mais peut-être pour commencer avec des sous-titres dans la langue de l'élève ou en français. Films suggérés :
> *No et moi* (Zabou Breitman, 2010)
> *Les Héritiers* (Marie-Castille Mention-Schaar, 2014)
> *Persepolis* (Marjane Satrapi, 2007)
> *Le Goût des autres* (Agnès Jaoui, 2000)
> *Entre les murs* (Laurent Cantet, 2008)
> *La Rafle* (Rose Bosch, 2010)
> *La Famille Bélier* (Éric Lartigau, 2014)
> *Astérix aux Jeux Olympiques* (Thomas Langmann, 2008)
> *La Fille du puisatier* (Daniel Auteuil, 2011)
> *Samba* (Éric Toledano, Olivier Nakache, 2014)

1 Mon quotidien

Au sommaire

Thème : une journée typique entre maison et collège

Points lexicaux
- les activités quotidiennes et les horaires
- les tâches ménagères et les petits boulots
- les moyens de transport
- le collège : matières, horaires et vie scolaire

Grammaire
- les verbes : l'infinitif et le présent

Stratégies
- apprendre à conjuguer
- apprendre le vocabulaire

1 Cette activité de remue-méninges a pour but de faire se remémorer aux élèves le vocabulaire acquis lors des années précédentes.

En groupe ou à deux, les élèves regardent la photo et notent le plus de détails possible à son sujet. Ils peuvent écrire leurs descriptions sur des Post-it et les coller au tableau. La classe peut ensuite choisir l'information la plus amusante / originale / intéressante.

2 Après avoir fait sa propre liste, chaque groupe d'élèves échange ses idées avec les autres groupes. Ils / Elles doivent déterminer qui a la liste de descriptions la plus longue ; qui a eu les idées les plus originales ; qui a employé le plus de vocabulaire et de structures grammaticales élaborés, etc.

Lors de la description de la photo, il sera peut-être nécessaire d'apporter une aide supplémentaire à certains élèves en s'aidant des questions suivantes :

- Que voyez-vous sur la photo ?
- Qui sont les personnes sur la photo ?
- Quel âge ont-elles ?
- De quels pays sont-elles, à votre avis ?
- Que font-elles ? Où vont-elles ?
- Que portent-elles ?
- Que vont-elles faire ?

En fin d'unité, les élèves peuvent :

- décrire une nouvelle fois la photo en utilisant le vocabulaire et les structures grammaticales nouvellement acquis dans cette unité
- imaginer ce que l'une des personnes sur la photo dit au sujet de ses activités quotidiennes.

1.01 Ça commence bien !

Matériel :
- Fiche 1.01

Cette double page a pour but de rappeler aux élèves le vocabulaire acquis lors des années précédentes. Les thèmes étudiés sont : la routine journalière, les tâches ménagères, le trajet pour aller au collège et les matières scolaires.

Les bonnes habitudes

1 Après avoir lu la *Recette pour bien commencer la journée*, les élèves doivent ajouter au moins dix verbes (pronominaux ou pas) à l'infinitif.

Exemple : se coiffer, se peigner, se préparer, se maquiller, préparer ses affaires, regarder la télé, mettre son uniforme scolaire, écouter de la musique, écouter la radio, jouer d'un instrument de musique, chanter, aider à la maison…

2 Activité à deux : un élève compare ses habitudes avec celles de son partenaire.

Il est conseillé de réviser les conjugaisons des verbes réguliers et irréguliers (pronominaux ou pas) au présent de l'indicatif avant de faire cette activité. Les élèves pourront d'abord se concentrer sur la formation des verbes à la première personne du singulier (*je*).

3 🔖🗨 Chaque élève doit maintenant rédiger sa propre « Recette pour bien commencer la journée » en utilisant les nouveaux verbes appris dans les deux activités précédentes. Les élèves peuvent ensuite comparer et discuter leurs « Recette » à deux ou en classe.

Le ménage équitable, ça existe ?

4 🔖 Chaque élève lit l'écran de l'appli et indique qui fait quelle tâche ménagère chez eux.

Avant de faire cette activité, il serait souhaitable de s'assurer que les élèves ont une bonne connaissance du vocabulaire lié aux tâches ménagères. Souligner aussi l'infinitif des verbes et s'assurer que les élèves savent conjuguer les verbes au présent de l'indicatif.

5 🗨 Les élèves comparent leurs listes de l'activité 4.

6 🔖🗨 Les élèves ajoutent d'autres tâches ménagères à leur liste. Ils indiquent s'ils font ces tâches à la maison.

Le professeur doit s'assurer que le vocabulaire requis pour parler des tâches ménagères est couvert.

Exemple : *balayer, débarrasser la table, faire le jardinage, faire la lessive, faire le ménage, nettoyer, ranger…*

Le cheval : l'avenir des transports scolaires ?

7 🔖🗨 Avant de faire cette activité, il serait souhaitable de s'assurer que les élèves ont une bonne connaissance du vocabulaire lié aux moyens de transport.

Exemple : *le bus / l'autobus, le car / l'autocar, la voiture, le taxi, le métro, le vélo, la mobylette, le scooter, la moto, l'avion…*

Souligner la différence entre *à* (+ *cheval, pied, vélo, moto*) and *en* (+ *bus, voiture, métro*).

À deux, les élèves notent le plus de noms de moyens de transport possible. Ils doivent ensuite décider quelle paire a noté le plus de noms.

8 📖🗨 Les élèves complètent le texte au-dessous de la photo en utilisant des noms de transport en commun. Attention : le texte doit rimer !

Réponse :

voiture, bus, vélo, pied, cheval

9 🔖 Les élèves rédigent maintenant leur propre texte pour une affiche de sensibilisation aux transports écolo pour les vacances. Si possible, comme dans l'exemple du livre de l'élève, le texte doit rimer.

Les élèves plus musiciens pourront aussi créer une chanson ou un rap sur le même thème.

Le lycée idéal : le A à Z des matières

10 🔖 Avant de faire cette activité, il serait souhaitable de s'assurer que les élèves ont une bonne connaissance du vocabulaire lié aux matières scolaires.

Après avoir observé l'image, les élèves doivent noter le plus de matières scolaires mentionnées.

Réponse :

les arts plastiques, la chimie, la biologie, l'EPS (l'éducation physique et sportive), la géographie, l'histoire, le français, les langues vivantes / étrangères, les mathématiques, la musique, la physique, l'informatique

Demander aux élèves d'ajouter des matières qui ne sont pas dans cette liste.

Exemple : *la technologie, le théâtre, la photographie, l'économie, la philosophie, les arts graphiques, l'éducation religieuse, la cuisine l'anglais, l'espagnol, l'allemand, le russe, le chinois, l'italien…*

11 🗨🔖 Les élèves créent un abécédaire des matières scolaires et des autres activités présentes au lycée idéal (Fiche 1.01).

Ils peuvent utiliser un dictionnaire pour cette activité. Certains mots avec des lettres telles que K, W, X ou Y seront plus difficiles à trouver. Les élèves devront alors faire preuve de plus d'imagination et de créativité.

Cette activité peut être une bonne occasion pour réviser l'alphabet. Quelques suggestions :

- Demander aux élèves d'épeler leur nom ou celui de leur partenaire.
- Un élève épelle un mot (français) et le reste de la classe doit deviner de quel mot il s'agit.

12 💬 📝 Les élèves mettent leurs idées en commun et font le Top 10 des idées les plus amusantes et les plus originales.

1.02 Enquête : la vie quotidienne

Matériel :
- CD 01, Pistes 3, 4
- Cahier d'exercices 1–3

Avant de faire ces activités, il serait souhaitable de s'assurer que les élèves ont une bonne connaissance du vocabulaire lié aux activités journalières et à l'heure.

Trois jeunes francophones ont répondu aux questions du reporter au sujet de leur journée typique. La liste des questions posées se trouve sur le carnet de notes de l'activité 5.

1 🔊 📝 Les élèves doivent d'abord lire puis écouter l'interview de Matthieu, un jeune Français. Ils / doivent répondre en utilisant le système horaire sur douze heures. Par exemple : *à dix heures (du soir)* et non pas *vingt-deux heures*.

Il est conseillé de faire écouter l'enregistrement deux fois.

Afin de mieux préparer tous les élèves, discuter des mots qu'il faut essayer de repérer dans l'interview pour pouvoir noter l'heure : *heure(s), et quart, et demi / demie, moins vingt…*

Faire écouter une première fois en demandant aux élèves de lever la main quand ils pensent avoir entendu l'heure. Mettre sur pause après chacune des réponses. Faire ensuite réécouter l'interview dans son ensemble.

Réponse :
7h15 (à sept heures et quart), 7h30 (à sept heures et demie), 7h50 (à huit heures moins dix), 8h00 (à huit heures), 12h30 (à midi et demi), 17h30 (à cinq heures et demie), 19h45 (à huit heures moins le quart), 20h30 (à huit heures et demie), 22h00 (à dix heures), 22h30 (à dix heures et demie)

> 🔊 **CD 01, Piste 3**
>
> – À quelle heure commence ta journée ?
> – Alors, je me réveille à sept heures et quart mais je ne me lève pas tout de suite. Je vérifie d'abord mes nouveaux messages sur mon portable. *[Pause]*
>
> – Que fais-tu avant d'aller au lycée ?
> – À sept heures et demie, je me douche, je m'habille et je me coiffe. Entre huit heures moins dix et huit heures, je prends un bon petit déjeuner. Manger le matin, c'est vital ! À huit heures, je quitte la maison et je prends le bus pour aller au lycée. *[Pause]*
>
> – À quelle heure manges-tu le midi ?
> – Alors, je déjeune à la cantine du lycée à midi et demi. *[Pause]*
>
> – Que fais-tu après le lycée ?
> – Je rentre du lycée, à cinq heures et demie, et je prends aussi un goûter, et je joue un peu sur ma console pour me relaxer et après je fais mes devoirs. À huit heures moins le quart, c'est l'heure du dîner en famille. Après, j'aide un peu ma mère à débarrasser la table. *[Pause]*
>
> – Que fais-tu le soir ?
> – Vers huit heures et demie, je regarde la télé ou je monte dans ma chambre pour jouer sur ma console, aller sur les réseaux sociaux et lire jusqu'à dix heures. À dix heures, je me déshabille et des fois, je prends un bain avant d'aller au lit. *[Pause]*
>
> – À quelle heure te couches-tu ?
> – Je me couche en général vers dix heures et demie et j'écoute un peu de musique avant de dormir.

2 💬 Activité à deux : un élève mentionne une action du texte et son partenaire doit donner l'heure à laquelle elle a lieu.

VARIATION
- Un élève mime une action du texte et le reste de la classe doit deviner ce dont il s'agit.
- Donner aux élèves trois minutes pour mémoriser autant de détails du texte que possible.
- Comparer les listes de chaque élève ou de chaque groupe.

3 Les élèves rédigent un article au sujet de la journée de Matthieu. Pour cela, ils doivent mettre les verbes à la troisième personne du singulier en utilisant le pronom sujet *il*.

Leur faire remarquer que la terminaison des verbes ainsi que les adjectifs doivent changer.

Leur faire aussi remarquer qu'ils doivent maintenant utiliser le pronom réfléchi *se* au lieu du pronom réfléchi *me*.

Réponse suggérée :

Matthieu se réveille à sept heures et quart mais il ne se lève pas tout de suite.

À sept heures et demie, il se douche, il s'habille et il se coiffe. Entre huit heures moins dix et huit heures, il prend un bon petit déjeuner. À huit heures, il quitte la maison et il prend le bus pour aller au lycée. Il déjeune à la cantine (du lycée) à midi et demi.

Il rentre du lycée à cinq heures et demie et il prend un goûter. Il joue sur sa console et il fait ses devoirs. À huit heures moins le quart, il dîne avec sa famille. Après, il aide sa mère à débarrasser la table. Vers huit heures et demie, il regarde la télé ou il monte dans sa chambre pour jouer sur sa console, aller sur les réseaux sociaux et lire.

À dix heures, il se déshabille et des fois, il prend un bain. Il se couche vers dix heures et demie et il écoute de la musique avant de dormir.

> **VERBES PRONOMINAUX**
>
> Voir aussi :
> - 1.06 Le français à la loupe
> - Cahier d'exercices 2

4 Les élèves lisent le témoignage de Rosine, une jeune Camerounaise, et doivent retrouver le nom de trois repas, cinq verbes pronominaux et trois tâches ménagères.

Réponse :
a le petit déjeuner, le déjeuner, le dîner
b se réveiller, se doucher, se reposer, s'occuper de, se coucher
c chercher du bois, chercher de l'eau, faire la cuisine

5 Activité à deux : après avoir relu le témoignage de Rosine, les élèves doivent imaginer son interview.

Le tutoiement sera utilisé et l'élève jouant le rôle de Rosine utilisera *je* ; *nous* pourra aussi être remplacé par *on*. Les élèves devront faire particulièrement attention aux changements de terminaisons des verbes, des pronoms réfléchis et des adjectifs possessifs.

Avant qu'ils ne commencent cette activité, il est recommandé de rappeler aux élèves comment poser des questions notamment en utilisant l'expression *à quelle heure*. Les élèves qui ont besoin d'une activité plus structurée peuvent utiliser les questions fournies dans le livre de l'élève tandis que ceux qui sont plus à l'aise peuvent inventer des questions supplémentaires, comme dans la réponse suggérée.

Réponse suggérée :

A À quelle heure commence ta journée ?
B Je me réveille à cinq heures et demie et je me lève tout de suite.
A Que fais-tu avant d'aller au lycée ?
B Je vais chercher du bois, puis je fais ma toilette à six heures vingt. Je ne me douche pas parce qu'il n'y a pas d'eau.
A À quelle heure manges-tu le matin ?
B Je prends mon petit déjeuner vers six heures et demie.
A Qu'est-ce que tu manges ?
B En général, je mange du manioc avec des légumes.
A Tu portes un uniforme scolaire ?
B Oui, bien sûr !
A À quelle heure est-ce que tu quittes la maison ?
B Je quitte la maison à sept heures moins vingt.
A Comment vas-tu à ton lycée ?
B Je vais au lycée à pied. C'est à quatre kilomètres de chez moi.
A À quelle heure est ton premier cours ?
B Mon premier cours est à sept heures et demie.
A À quelle heure est le déjeuner ?
B Le déjeuner est entre midi et midi et demi.
A À quelle heure finissent les cours ?
B Les cours finissent à trois heures et demie.
A Que fais-tu après le lycée ?
B Je me repose un peu jusqu'à environ cinq heures. Puis je vais chercher de l'eau et j'aide ma mère à faire la cuisine.
A À quelle heure manges-tu le soir ?
B Normalement, je mange à sept heures.

A Qu'est-ce que tu fais le soir ?
B Je m'occupe de mes petits frères et je fais mes devoirs.
A À quelle heure te couches-tu ?
B Je me couche à neuf heures et demie.

6a 📖💬 Les élèves lisent l'article sur Tien, une jeune Vietnamienne. En utilisant les mots de l'encadré *Vocabulaire*, ils doivent compléter les blancs. Plusieurs réponses sont possibles.

Ces descripteurs de temps et ces mots de liaison sont particulièrement utiles pour les tâches écrites et les tâches orales. Il est conseillé que les élèves les notent bien de manière à pouvoir s'en servir dans de prochaines activités.

6b 🔊📝 Les élèves écoutent le témoignage de Tien et remplissent les blancs avec les mots qu'elle utilise.

Il est conseillé de faire écouter l'enregistrement deux fois. Selon le niveau de compréhension de la classe, l'enregistrement peut être interrompu après chaque phrase.

À noter : Le système horaire sur vingt-quatre heures est utilisé dans cet enregistrement.

Réponse :
1 d'habitude, **2** d'abord, **3** à, **4** en général, **5** jusqu'à, **6** ensuite, **7** normalement, **8** entre, et, **9** finalement, **10** vers

---

🔊 **CD 01, Piste 4**

D'habitude, le matin, je me lève à cinq heures. D'abord, je me lave puis je mets mon uniforme et je quitte l'appartement à cinq heures trente. Au lycée, je suis en classe bilingue et mes cours commencent à six heures quinze. En général, j'achète mon petit déjeuner dans la rue. À onze heures, je rentre déjeuner chez moi. Après, je retourne au lycée pour treize heures et j'ai cours jusqu'à dix-sept heures trente ou dix-huit heures. Ensuite, avant de quitter l'école, je dois faire mes devoirs et aussi aider au ménage de la classe. J'ai des cours privés presque tous les soirs, alors je dîne rapidement chez moi et je repars en cours. Normalement, je rentre à la maison entre vingt-deux heures et vingt-deux heures trente. Je finis mes devoirs supplémentaires et finalement, je me couche vers minuit. C'est une très longue journée !

---

7 📝💬 Activité à deux : après avoir relu les trois textes, un élève écrit des phrases au sujet des trois francophones et son partenaire doit deviner de qui il s'agit. Ils échangent leurs phrases avec d'autres groupes.

8 💬 Les élèves décrivent comment Matthieu, Rosine et Tien s'habillent pour aller à l'école. Ils donnent la différence principale entre les trois.

Réponse :
Rosine et Tien portent un uniforme alors que Matthieu n'en porte pas.

APPROFONDISSEMENT

Si les élèves portent un uniforme, leur demander de le décrire et demander leur avis au sujet de leur uniforme.

Questions suggérées :
- Tu aimes ton uniforme? Pourquoi? Pourquoi pas?
- Quels sont les avantages de l'uniforme? Et les inconvénients?
- Tu préférerais porter tes propres vêtements? Pourquoi? Pourquoi pas?

9 💬 Activité à deux : les élèves reprennent les questions de l'activité 5 et s'interviewent entre eux. S'il y a possibilité qu'ils s'enregistrent, demander aux élèves de se réécouter puis d'améliorer leurs réponses ou de les nuancer.

10 📝 En s'aidant du vocabulaire utilisé dans les trois témoignages et en utilisant le présent de l'indicatif, chaque élève doit raconter sa propre journée typique en 100 mots.

Les élèves doivent veiller à bien structurer leur travail en utilisant des connecteurs logiques (*d'abord, puis, ensuite…*) et des descripteurs de temps (*entre… et…, vers…*) et à varier leur vocabulaire. Les élèves doivent utiliser une variété de verbes (réguliers, irréguliers et pronominaux).

VARIATION

- Le professeur peut choisir le travail écrit d'un des élèves de la classe et, de manière anonyme, proposer au reste de la classe de le corriger et de trouver des idées pour l'améliorer.
- Le professeur peut aussi créer un travail écrit d'un niveau plutôt moyen et proposer aux élèves de l'améliorer et de le rendre plus riche.
- Certains textes pourront être publiés dans le magazine français de la classe.

1 Mon quotidien

APPROFONDISSEMENT

Les élèves observent les photos de Matthieu, Rosine et Tien et doivent écrire une légende pour chaque photo.

1.03 La parole aux collégiens

Matériel :
- CD 01, Pistes 5, 6
- Cahier d'exercices 4–7

Le week-end = repos ou boulot ?

1 Les élèves lisent et écoutent le témoignage de trois jeunes francophones : Tien du Vietnam, Rosine du Cameroun et Matthieu de France. Parmi ces témoignages, les élèves doivent retrouver dix tâches ménagères, deux petits boulots et six expressions pour dire si on aime ou pas.

Avant de faire l'activité, les élèves doivent lire les trois témoignages une première fois et s'assurer que le vocabulaire utilisé leur est familier.

Réponse :
a faire le ménage, faire le repassage, faire les courses (au marché), faire la cuisine, faire la vaisselle, chercher l'eau, faire la lessive, laver la voiture, vider le lave-vaisselle, passer l'aspirateur
b garder des enfants, travailler dans un magasin
c ça ne me dérange pas, j'adore ça, j'aime bien, je n'aime pas beaucoup, je déteste, je n'aime pas du tout

CD 01, Piste 5

Tien, Hanoï, Vietnam
Le samedi, je fais le ménage, le repassage et les courses au marché avec ma mère. Ça ne me dérange pas. Je veux faire un petit boulot, comme garder des enfants, mais je ne peux pas parce que je n'ai pas le temps, alors ma mère me donne un peu d'argent de poche. Le dimanche matin, je fais un cours de danse traditionnelle. J'adore ça ! L'après-midi et le soir, je fais mes devoirs.

Rosine, Bana, Cameroun
Le week-end, c'est comme la semaine : je fais la cuisine et la vaisselle. J'aime bien faire ça. Mais je n'aime pas beaucoup chercher l'eau. Le samedi, je fais aussi la grande lessive à la rivière. C'est dur, je déteste faire ça. Je veux faire mes devoirs mais je ne peux pas : je dois gagner de l'argent pour aider ma famille.

Matthieu, Paris, France
J'aime bien me relaxer le week-end pendant mon temps libre. Je veux travailler dans un magasin mais je ne peux pas, je suis trop jeune. Pour gagner de l'argent de poche, je dois aider mes parents : laver la voiture, vider le lave-vaisselle ou passer l'aspirateur. Je n'aime pas du tout ça et ce n'est pas bien payé !

2 Avant de commencer l'activité, donner une liste de questions pour faciliter la compréhension du texte aux élèves qui en auraient besoin. Ces questions peuvent être des questions ouvertes (*Que fait Tien le samedi ? – Elle aide à la maison*) ou des déclarations auxquelles on doit répondre par *Vrai* ou *Faux*. (*Matthieu n'a pas de temps libre le week-end. Vrai ou faux ? – Faux*).

Chaque élève prépare trois phrases fausses et trois phrases vraies au sujet des trois jeunes francophones et lit ses phrases à voix haute. Le reste de la classe doit décider si la phrase est vraie ou fausse et corriger les phrases fausses avec des détails des témoignages.

VARIATION

Au lieu de faire cette activité oralement, les élèves peuvent échanger leurs notes et corriger par écrit les phrases fausses de leur partenaire.

POUVOIR, VOULOIR, DEVOIR (+ INFINITIF)

Il est important que les élèves prennent l'habitude d'apprendre par cœur à conjuguer les verbes, notamment les verbes irréguliers.

À noter :
- La forme de chacun de ces verbes est similaire à la première, deuxième et troisième personne du singulier ; seule la terminaison change à la troisième personne du singulier.
- La forme de chacun de ces verbes à la première et à la deuxième personne du pluriel est similaire, seule la terminaison change. Il est bien important de connaître la forme de ces verbes à la première personne du pluriel de manière à pouvoir ensuite mettre ces verbes à l'imparfait.
- La troisième personne du pluriel permettra de former le présent du subjonctif.

Voir aussi :
- 1.06 Le français à la loupe
- Cahier d'exercices 5, 6

3 Activité à deux : l'élève A lit le texte de Tien à voix haute ; l'élève B l'interrompt en levant la main chaque fois qu'il entend une forme de *pouvoir*, *vouloir* ou *devoir*. Ils peuvent ensuite changer de rôle et continuer avec les autres textes.

Avant de commencer cette activité et de relire les trois témoignages, la classe entière peut réécouter les enregistrements et les élèves peuvent lever la main chaque fois qu'ils entendent une forme de *pouvoir*, *vouloir* ou *devoir*.

4 À l'aide du vocabulaire et des expressions étudiés dans les activités précédentes, chaque élève écrit un message de 80–100 mots au sujet de son week-end. Il doit utiliser les verbes *pouvoir*, *vouloir* et *devoir* au moins une fois chacun.

Avant de commencer cette activité, relire les textes en demandant aux élèves d'identifier les phrases et les expressions qu'ils pourraient réutiliser dans leur rédaction.

Pour les élèves qui ont plus de facilités, des questions d'ordre plus général peuvent être ajoutées :

Exemple :
- *Quels sont les petits boulots idéaux pour les jeunes de votre âge ? Discutez.*
- *Qu'est-ce qui est le plus important : le travail scolaire ou avoir un petit boulot ?*

Aller au collège : un trajet facile ou pénible ?

Cinq collégiens francophones racontent comment ils se rendent au collège dans leur pays.

5a Les élèves écoutent et lisent les témoignages de cinq jeunes francophones. En regardant les photos, ils doivent expliquer qui ils voient sur chaque photo.

Il est conseillé de faire écouter chaque message un par un, avec suffisamment de temps entre chaque message pour que les élèves aient le temps de regarder les photos et de discuter leurs réponses.

Réponse suggérée :

Sur la première photo, c'est Jules : on voit des jeunes en France. Ils vont au collège en car.

Sur l'autre photo, c'est Yasmina : on voit des jeunes en Afrique. Ils / Elles vont au collège à pied. Ils / Elles sont fatigué(e)s, peut-être.

CD 01, Piste 6

Amadi
J'habite à Madagascar. Ici, on va en général à l'école à pied parce qu'il n'y a pas de transports en commun. Moi, j'ai de la chance : je vais à l'école à vélo. Je mets vingt minutes, c'est rapide.

Jules
J'habite un village du sud de la France, à vingt kilomètres du collège. Le matin, je prends le car scolaire donc je dois me dépêcher pour être à l'arrêt à l'heure ! J'aime bien le car parce que je retrouve mes copains et on discute.

Camille
J'habite tout près du collège à Bordeaux mais ma mère m'emmène toujours en voiture. Moi, j'aime bien, c'est confortable ! Par contre, il y a beaucoup de circulation et quelquefois, j'arrive en retard !

Yasmina
Moi, j'habite au Niger. Le collège est à six kilomètres. Je dois faire une heure de marche et c'est fatigant. Pourtant le soir, je dois encore faire des kilomètres pour aller chercher de l'eau.

Tarek
J'habite à Paris, à côté de l'arrêt du bus qui va au collège alors c'est pratique. Il y a souvent du monde dans le bus et le trajet n'est pas très agréable mais c'est rapide : je mets quinze minutes.

5b 🔊 Les élèves relisent les cinq témoignages et notent les moyens de transports cités.

Réponse :

à pied, à vélo, le car scolaire, en voiture, le bus

Les élèves doivent ensuite comparer les moyens de transport cités par les cinq jeunes francophones avec ceux de leur ville.

Réponse suggérée :

Dans ma ville, pour aller au collège, on peut aller à pied ou en bus mais c'est parfois dangereux car il y a beaucoup de circulation. Comme j'habite une grande ville, je peux aussi prendre le métro ou l'autobus. Cependant, si je me lève en retard, mes parents me conduisent en voiture au collège.

> **VOCABULAIRE**
>
> Avant de commencer l'activité 6, il est conseillé de s'assurer que les élèves connaissent les connecteurs logiques donnés dans l'encadré *Vocabulaire*. Demander aux élèves s'ils connaissent d'autres connecteurs logiques et les ajouter à la liste.
>
> *Exemple : cependant, puisque, car…*
>
> Demander aux élèves d'écrire leurs propres phrases au sujet des moyens de transport de leur ville en utilisant ces connecteurs logiques.

6 🔊 Les élèves réécoutent les messages des cinq jeunes et ajoutent les connecteurs logiques manquants. Ils doivent pour cela se servir de l'encadré *Vocabulaire*.

Réponse :

1 donc, **2** parce que, **3** mais, **4** par contre, **5** pourtant, **6** alors, **7** et

7a 📖 D'après les témoignages des cinq jeunes francophones, les élèves répondent au quatre questions posées. Certains jeunes ne repondent pas à certaines questions. Dans ce cas, les élèves doivent indiquer : *On ne sait pas.*

Réponse :

Amadi : **A** On ne sait pas / assez loin, **B** 20 minutes, **C** le vélo, **D** facile – c'est rapide

Jules : **A** loin (20 km), **B** On ne sait pas, **C** le car scolaire, **D** facile – il retrouve ses copains et il discute avec eux

Camille : **A** tout près, **B** On ne sait pas, **C** la voiture, **D** facile – c'est confortable, mais il y a beaucoup de circulation

Yasmina : **A** loin (6 km), **B** une heure, **C** à pied, **D** pénible – c'est fatigant

Tarek : **A** assez loin, **B** 15 minutes, **C** le bus, **D** facile – c'est pratique et rapide, mais pas agréable parce qu'il y a du monde dans le bus

7b 💬 Activité à deux : un élève pose les questions A–D à son partenaire. Les rôles sont ensuite inversés.

8 ✍️ Chaque élève doit rédiger un message au sujet de son trajet pour aller au collège. Il doit répondre aux questions de l'activité 7a et utiliser les expressions des activités 5 et 6.

> **VARIATION**
>
> **BONNE OU MAUVAISE EXPÉRIENCE ?**
>
> Demander aux élèves de relire les messages et de noter les commentaires des collégiens dans la bonne liste :
> Bonne expérience : *c'est rapide…*
> Mauvaise expérience : *il y a beaucoup de circulation…*
>
> **Réponse :**
> **Bonne expérience :** j'ai de la chance, c'est rapide, j'aime bien le car, je retrouve mes copains et on discute, j'habite tout près du collège, c'est confortable, c'est pratique
>
> **Mauvaise expérience :** il n'y a pas de transports en commun, je dois me dépêcher pour être à l'arrêt à l'heure, il y a beaucoup de circulation, j'arrive en retard, c'est fatigant, il y a souvent du monde dans le bus, le trajet n'est pas très agréable

1.04 La vie scolaire

> **Matériel :**
> - CD 01, Pistes 7, 8
> - Cahier d'exercices 8
> - Fiche 1.02

Le système français à travers le monde

Avant de commencer les activités de 1.04, demander aux élèves ce qu'ils savent au sujet du système éducatif en France. Leur demander s'ils sont déjà allés dans un établissement scolaire francophone et s'ils y ont vu des différences ou des similarités.

Expliquer le diagramme sur les différentes classes du système scolaire en France. Faire une comparaison avec le système scolaire du pays des élèves. À quoi correspond, par exemple, la classe de sixième dans leur pays ? Y a-t-il un examen similaire au Baccalauréat dans leur pays ?

Cette introduction peut se faire dans la langue d'apprentissage.

1 Après avoir regardé l'organigramme et lu les informations au sujet du système éducatif en France, les élèves répondent aux questions du professeur.

Questions suggérées :

1. À quel âge les enfants commencent-ils à aller à l'école en France ?
2. À quel âge les élèves quittent-ils le lycée ?
3. Comment s'appelle la première école ?
4. Comment s'appelle la dernière école ?
5. Quel examen passent les élèves en fin de troisième ?
6. Quel examen passent les élèves en fin de terminale ?
7. En France, l'école obligatoire commence à quel âge ?
8. Faut-il payer pour aller à l'école en France ?
9. Y a-t-il beaucoup d'internes ?
10. Que faut-il faire pour obtenir le diplôme national du brevet ?

Réponse :
1 à 3 ans, **2** à 18 ans, **3** l'école maternelle, **4** le lycée, **5** le diplôme national du brevet, **6** le baccalauréat, **7** à 6 ans, **8** non, pas dans les établissements scolaires publics, **9** très peu, environ 4% des collégiens et des lycéens, **10** il faut réussir l'examen et obtenir de bonnes notes en classe

> **APPROFONDISSEMENT**
>
> En se servant du vocabulaire de l'organigramme et des informations au sujet du système éducatif en France, les élèves inventent des phrases à trous. Le reste de la classe doit compléter.

2 Les élèves lisent les témoignages de Louis et Wendy et répondent aux questions du sondage sur le collège.

Réponse :
Louis
1. Mon collège s'appelle le collège Saint-Christophe.
2. C'est un collège privé.
3. Il y a environ 200 élèves dans mon collège.
4. Je suis en quatrième.
5. Il y a 20 élèves dans ma classe.
6. J'aime bien mon collège et ma classe est sympa.

Wendy
1. Mon collège s'appelle Lano-Alofivai.
2. C'est un collège public.
3. Il y a environ 300 élèves dans mon collège.
4. Je suis en troisième.
5. Il y a 25 élèves dans ma classe.
6. Non, mon collège est trop grand et les élèves de ma classe ne sont pas sympa.

3 Les élèves écoutent Céline qui va au collège à La Réunion. Elle répond aux mêmes questions que Louis et Wendy. Les élèves doivent noter ses réponses.

Il est conseillé de faire écouter l'enregistrement deux fois. Selon le niveau de compréhension de la classe, l'enregistrement peut être interrompu après chaque réponse à chaque question.

Après avoir écouté Céline, les élèves peuvent comparer les réponses de Céline avec celles de Louis et de Wendy.

Réponse :
1. Mon collège s'appelle Texeira Da Motta.
2. C'est un collège public, un collège mixte.
3. Il y a environ 500 élèves.
4. Je suis en quatrième.
5. Il y a 22 élèves.
6. J'aime beaucoup mon collège (les profs sont sympa) et j'aime bien ma classe (c'est sympa, j'ai de bonnes copines).

1 Mon quotidien

🔊 CD 01, Piste 7

1. – Céline, comment s'appelle ton collège ?
   – Mon collège s'appelle Texeira Da Motta. J'habite à l'île de La Réunion, dans l'océan Indien. Ici, c'est le système français parce que La Réunion est une région française.
2. – Merci, Céline. Alors, c'est quel genre d'établissement ?
   – C'est un collège public, un collège mixte.
3. – Il y a combien d'élèves dans ton collège ?
   – Il est assez grand. Il y a environ cinq cents élèves.
4. – Tu es en quelle classe ?
   – Eh bien, je suis en quatrième.
5. – Il y a combien d'élèves dans ta classe ?
   – Dans ma classe, on est vingt-deux.
6. – Tu aimes bien ta classe et ton collège ?
   – Oui, j'aime beaucoup mon collège, parce que les profs sont sympa. J'aime bien ma classe. C'est sympa et j'ai de bonnes copines dans ma classe !

4 💬 À deux, les élèves répondent aux mêmes questions du sondage. L'élève A pose les questions à l'élève B qui répond en parlant de son propre établissement scolaire. Les rôles sont ensuite inversés.

Simon présente le plan de son collège

5 📝 Les élèves rédigent un message de 100 mots au sujet de leur établissement scolaire. Ils doivent utiliser le nouveau vocabulaire utilisé par Louis, Wendy et Céline et répondre aux mêmes questions. Ils peuvent aussi utiliser les connecteurs logiques utilisés et étudiés dans les pages précédentes.

6 📖 Après avoir observé le plan du collège, les élèves traduisent les noms des différentes salles dans leur langue maternelle.

Leur demander : s'il existe des salles dans ce collège qui n'existent pas dans le leur ; s'il y a des différences et / ou des similarités entre ce collège et le leur.

À noter : Faire remarquer aux élèves que le CDI (Centre de documentation et d'information) est la bibliothèque.

7 📖 📝 Après avoir lu les commentaires des lecteurs, les élèves font la liste des points positifs et des points négatifs.

Réponse :

☺ on construit un gymnase – c'est génial, il y a un foyer moderne et accueillant – c'est agréable, mon collège est neuf, les salles sont grandes, le CDI est très calme – c'est bien, on construit une piscine – c'est super

☹ je n'aime pas l'internat, les dortoirs sont trop petits, il n'y a pas de terrain de sport – c'est dommage, le laboratoire de sciences est vieux et mal équipé – c'est nul, la cantine est trop bruyante – c'est l'horreur

APPROFONDISSEMENT

À deux, les élèves dessinent ☺ et ☹ sur deux feuilles de papier et ils les retournent. L'élève A choisit une salle du collège ; l'élève B retourne un papier et donne l'opinion correspondante.

Exemple :
A *La piscine.*
B ☹ *C'est l'horreur ! L'eau est froide.*
B *Les vestiaires.*
A ☺ *J'aime les vestiaires. Ils sont bien équipés. Il y a une machine à boissons chaudes !*

8 💬 À deux, les élèves donnent leur avis (positif et négatif) sur les différentes parties de leur collège.

9 🔊 📝 Les élèves écoutent Simon, Jeanne, Baptiste et Maeva qui parlent d'une ou deux des salles de leur collège. Ils doivent noter de quelle(s) salle(s) il s'agit et ce que ces jeunes francophones en pensent (Fiche 1.02).

Il est conseillé de faire écouter l'enregistrement deux fois. Selon le niveau de compréhension de la classe, l'enregistrement peut être interrompu après chaque personne.

Réponse :

	Simon	Jeanne	Baptiste	Maeva
salle(s)	bibliothèque / CDI	gymnase, piscine	cantine	laboratoire de sciences
opinion	bruyant, difficile de travailler	grand gymnase, très bien pour le sport	grande, accueillante, très agréable	pas de laboratoire, pas pratique

🔊 CD 01, Piste 8

Simon

J'aime bien mon collège, mais il y a un problème, c'est la bibliothèque. Nous on l'appelle le CDI. Et le CDI, il est bruyant, c'est difficile de travailler quand on fait des recherches.

Jeanne

Mon collège est très bien pour le sport. Il y a un grand gymnase, et on est en train de construire une piscine.

Baptiste

En fait, dans mon collège, je préfère la cantine. Elle est grande et accueillante. Elle est très agréable.

Maeva

Dans mon collège, il n'y a pas de laboratoire de sciences. J'adore les sciences, mais nous n'avons pas de laboratoire. Ce n'est pas pratique.

10 Les élèves font un plan de leur propre collège avec le nom des différentes parties. En s'aidant des expressions des activités précédentes, ils ajoutent des commentaires au plan de leur collège.

Réponse suggérée :

Voici les laboratoires de science. C'est super parce qu'ils sont modernes et j'adore les sciences.

Voici la bibliothèque / le CDI. Quelle horreur ! Il y a toujours trop de bruit pour travailler !…

VARIATION

Les élèves peuvent aussi filmer un documentaire au sujet de leur collège et commenter devant la caméra sur les différentes salles et différents lieux.

AVOIR ET *ÊTRE* SONT TRÈS IRRÉGULIERS AU PRÉSENT

Voir aussi :
- 1.06 Le français à la loupe
- Cahier d'exercices 11

1.05 Les sections internationales

Matériel :
- CD 01, Piste 9
- Fiche 1.03

Gros plan sur… les sections internationales au collège

1 Après avoir lu les informations, les élèves doivent relever tous les noms de matières scolaires. Ils peuvent les traduire dans leur langue d'apprentissage.

Ils doivent ensuite ajouter des matières scolaires qui ne sont pas dans la liste.

À noter : L'article *le*, *la* ou *les* est supprimé lorsque l'on dit : *Aujourd'hui, j'ai français, histoire et biologie.* Cependant l'article est gardé lorsque l'on dit : *J'aime le français, l'histoire et la biologie.*

Réponse :

le français, les maths (les mathématiques), la physique, la chimie, les SVT (sciences de la vie et de la terre) (la biologie), l'histoire, la géographie, la techno (la technologie), les arts plastiques, la musique, l'EPS (le sport), les langues étrangères, l'anglais, le japonais

2 Activité à deux : un chaque élève prépare des phrases de type *Vrai / Faux* qu'il échange avec son partenaire. Ils corrigent alors les phrases fausses.

3 Les élèves écoutent quatre collégiens en section internationale. Ils notent leurs opinions sur les matières.

Il est conseillé de faire écouter l'enregistrement deux fois. Selon le niveau de compréhension de la classe, l'enregistrement peut être interrompu après chaque témoignage.

Réponse suggérée :

Eva : Mes matières préférées sont l'EPS, le français et les SVT. J'adore l'EPS parce que je suis très sportive. J'aime bien l'histoire-géo en allemand, je trouve ça facile.

1 Mon quotidien

Sandro : Ma passion, c'est la musique et les arts plastiques. Je déteste les maths, je trouve ça trop difficile. Je n'aime pas beaucoup les sciences. J'aime beaucoup les cours en italien, c'est passionnant.

Karim : J'aime beaucoup la techno et l'anglais. Je n'aime pas beaucoup l'histoire-géo. J'adore les cours de langue. Je trouve l'arabe facile.

Fang-Yin : J'aime beaucoup les matières scientifiques, les maths, la physique-chimie. Je trouve ça passionnant. Les maths, j'adore ça.

🔊 **CD 01, Piste 9**

Je m'appelle Eva et je suis en quatrième. Mes matières préférées sont l'EPS, le français et les SVT. J'adore l'EPS parce que je suis très sportive. Je suis en section allemande. J'aime bien l'histoire-géo en allemand, je trouve ça facile.

Moi, c'est Sandro, et ma passion, c'est la musique et les arts plastiques. Oui, je suis plutôt artiste, moi ! Par contre, les maths, je déteste, je trouve ça trop difficile. Et… je n'aime pas beaucoup les sciences. Je suis en section italienne parce que mon père est italien. J'aime beaucoup les cours en italien, c'est passionnant.

Je suis Karim, en troisième en section arabe. J'aime beaucoup la techno et l'anglais. En section arabe, je n'aime pas beaucoup l'histoire-géo mais j'adore les cours de langue. Je suis complètement bilingue français-arabe, donc moi, je trouve l'arabe facile.

Je m'appelle Fang-Yin et je suis en section chinoise, en quatrième. J'aime beaucoup les matières scientifiques, les maths, la physique-chimie. Je trouve ça passionnant. En section chinoise, on ne fait pas d'histoire-géo, mais des maths. Des maths en chinois ? Pas de problème, moi, j'adore ça.

---

4 📖💬 En utilisant les expressions de l'encadré *Vocabulaire*, chaque élève doit rédiger huit phrases pour donner son opinion au sujet des matières scolaires. Trois de ses phrases devront être fausses.

Activité à deux : un élève lit ses phrases à son / partenaire qui doit deviner lesquelles sont fausses.

Lettre ouverte

À noter : Cette lettre est extraite de *Maghzine*, un magazine en ligne (un webzine) publié par des élèves de lycées français d'Afrique du Nord. Les élèves peuvent être invités à le consulter et à en lire des extraits (www.ert.tn / maghzine).

5 📖 Les élèves lisent la lettre d'Habib. Ils doivent trouver des mots dans le texte qui corrrespondent aux définitions données sur la Fiche 1.03.

À noter : Faire remarquer aux élèves que les mots à trouver sont donnés dans leur ordre d'apparition dans le texte.

Réponse :
1 le lycée, **2** chez moi, **3** les cours, **4** les horaires, **5** une récréation, **6** les vacances, **7** un jour férié, **8** un échange scolaire, **9** des activités extra-scolaires, **10** un webzine

6 📝 Après avoir lu le questionnaire, les élèves notent les réponses d'Habib. S'il ne répond pas, ils doivent indiquer *NRP (Ne répond pas)*.

Pour les élèves qui ont plus de facilités, le professeur peut ajouter des questions telles que : *Si vous aviez le choix, qu'est-ce que vous aimeriez changer dans votre collège ?*

Réponse :

A   **1** à Tunis, en Tunisie, **2–6** NRP

B   **1** lundi–vendredi

      2 8h30–16h30 (mercredi 8h30–12h30)

      3 une récréation le matin, une récréation l'après-midi, une pause déjeuner à 12h30

      4 NRP

      5 oui (échanges scolaires, Habib écrit pour un webzine)

C   **1** grandes vacances d'été : juillet et août ; petites vacances : Noël, février, printemps, octobre

      2 trois jours fériés pour la fête de l'Aïd el-Kebir

D   **1** NRP

      2 son lycée est vraiment international, on peut faire des échanges scolaires et des activités extra-scolaires

7 💬📝 À deux, les élèves répondent au questionnaire et notent leurs réponses.

8 📝 Les élèves doivent rédiger leur propre lettre sur leur établissement scolaire en utilisant leurs réponses au questionnaire et les expressions et le vocabulaire des sections 1.04 et 1.05.

1.06 Le français à la loupe

Matériel :
- CD 01, Piste 10
- Cahier d'exercices 7–11

Les verbes : l'infinitif et le présent

Cette section grammaticale traite des aspects suivants :

- C'est quoi, un infinitif ?
- Comment conjuguer un verbe au présent ?
  - les verbes réguliers (-er, -ir, -re)
  - les verbes qui changent de radical
  - les verbes très irréguliers
- Quand utiliser le présent ?
- Les verbes pronominaux
- Les pronoms emphatiques

La section 1.06 a pour but de rappeler ce qu'est un verbe à l'infinitif et de faire apprendre (ou réviser) les verbes réguliers, irréguliers et pronominaux au présent de l'indicatif.

Il n'y a malheureusement pas d'autre solution que d'apprendre les terminaisons des verbes par cœur ! Avec un entraînement régulier, les efforts des élèves devraient porter leurs fruits très rapidement. Il existe de nombreux sites en ligne qui leur permettront un apprentissage plus agréable et plus ludique. Certains élèves préféreront utiliser une roue des verbes.

1 Chaque élève doit trouver des exemples d'infinitifs dans les sections 1.01 et 1.02. Il doit ensuite comparer sa liste avec celle de son partenaire.

Réponse suggérée : manger, aller, débarrasser, jouer, faire, déjeuner, quitter, faire, aider, garder, se relaxer, travailler, gagner, laver, vider, passer…

2 À deux, les élèves apprennent les trois formes des verbes. L'élève A choisit un verbe et donne la première personne ; l'élève B donne la forme suivante et ainsi de suite.

Les élèves peuvent aussi se servir de petits tableaux blancs effaçables. Cela leur permettra ainsi d'apprendre et de corriger l'orthographe de chaque verbe.

3 Les élèves lisent les phrases 1–5 et décident si elles correspondent à A, B, C ou D.

Réponse :
1 B, **2** C, **3** C, **4** A, **5** D

> **VARIATION**
>
> Les élèves peuvent imaginer d'autres phrases au présent au sujet de la vie quotidienne et expliquer l'emploi du présent dans ces phrases.
>
> Ils peuvent aussi faire leurs propres photos ou leur propre film et les commenter.

Ça se dit comment ?

4 Les élèves écoutent chaque phrase et décident qui parle : **a** une fille ; **b** deux filles ; **c** un garçon ; **d** deux garçons. La prononciation, la liaison entre les mots ou l'emploi d'adjectifs possessifs pourront aider les élèves à découvrir de qui il s'agit.

À noter : Il peut y avoir plusieurs possibilités pour certaines phrases.

Réponse :
1. a ou b
2. d (On entend le *t* à *partent*)
3. d (On entend la liaison : *ils (z)étudient*)
4. c ou d (*il* ou *ils*)
5. a (On n'entend pas de liaison entre *elle* et *écoute*, donc *elle* pas *elles*)
6. d (On entend le *s* dans *finissent*)
7. c (On utilise le pronom emphatique *lui* donc *il*)
8. b (On utilise *ont* et non pas *a* donc *elles*)
9. c (On utilise *veut* et non pas *veulent*, donc *il*)
10. d (On utilise le pronom emphatique *eux* donc *ils*)
11. b (On utilise *doivent* et non pas *doit* donc *elles*)
12. a ou b
13. a (On n'entend pas de liaison avec *arrive* donc *elle*)
14. c (On utilise *sort* et non pas *sortent* donc *il*)

> **CD 01, Piste 10**
>
> 1. Elles regardent la télé tous les soirs.
> 2. Ils partent pour le lycée très tôt le matin.
> 3. Ils étudient le français au lycée.
> 4. Il se couche vers onze heures.
> 5. Elle écoute de la musique avant de dormir.
> 6. Ils finissent les cours à six heures.
> 7. Lui, il travaille dans un magasin de sport.
> 8. Elles, elles n'ont pas de temps libre.
> 9. Il ne veut pas faire le ménage.
> 10. Eux, ils travaillent trop.
> 11. Elles doivent aider à la maison.
> 12. Elle déteste les maths.
> 13. Elle, elle arrive au lycée en voiture.
> 14. Il sort les poubelles.

1.07 Le parfait linguiste

> **Matériel :**
> - Cahier d'exercices 22

Comment bien apprendre le vocabulaire ?

Il est essentiel d'apprendre par cœur le nouveau vocabulaire. C'est en apprenant peu mais très régulièrement que les élèves feront le plus de progrès. Il existe de nombreux sites en ligne qui permettront aux élèves un apprentissage plus agréable et plus ludique.

1 Pour encourager les élèves à personnaliser leurs listes de vocabulaire, leur demander de lire le texte de Rosine dans la section 1.02 et de noter les mots et expressions qui pourraient leur être utiles pour décrire leurs propres habitudes quotidiennes. Ils recopient et complètent la carte heuristique en donnant le plus de détails possible.

Quelques suggestions :

- Encourager les élèves à essayer les autres suggestions de « Quel vocabulaire apprendre ? » et « Comment mémoriser ? ».
- Même si le dictionnaire n'est pas utilisé pendant un examen, il est important que les élèves apprennent à se servir d'un dictionnaire bilingue et prennent l'habitude d'y vérifier le genre et la signification des mots. Donner aux élèves une liste de mots et leur demander de vérifier les genres dans un dictionnaire.
- Les élèves ont parfois du mal à apprendre le nouveau vocabulaire, et régulièrement ! Voici quelques conseils qui pourraient les aider et les faire travailler de manière plus indépendante :
  - Dans leur cahier de vocabulaire, par exemple, ou sur un document numérique, faire dessiner aux élèves trois colonnes et leur faire écrire des mots à apprendre dans la colonne 1. Leur demander de les réviser tous les jours.
  - Après une semaine, les élèves font passer les mots appris de la colonne 1 à la colonne 2.
  - Après un mois, les élèves font passer les mots appris de la colonne 2 à la colonne 3.
  - Si certains mots ne sont pas appris ou pas sus, ils ne changent pas de colonne !

Faites vos preuves !

2 Cette activité permet aux élèves de s'entraîner à la compréhension écrite.

Réponse :
1 C, **2** B, **3** D, **4** A, **5** B

2 La pleine forme

Au sommaire

Thème : les aliments, la santé

Points lexicaux
- manger équilibré
- les cafés, les restaurants
- les plats traditionnels
- les problèmes de santé
- les conseils de santé

Grammaire
- le genre et le nombre
- l'article : défini, indéfini, partitif
- l'accord et la place de l'adjectif
- l'adjectif et le pronom démonstratif
- l'adjectif possessif
- l'impératif

Stratégie
- se préparer à écouter

1 💬 En groupe, les élèves regardent l'affiche et répondent aux questions. Cette activité de remue-méninges a pour but de faire se remémorer aux élèves le vocabulaire acquis lors des années précédentes.

Réponse suggérée :

1 de la pastèque, une pomme, une banane, le brocoli, une boîte de petits pois, des haricots verts, des pâtes, du riz, du pain, des céréales, une pomme de terre, du fromage, du lait, du yaourt, des œufs, de la viande hachée, du poisson, du jambon, du poulet, une boîte de thon, de l'huile, du beurre, du sel, du sucre, une boisson sucrée, des frites, des chips, un hamburger / du fast-food, de la pizza, de la pâte à tartiner, un croissant, une barre chocolatée, des biscuits

2 Légumes, fruits : des fraises, du raisin, du chou, des courgettes…

Féculents : des lentilles, des haricots blancs, du pain de campagne…

Lait, fromage, yaourt : du fromage blanc, du camembert, du gruyère…

Viande, poisson, œuf : de la volaille, des fruits de mer, des moules, des côtelettes d'agneau…

Matières grasses, produits sucrés ou salés : des viennoiseries, du chocolat, du gâteau…

2 💬 Les élèves discutent de la clarté et de l'efficacité du message. Cette discussion aura peut-être lieu en partie dans la langue d'apprentissage des élèves, mais l'important ici est qu'ils comprennent le concept d'alimentation équilibrée.

S'assurer d'abord que les élèves ont bien compris l'objectif de l'affiche, qui fait la promotion non seulement de l'alimentation équilibrée mais aussi de l'activité physique (« bouger »).

VARIATION

Jeu d'association et de remue-méninges : combien de mots pouvez-vous noter en deux minutes sur :
- l'alimentation ?
- la santé ?
- l'activité physique ?

En fin d'unité, les élèves peuvent :
- continuer leurs listes de l'activité 1
- refaire l'activité *Variation* (ci-dessus) et comparer leurs réponses
- utiliser les conseils de l'affiche et le vocabulaire et les constructions grammaticales acquis dans l'Unité 2 pour inventer un programme « manger et bouger » pour plusieurs jours.

2.01 Ça commence bien !

À boire et à manger

Ces premières activités ont pour but de faire ressortir le vocabulaire de la nourriture déjà acquis, mais aussi la langue de la description (adjectifs qualificatifs, paraphrases…).

1 À deux, les élèves font un jeu de ping-pong. À tour de rôle, ils doivent nommer le plus grand nombre d'aliments pour chaque catégorie 1–8.

Cette activité peut aussi se faire avec la classe entière. Tous les élèves se lèvent. L'élève qui ne trouve pas de mot doit s'asseoir. Celui / Celle qui reste debout en dernier gagne.

Réponse suggérée :

1. la tomate, la fraise, le poivron, la viande de bœuf…
2. l'orange, la pomme, la poire, la pêche…
3. l'ananas, l'abricot, l'asperge, l'andouillette…
4. la glace, le biscuit, le bonbon, le chocolat…
5. la pizza, la quiche, le saucisson, le pâté…
6. le lait, l'eau minérale, le jus d'orange, le chocolat chaud…
7. la banane, la framboise, la pastèque, la mangue…
8. la carotte, la courgette, le chou-fleur, le poireau…

2 Les élèves créent leurs propres catégories et continuent ensuite le jeu de ping-pong comme dans l'activité 1.

3 En une minute, chaque élève doit nommer 20 aliments dans son frigo ou dans son placard à la maison. Comme le montre l'exemple, les élèves doivent particulièrement faire attention à l'emploi de l'article partitif (*du, de la, de l', des*) après *Il y a*.

> **VARIATION**
> - Les élèves peuvent apporter des prospectus de supermarché de leur localité et faire une liste des aliments qu'ils aimeraient acheter.
> - Les élèves peuvent consulter des sites de supermarché francophones (Carrefour, Auchan, Casino, Intermarché…) et faire une liste de courses pour un dîner d'anniversaire de quatre personnes avec une entrée, un plat, un dessert et des boissons. Un des invités peut être végétarien pour ajouter un peu plus de variété et de difficulté à la tâche. On peut aussi donner aux élèves un budget très restreint ou au contraire un budget très généreux. Les élèves comparent ensuite leurs menus.

4 À deux, les élèves comparent les listes de l'activité 3 et notent les différences. Encourager l'emploi de *moi aussi*, utile dans les échanges en groupe.

> **VARIATION**
> La classe est divisée en groupes qui notent les mots (comme dans l'activité 3) aussi rapidement que possible. Le premier groupe à avoir 20 mots a gagné. Un rapporteur lit la liste à voix haute. Les articles sont-ils tous corrects ? Quels mots différents les autres groupes ont-ils trouvés ?

5a Après avoir regardé la photo, les élèves lisent les définitions et retrouvent l'aliment qui correspond dans l'encadré. La première personne qui devine tout correctement a gagné.

Réponse :

1 la tomate, **2** le brocoli, **3** le pain, **4** la pastèque, **5** les oeufs, **6** la pomme de terre

5b Activité à deux : L'élève A décrit un aliment visible sur l'une des deux photos en utilisant le plus d'adjectifs qualificatifs possible et l'élève B doit deviner de quoi il s'agit. Les rôles sont ensuite inversés.

Les élèves pourront retrouver les aliments suivants: les cacahuètes, le chou vert / rouge, le citron vert, l'huile, le jus de fruit, les bananes, le lait, le beurre, les herbes aromatiques, le melon, les oignons blancs / rouges, le potiron, le pamplemousse, le poisson, le poulet (viande), le poivron rouge / vert, le soda (boisson sucrée), le riz, les spaghettis

L'objectif de ces deux activités est une fois de plus d'activer la langue de la description (adjectifs qualificatifs, paraphrases…) en utilisant : *gros, petit, frais, cru, cuit, sucré…*

Où manger ?

6 Les élèves regardent les deux écrans de l'appli *Bons plans pour sortir* et font correspondre les endroits et les appréciations.

Réponse :

Le bar du Commerce : Petit, mais sympa pour boire un verre avec des copains

La brasserie du Boulevard : Pratique, on sert à manger toute la journée

Le Grand Café : Élégant ; je recommande le chocolat chaud

La cafétéria du centre commercial : Pour déjeuner après les courses dans les magasins

La crêperie de Locminé : Des crêpes délicieuses !

La pizzeria Mamma Mia : Excellent ; Luigi fait la cuisine comme en Italie

Le restaurant du Château : Chic, mais très cher

Le restau rapide : Les burgers sont très bons

7 En groupe, les élèves ajoutent des endroits où boire et manger près de chez eux sur *Bons plans pour sortir*. Ils décrivent ces nouveaux lieux de restauration et donnent leur avis en se servant, par exemple, des expressions étudiées dans l'activité 6.

Le corps

Après avoir révisé les parties du corps humain, les élèves apprendront ensuite à utiliser l'expression *avoir mal à*.

8 Diviser la classe en plusieurs groupes de quatre élèves maximum. Chaque groupe dessine une silhouette humaine. L'élève A écrit le nom d'une partie du corps sur un petit morceau de papier, dit le mot tout haut et pose le papier sur la silhouette. L'élève B écrit le nom d'une autre partie du corps, dit le mot et continue la silhouette, et ainsi de suite.

À la fin de l'activité, travail de classe : les rapporteurs pour chaque groupe lisent tout haut au reste de la classe les mots trouvés, en suivant le contour de la silhouette (groupe A : les cheveux ; groupe B : l'oreille ; groupe C : le nez…). La classe peut ainsi corriger les oublis et les erreurs.

9 En groupe, les élèves regardent les personnes sur les photos et imaginent où ces personnes peuvent avoir mal à la fin de la journée.

S'assurer que les élèves utilisent correctement les articles définis : *au, à la, à l'* et *aux*. Leur rappeler la liaison après *aux* : *mal aux [z]épaules*.

> **ATTENTION À À + L'ARTICLE DÉFINI**
>
> Voir aussi :
> - 2.06 Le français à la loupe

2.02 Le blog de Mathilde

> **Matériel :**
> - CD 01, Piste 11
> - Cahier d'exercices 1–4

« Manger équilibré, manger pas trop cher, manger délicieux »

1 Les élèves lisent le blog de Mathilde, puis font la liste des aliments que Mathilde mange et boit au petit déjeuner, au goûter et au dîner.

Réponse :

Au petit déjeuner : des tartines grillées, du beurre, un smoothie fraise-banane (+ lait, yaourt), du thé, du café

Au goûter : un fruit, une tartine, des poires, une tarte aux fruits

Au dîner : de la soupe aux légumes, des tomates, de la ratatouille, du poisson frais, des pâtes, du fromage, une salade verte, de l'eau

2 À deux, les élèves comparent leurs habitudes alimentaires avec celles de Mathilde.

Encourager l'emploi de *moi aussi* et *par contre* pour souligner les similitudes et les différences.

3 Les élèves relisent le blog et notent les opinions positives et les opinions négatives.

Réponse :

Expressions positives : mon petit déjeuner préféré, c'est… ; c'est très facile ; super ; mon repas préféré, c'est… ; j'aime… ; j'ai de la chance ; j'adore… ; c'est délicieux ; ça ne coûte pas cher ; c'est une bonne façon de… ; je préfère (les dîners) simple(s) ; j'ai envie de… ; j'aime beaucoup…

Expressions négatives : malheureusement ; ça peut être mauvais ; je déteste ; je trouve ça dégoûtant ; (l'eau minérale) est trop chère ; je n'aime pas

4 🔊 📖 Les élèves écoutent les commentaires de cinq lecteurs qui répondent au troisième billet de Mathilde. Ils notent les mots manquants dans le texte.

Il est conseillé de faire écouter l'enregistrement deux fois. Selon le niveau de compréhension de la classe, l'enregistrement peut être interrompu après chaque commentaire.

Réponse :

1 Le soir, **2** quelquefois, **3** souvent, **4** Le matin, **5** De temps en temps, **6** toujours, **7** Pendant la semaine, **8** à 4 heures

> 🔊 **CD 01, Piste 11**
>
> 1 Salut Mathilde ! Moi aussi, j'aime les dîners simples. Le soir, je mange quelquefois des pâtes. Pour finir, je prends un yaourt ou du fromage.
> 2 Bonjour Mathilde ! Moi, le soir, je mange souvent de la pizza. Le matin, je prépare ma pizza avec des tomates et du fromage. Avec la pizza, je mange de la salade.
> 3 Je fais comme toi, Mathilde. Je mange de la soupe aux légumes le soir, avec du pain frais. De temps en temps, pour finir, je mange de la tarte aux fruits.
> 4 Coucou Mathilde ! Au dîner, mon plat préféré, c'est les spaghettis à la sauce tomate. Dans la sauce, j'ajoute toujours un peu de fromage et c'est délicieux.
> 5 Je ne suis pas comme toi, Mathilde, j'adore les carottes. Pendant la semaine, je mange souvent de la soupe à la carotte, parfois même à quatre heures !

VARIATION

Demander aux élèves de trouver d'autres expressions de temps et de fréquence. Ils peuvent aussi relever les expressions dans les textes qui précèdent ou dans l'Unité 1.

Réponse suggérée :
normalement, d'habitude, en général, régulièrement, jamais, à midi…

ARTICLE DÉFINI, INDÉFINI ET PARTITIF

Voir aussi :
- 2.06 Le français à la loupe
- Cahier d'exercices 1 et 2

ADJECTIFS

Après qu'ils ont lu les informations de l'encadré *Grammaire*, demander aux élèves de lire les pages suivantes et de trouver des exemples d'adjectifs irréguliers (*positif / positive, international / internationaux*) ou qui ont plusieurs formes au masculin singulier (*vieux / vieil…*).

Voir aussi :
- 2.06 Le français à la loupe
- Cahier d'exercices 3 et 4

---

5 💬 En utilisant les expressions de temps et de fréquence de l'encadré *Vocabulaire* et des activités précédentes, et en faisant tout particulièrement attention à l'emploi des articles, les élèves enregistrent leur réponse au troisième billet de Mathilde. Ils doivent aussi ajouter au moins une opinion (*je pense que, c'est super, c'est délicieux…*).

6a ✏️ Les élèves imaginent la suite du premier billet de Mathilde et inventent ce qu'elle écrirait à propos de son déjeuner.

Fixer une longueur minimum en fonction des capacités des élèves, en commençant par une cinquantaine de mots.

Encourager les élèves à utiliser au moins cinq connecteurs logiques, une variété de noms d'aliments, des adjectifs qualificatifs et des articles. Les élèves doivent aussi exprimer leur opinion.

6b 💬 Activité à deux : un élève compare ses idées avec son partenaire et justifie ses réponses.

APPROFONDISSEMENT

Pour un travail de création et d'imagination, les élèves pourront inventer un poster au sujet de la santé et des bienfaits d'une alimentation équilibrée.

2.03 Le Babillard

> **Matériel :**
> - CD 01, Piste 12
> - Cahier d'exercices 5, 7–10

La cuisine en pays francophones

Avant de commencer les activités de 2.03, expliquer la notion de « gourmand », qui revient plusieurs fois.

S'assurer que les élèves comprennent que « Cet ancien garage » dans le texte de Tom se réfère à la fonction passée du lieu, pas à son âge.

S'assurer qu'ils comprennent la notion de « sucrerie ». La sucrerie ou la cabane à sucre est un restaurant traditionnel canadien. Autrefois, on y fabriquait des produits à base de sirop d'érable.

1a Les élèves lisent les avis des quatre gourmands et y trouvent quatre fruits, deux plats de poisson (ou fruits de mer), un plat de viande et un dessert.

Réponse :
- quatre fruits : mangues, papayes, ananas, fraises
- deux plats de poisson (ou fruits de mer) : yassa, moules-frites
- un plat de viande : la carbonnade
- un dessert : la tarte au sirop

1b Après avoir relu les avis des gourmands, les élèves font la liste des expressions pour dire ce qu'on aime et ce qu'on n'aime pas.

Réponse :
On aime : je recommande, ces jus de fruits fabuleux, de très bons fruits, vraiment agréable, cette excellente cuisinière, l'accueil est sympa, je suis toujours ravie, avec plaisir, vraiment excellentes, j'adore, d'habitude très accueillants, on mange des spécialités

On n'aime pas : je ne recommande pas, l'accueil n'est pas très chaleureux, le service est lent, malheureusement, trop sucrée, c'est dommage, de la musique très forte, on ne peut pas parler, c'est insupportable

2 À deux, les élèves lisent les avis de quatre jeunes francophones et décident de quel café ou restaurant ils parlent. Ils doivent justifier leurs réponses. Encourager les élèves qui ont plus de facilités à exprimer leur justification plus clairement et de manière plus élaborée.

Réponse :
Ndeye : La Paillotte ; Malik : Chez Idrissa ; Ambre : Les Trois Érables ; Youssef : La Paillotte

> **VARIATION**
>
> Demander aux élèves de relire les avis et de trouver d'autres expressions positives à ajouter à leur liste dans l'activité 1b.
>
> **Réponse :**
> d'une grande qualité, c'est le paradis, je suis fan de…, c'est génial, j'apprécie beaucoup

3 Les élèves écoutent les quatre dialogues et des avis différents sur les quatre cafés et restaurants.

Pour chacune des activités a–c, il est conseillé de faire écouter l'enregistrement deux fois. Pour les élèves qui en ont besoin, l'enregistrement peut être interrompu après chaque avis.

a Les élèves doivent noter de quel endroit parle la première personne dans chaque dialogue.

Réponse :
1 Chez Idrissa, **2** La Paillotte, **3** Le Saint-Christophe, **4** Les Trois Érables

b Les élèves réécoutent les quatre dialogues et notent ce que pense la première personne dans chaque dialogue au sujet du café ou du restaurant.

Réponse :
1 il n'y a pas de choix, **2** le service est lent, **3** la cuisine n'est pas variée, **4** les desserts sont bons

c Les élèves recopient la grille. Ils réécoutent les dialogues et complètent la grille avec des expressions pour exprimer le désaccord.

Réponse :

	Critiques	Dire qu'on n'est pas d'accord
1	Il n'y a pas beaucoup de choix.	Je ne suis pas d'accord.
2	Le service est très lent. C'est pénible.	C'est injuste. Au contraire…
3	C'est affreux. Ce n'est pas de la cuisine variée.	Mais si… Contrairement à toi…
4	Le problème, c'est l'accueil. Les patrons ne sont pas chaleureux.	Ah bon ? Tu trouves ?

🔊 CD 01, Piste 12

1 — Franchement, je ne recommande pas les jus de fruits « *Chez Idrissa* ». Il n'y a pas beaucoup de choix, c'est toujours la même chose, mangues, papayes, ananas…
— Je ne suis pas d'accord ! Il n'y a pas beaucoup de choix, c'est vrai, mais les jus sont très frais.

2 — *La Paillotte* à Saly ? Le service est très lent, c'est pénible. La patronne passe son temps à discuter avec les clients.
— Là, c'est injuste. Madame Fatou prend le temps de parler avec les clients, c'est vrai. Au contraire, c'est sympa, et donc je recommande ce restaurant surtout pour l'accueil !

3 — Je suis allée au *Saint-Christophe*, mais c'est affreux, il y a des frites avec tous les plats. Ce n'est pas de la cuisine variée !
— Mais si, c'est varié. Contrairement à toi, je recommande le *Saint-Christophe* parce qu'on sert de vraies spécialités belges. Les frites, c'est une spécialité belge, et tout le monde adore ça.

4 — *La Sucrerie des Trois Érables*, en fait, j'aime bien. La musique est forte, c'est vrai, mais les desserts sont fabuleux.
— Les desserts, ça va. Le problème, c'est l'accueil. Les patrons ne sont pas chaleureux, je trouve.
— Ah bon ? Tu trouves ? Moi, je trouve les patrons assez sympa.

APPROFONDISSEMENT

Les élèves réécoutent et notent pourquoi la seconde personne dans chaque dialogue aime ou n'aime pas chacun des restaurants.

Réponse :
1 Les jus de fruits sont très frais.
2 Madame Fatou prend le temps de parler avec les clients, c'est sympa. Je recommande ce restaurant surtout pour l'accueil.
3 C'est varié. On sert de vraies spécialités belges, par exemple les frites, et tout le monde adore les frites.
4 Le problème, c'est l'accueil. Les patrons ne sont pas chaleureux.

LES ADJECTIFS ET PRONOMS DÉMONSTRATIFS

Voir aussi :
- 2.06 Le français à la loupe
- Cahier d'exercices 5, 7-10

4 💬 En groupe, les élèves choisissent un café ou un restaurant près de chez eux pour une soirée entre copains et ils en discutent. Ils doivent utiliser les expressions vues dans les activités précédentes et des adjectifs et pronoms démonstratifs.

Les élèves peuvent s'enregistrer ou jouer la scène devant le reste de la classe.

5 ✏️ Les élèves donnent leur avis sur un café ou un restaurant près de chez eux.

Encourager les élèves à répondre aux questions dans l'ordre, à développer leurs réponses et à donner leur avis en utilisant les expressions étudiées dans les activités précédentes.

Fixer une longueur minimum en fonction des capacités des élèves, en commençant par une cinquantaine de mots.

2.04 Enquête : la cuisine du Maghreb

Matériel :
- CD 01, Piste 13
- Cahier d'exercices 6, 11, 12
- Fiche 2.01

1 📖 Les élèves lisent les interviews avec Leïla et sa grand-mère Mouna. Dans le diagramme de la Fiche 2.01, ils notent :

- à gauche : ce que Leïla mange et boit
- à droite : ce que Mouna mange et boit
- au milieu : ce que Leïla et Mouna mangent et boivent toutes les deux.

Réponse :

Leïla : les tartines de Nutella, le Macdo, le coca

Mouna : du pain, du fromage, les fruits et légumes, les dattes, les tomates, les haricots verts, un peu de viande

Leïla et Mouna : le tajine (de poulet aux olives et au citron), les plats traditionnels, les pâtisseries, le thé à la menthe

2 💬 À deux, les élèves décident qui mange équilibré entre Leïla ou Mouna. Ils doivent justifier leurs réponses et donner des exemples.

3 📖 Les élèves relisent les interviews de Leïla et Mouna et trouvent quatre façons de décrire des plats, six façons de dire que l'on aime quelque chose, et quatre verbes pour compléter les phrases 1–4.

Réponse :
- quatre façons de décrire des plats : un plat national, les plats traditionnels, des plats riches et sucrés, des plats simples
- six façons de dire que l'on aime quelque chose : les Français aiment bien manger (mais les Marocains aussi), leur tajine est bon, celui de ma grand-mère est meilleur, je préfère le tajine et les plats traditionnels, ils adorent mon tajine de poulet aux olives, Leïla aime mon tajine (et aussi mes pâtisseries)
- quatre verbes : **1** on met, **2** ça se mange, **3** nous mangeons, **4** cuisine

> **VOCABULAIRE**
>
> Après avoir lu les explications sommaires au sujet du tutoiement et du vouvoiement, les élèves font la liste des personnes qu'ils devraient tutoyer ou vouvoyer en français. Ils peuvent expliquer leur choix dans la langue d'apprentissage.
>
> Le professeur peut aussi leur fournir une liste de personnes (*ses parents, son petit frère, son prof de maths, le médecin, le maire de la ville, le chauffeur de taxi...*). À deux, les élèves doivent décider s'ils doivent tutoyer ou vouvoyer chaque personne.
>
> On peut trouver plus de pratique sur le tutoiement et le vouvoiement dans l'Unité 3.

4 📖🔊 Les élèves lisent le texte d'Ahmed, jeune Parisien d'origine algérienne. Il parle de son plat national, le couscous. Après avoir relu leurs réponses à l'activité 3, les élèves doivent deviner les mots qui manquent dans le texte d'Ahmed.

Les élèves écoutent Ahmed et vérifient leurs réponses.

Il est conseillé de faire écouter l'enregistrement deux fois. Pour les élèves qui en auraient besoin, l'enregistrement peut être interrompu après chaque phrase, ou les élèves peuvent écouter en suivant à livre ouvert.

Réponse :

en caractères gras dans la transcription

> 🔊 **CD 01, Piste 13**
>
> Moi aussi, j'habite à Paris, mais ma famille vient d'Algérie. Notre **plat national**, c'est le couscous. Dans ma famille, on mange français, mais pour nos fêtes religieuses, nous préférons **les plats traditionnels**. Il y a beaucoup de **recettes** de couscous. Dans cette recette-ci, **on met** de l'agneau et des légumes. C'est un plat **riche**, et ça **se mange** pour les jours de fête. D'habitude, dans ma famille, on mange des plats **simples**, par exemple des pâtes ou de la pizza.

ADJECTIFS POSSESSIFS

Voir aussi :
- 2.06 Le français à la loupe
- Cahier d'exercices 11, 12

ADJECTIFS DÉMONSTRATIFS : *ce …-ci, cette …-là*

Voir aussi :
- 2.06 Le français à la loupe
- Cahier d'exercices 6

5 Activité à deux : un élève décrit la façon de manger de Leïla, Mouna ou Ahmed et son partenaire doit deviner de qui il s'agit. Les rôles sont ensuite inversés.

Souligner que les informations sont maintenant exprimées à la troisième personne du singulier et non plus à la première personne du singulier. Les élèves feront particulièrement attention à adapter les adjectifs possessifs et les terminaisons des verbes.

6 Les élèves préparent un petit reportage pour un journal ou un magazine au sujet des plats typiques de leur pays ou de leur région.

Encourager les élèves à répondre aux questions dans l'ordre et à développer leurs réponses en utilisant les expressions étudiées dans les activités précédentes.

Fixer une longueur minimum en fonction des capacités des élèves, en commençant par une cinquantaine de mots.

APPROFONDISSEMENT

Les élèves font des recherches sur la cuisine d'un pays francophone (différent du Maroc ou de l'Algérie). Ils décrivent les plats typiques de ce pays. C'est équilibré ou pas ?

2.05 Gros plan sur… la santé

Matériel :
- CD 01, Piste 14
- Cahier d'exercices 13, 14
- Fiche 2.02

Pas en forme

1 Les élèves lisent les questions de Mélanie, Kévin et Ali et les conseils du docteur Thu Nguyen dans le texte *Pas en forme*. Ils répondent aux questions.

Réponse :

1 Ali, **2** Ali, **3** Kévin, **4** Mélanie, **5** Ali, **6** Mélanie et Ali

2 Les élèves relisent le texte *Pas en forme*. Ils trouvent dix expressions pour décrire les problèmes de santé.

Les élèves notent le vocabulaire et ajoutent d'autres expressions : *avoir de la fièvre, avoir mal à la gorge, avoir froid, avoir mal au cœur, se sentir mal…*

Réponse :

être fatigué(e), ne pas être en forme, être un peu malade, avoir faim, avoir soif, avoir mal à la tête, ne pas pouvoir se concentrer, ne pas pouvoir dormir, ne pas se sentir bien, ne pas pouvoir se lever

L'IMPÉRATIF

Voir aussi :
- Cahier d'exercices 13, 14

3 Les élèves relisent les réponses du docteur Nguyen et font la liste des verbes à l'impératif qu'elle emploie pour donner des conseils.

Réponse :

essaie, mange, repose-toi, bois, emporte, fais, n'oublie pas, ne prends pas, choisis, évite, ne te couche pas, endors-toi, ne te lève pas, révise, rappelle-toi

4 Activité en groupes de quatre : l'élève A décrit un symptôme, l'élève B propose une solution, et les élèves C et D donnent leur avis. Les rôles sont ensuite inversés.

Les élèves peuvent employer l'impératif, ou *tu as besoin de*, ou encore *tu devrais, tu dois, il faut* + infinitif.

Avant de faire les activités 5 à 8, demander aux élèves de lire la liste de problèmes de santé et d'y ajouter d'autres problèmes : *j'ai la grippe, je me suis fait piquer par une guêpe, j'ai une indigestion…*

À noter : Le passé composé (avec *être* et les verbes pronominaux – *je me suis coupé(e) / brûlé(e)…*) est présenté et expliqué dans l'Unité 3 (3.06 *Le français à la loupe*).

5 À deux, les élèves lisent *Pour les petits problèmes de santé*, puis choisissent dans l'encadré le bon conseil pour chaque problème.

L'élève A est le malade, B est le pharmacien(ne). Les rôles sont ensuite inversés.

Exemple :

A   J'ai mal à la gorge.
B   Voici des pastilles.
B   J'ai mal au ventre.
A   Voici des comprimés d'aspirine.

Les activités 6 et 7 portent sur le vocabulaire de la maladie.

Commencer par s'assurer que les élèves ont compris le contexte du reportage *Le docteur Amadou Cissé : soigner à distance*. Les médecins dans des régions isolées d'Afrique peuvent se faire aider de spécialistes en milieu hospitalier par lien vidéo, en utilisant leur portable. Le Mali est à la pointe de cette initiative.

6 Les élèves lisent et écoutent le reportage. Ils donnent les symptômes de Toumani et de Mariam.

Réponse :
en caractères gras dans la transcription

> **CD 01, Piste 14**
>
> Je suis médecin généraliste à Bourem, à mille kilomètres de Bamako, la capitale du Mali. Pour les problèmes graves, nous n'avons pas d'hôpital, pas de chirurgien et pas de médecin spécialiste. Mais j'ai de la chance : je peux appeler l'hôpital de Bamako et parler avec un spécialiste.
>
> Par exemple, voici Toumani. **Il a de la fièvre, sa température est très élevée**. Il tousse, **il a mal à la tête** et **il a mal au ventre**. Je l'examine, mais je ne reconnais pas cette maladie. Ce n'est pas la grippe. Je contacte alors le professeur Keïta, de l'hôpital de Bamako, par téléphone portable. Je peux décrire les symptômes au professeur. Je lui envoie aussi des photos et des vidéos.
>
> Voici Mariam. **Elle est blessée à la jambe** et **elle saigne beaucoup**. Elle est aussi **brûlée au bras** et c'est assez grave. Je contacte le professeur Sissoko, et il recommande un traitement.

7 Activité à deux : l'élève A est le docteur Cissé, l'élève B est Toumani qui décrit ses symptômes. Les rôles sont ensuite inversés.

Souligner que les informations sont maintenant exprimées à la première personne du singulier et non plus à la troisième personne du singulier. Les élèves feront particulièrement attention à adapter les adjectifs possessifs et les terminaisons des verbes.

S'assurer que les élèves utilisent l'article défini pour dire où on a mal, par exemple *Tu as mal à **la** gorge ? Non, j'ai mal à **la** tête*.

> **VOCABULAIRE**
>
> **EXPRESSIONS AVEC *AVOIR***
>
> Les élèves doivent trouver des exemples d'expressions avec *avoir* dans cette double page du livre de l'élève.
>
> **Réponse :**
> j'ai faim, j'ai soif, j'ai mal à la tête, quand tu as sommeil, tu as besoin de, j'ai mal à la gorge, j'ai mal au ventre, j'ai mal aux oreilles, j'ai de la chance, j'ai / il a de la fièvre, il a mal à la tête / au ventre
>
> Faire la comparaison avec des expressions similaires comme *avoir envie (de)* (2.02 *Le blog de Mathilde*), *avoir l'air, avoir assez, avoir froid, avoir honte, avoir peur, avoir lieu, avoir l'intention de*. La plupart de ces expressions seront présentées dans les unités à venir.

8 Les élèves font des recherches sur les difficultés physiques pour les jeunes qui partent en expédition. Ils doivent choisir trois expéditions (par exemple dans le désert, dans la forêt tropicale, en région polaire…) et remplir la grille (Fiche 2.02) avec des conseils aux jeunes.

Encourager les élèves à développer leurs réponses et à utiliser des connecteurs logiques. Fixer une longueur minimum en fonction des capacités des élèves, en commençant par une cinquantaine de mots.

Exemple :

Expédition	Avant le voyage	Pendant le voyage
1 *Dans le désert*	D'abord, il faut être en forme. Faites une demi-heure de sport trois ou quatre fois par semaine.	Mettez de la crème solaire. N'oubliez pas de boire de l'eau, beaucoup d'eau. Mangez le matin et le soir, quand il ne fait pas trop chaud. Emportez un pull, il fait froid la nuit. Pour l'énergie, il faut manger des bananes, pas du chocolat…
2 *Dans la forêt tropicale*	Dans la forêt tropicale, les piqûres d'insectes, c'est un problème grave…	
3 *En région polaire*		

2.06 Le français à la loupe

Matériel :
- CD 01, Pistes 15, 16

Le genre et le nombre

Cette section grammaticale traite des aspects suivants :

- Masculin ou féminin ?
- Singulier ou pluriel ?
- Le genre et le nombre affectent quels autres mots ?
    - Les pronoms personnels
    - Les articles
    - Les adjectifs
    - Les adjectifs démonstratifs
    - Les pronoms démonstratifs
    - Les adjectifs possessifs

Quelques suggestions :

- Expliquer que la meilleure façon de connaître le genre d'un nom est de l'apprendre par cœur avec son article. Il existe toutefois quelques règles :
    - Les mots en *-e* et *-ion* sont normalement féminins : *une fête, une portion* (exceptions : les mots qui se terminent *-age, -ège, -é* ou *-isme*).
    - La majorité des autres noms sont masculins.
- Les élèves relisent les sections 2.01, 2.02 et 2.03 du livre de l'élève et recopient les noms en deux colonnes, masculin ou féminin, avec l'article approprié.
- Les élèves recopient le tableau « Singulier ou pluriel ? ». Ils relisent l'Unité 2 et ajoutent des noms (au singulier et au pluriel) aux trois rangées du tableau.
- Les élèves trouvent dans l'Unité 2 une phrase contenant :
    - un article défini, féminin singulier
    - un article indéfini, pluriel
    - à + article défini, masculin singulier
    - un article partitif, féminin singulier
    - un article partitif dans une phrase négative.

Ils peuvent aussi inventer leur propre phrase.

Réponse suggérée :

J'aime beaucoup **la** pizza giardiniera. Je mange **des** tartines. J'ai mal **au** ventre. Je cuisine **de la** ratatouille. Je ne mets pas **de** sucre.

- Les élèves trouvent des adjectifs qualificatifs dans l'Unité 2. Pour chacun, ils écrivent les quatre formes, avec un article et un nom. Ils peuvent utiliser un dictionnaire et notent les nouveaux dans leur cahier de vocabulaire.
- Les élèves trouvent tous les noms dans le blog de Mathilde (section 2.02) et remplacent l'article par un adjectif démonstratif.

Exemple : un bon petit déjeuner – ce bon petit déjeuner, du pain – ce pain, du lait – ce lait, du beurre – ce beurre, de la confiture – cette confiture, des fruits – ces fruits…

Ils peuvent aussi faire des phrases en utilisant *ce / cette …-ci / -là*.

Exemple : J'aime cette confiture-ci mais je préfère cette confiture-là.

- À deux, les élèves trouvent des exemples de pronoms démonstratifs dans l'Unité 2.

- En utilisant une variété d'adjectifs possessifs (*mon frère*, *ma mère*, *mes cousins*…), les élèves décrivent ce que les membres de leur famille aiment ou n'aiment pas manger.

  Ils peuvent aussi décrire ce que les membres de la famille de leur partenaire (*sa sœur*, *son père*, *ses grands-parents*…) aiment ou n'aiment pas manger.

Comment ça se dit ?

VARIATION

Ces activités pourraient faire l'objet d'une dictée.

1 🔊 Les élèves écoutent les 14 phrases et, pour chaque phrase, notent si le nom est au masculin (M) ou au féminin (F). Avant de faire écouter l'enregistrement, expliquer le sens des mots plus obscurs, comme *le moule*, *le mousse*, *le crêpe*, *un page*.

Il est conseillé de faire écouter l'enregistrement deux fois. Selon le niveau de compréhension de la classe, l'enregistrement peut être interrompu après chaque phrase.

Réponse :
entre parenthèses dans la transcription

> 🔊 **CD 01, Piste 15**
>
> 1 C'est un livre sur les fruits. (M)
> 2 C'est une livre de fruits. (F)
> 3 Tu veux un moule ? (M)
> 4 Tu veux une moule ? (F)
> 5 Tu vois la mousse ? (F)
> 6 Tu vois le mousse ? (M)
> 7 Le crêpe, c'est joli. (M)
> 8 La crêpe, c'est bon. (F)
> 9 quatre petits pages (M)
> 10 quatre petites pages (F)
> 11 trois grands tours (M)
> 12 trois grandes tours (F)
> 13 des profs sérieux (M)
> 14 des profs sérieuses (F)

2 🔊 Les élèves écoutent les dix phrases et dans chaque cas notent si le nom est au singulier (S) ou au pluriel (P).

Il est conseillé de faire écouter l'enregistrement deux fois. Selon le niveau de compréhension de la classe, l'enregistrement peut être interrompu après chaque phrase.

Réponse :
entre parenthèses dans la transcription

> 🔊 **CD 01, Piste 16**
>
> 1 Passe-moi l'abricot ! (S)
> 2 Passe-moi les abricots ! (P)
> 3 Tu aimes l'orange ? (S)
> 4 Tu aimes les oranges ? (P)
> 5 Il a de grandes oreilles ! (P)
> 6 Il a une grande oreille ! (S)
> 7 Je mange un bon aliment. (S)
> 8 Je mange de bons aliments. (P)
> 9 Je n'ai pas le bon ingrédient. (S)
> 10 Je n'ai pas les bons ingrédients. (P)

2.07 Le parfait linguiste

Matériel :

- CD 01, Pistes 17–19

Comment se préparer à écouter ?

1 🔊 Les élèves écoutent les phrases 1–8 et disent s'ils entendent une phrase, deux phrases, une énumération ou une question.

Il est conseillé de faire écouter l'enregistrement deux fois. Pour les élèves qui en ont besoin, l'enregistrement peut être interrompu après chaque section.

Réponse :
1 une phrase, **2** une énumération, **3** deux phrases, **4** deux phrases, **5** une énumération, **6** une phrase, **7** une question, **8** une question

2 La pleine forme

🔊 CD 01, Piste 17

1. Au petit déjeuner, je prends des tartines et je bois du thé.
2. J'adore les fruits, surtout les ananas, les mangues, les bananes, les oranges et les fraises.
3. Au dîner, en général, je mange du poisson. Par contre, je déteste la viande.
4. Mon restaurant préféré s'appelle la *Brasserie du Centre*. Pour le dessert, ils font une excellente tarte aux fruits.
5. Il y a un grand choix dans ma ville, un restaurant chic, des cafés, des bars, une pizzeria, une cafétéria et même une crêperie.
6. Le samedi, je mange souvent une crêpe à la *Crêperie de la Plage* avec mes copains.
7. Tu vas souvent au restaurant avec ta famille ?
8. Vous mangez régulièrement des sandwichs à midi ?

2 🔊 Les élèves lisent les phrases à voix haute et trouvent les huit liaisons à faire dans les phrases données. Ils écoutent pour vérifier.

Réponse :
en caractères gras dans la transcription

🔊 CD 01, Piste 18

1. Pour le dessert, ils fon**t u**ne excellente tarte aux fruits.
2. Je fais bie**n a**ttention à mo**n a**limentation, donc je sui**s e**n bonne santé.
3. Au marché, on trouve de délic**ieux an**anas.
4. Quand elle**s o**nt faim, elles von**t à** la cafétéria.
5. J'ai mal **aux é**paules parce que je fais beaucoup de sport.

Faites vos preuves !

3 🔊 Cette activité permet aux élèves de s'entraîner à la compréhension orale.

Les élèves entendront l'enregistrement deux fois. Pour les élèves qui en ont besoin, l'enregistrement peut être interrompu après chaque conversation.

Réponse :
1 B, 2 C, 3 A, 4 C, 5 C, 6 A

🔊 CD 01, Piste 19

Numéro 1 – Tu bois quelque chose au petit déjeuner ?
– Pour le petit déjeuner, je prends des tartines et je bois du thé.
Que boit Marie ?

Numéro 2 – Quand tu vas au restaurant, qu'est-ce que tu choisis ?
– Mon restaurant préféré s'appelle la *Brasserie du Centre*. Pour le dessert, ils font une excellente tarte aux fruits.
Que choisit Marie ?

Numéro 3 – Pendant un repas de famille, qu'est-ce que tu manges, en général ?
– Dans ma famille, notre plat traditionnel, c'est le poulet rôti avec des pommes de terre.
De quel plat parle Marie ?

Numéro 4 – Tu fais souvent du sport ?
– Je fais du sport régulièrement, trois fois par semaine.
Combien de fois par semaine Marie fait-elle du sport ?

Numéro 5 – Tu es en bonne santé ?
– Je suis en bonne santé, mais si je ne prends pas de petit déjeuner, à midi, j'ai mal au ventre.
Où Marie a-t-elle mal quelquefois ?

Numéro 6 – Si tu as mal à la tête, que fais-tu ?
– Quand j'ai mal à la tête, j'ai besoin de me reposer et je me couche tôt.
Que fait Marie si elle a mal à la tête ?

1 et 2 Révisez bien !

> **Matériel :**
> - Fiche R1.01

Jeu : « Réponse à tout ! »

Cette unité a pour but de faire réviser le vocabulaire, les expressions et les structures grammaticales étudiés lors des Unités 1 et 2. Les élèves sont donc incités à relire régulièrement leurs notes et à réviser le nouveau vocabulaire et les nouvelles structures grammaticales.

Les activités de cette unité sont délibérément plus ludiques. Il est possible de réviser en s'amusant !

1 Les élèves lisent les questions et les associent aux réponses de Chloé. Ils comptent le nombre de points pour chaque réponse en essayant d'obtenir le plus de points possible.

Cette activité peut se faire individuellement ou à deux. Le fait de donner des points aux élèves les encourage à donner des réponses détaillées, dans une langue sophistiquée.

Cette activité donne aux élèves l'occasion d'améliorer leurs compétences en production orale, pour laquelle ils doivent être capables de maintenir une conversation en exprimant et en justifiant leurs idées au moyen d'une variété de vocabulaire, de structures grammaticales et de temps verbaux.

Réponse :

La vie quotidienne : **1** D, **2** C, **3** A, **4** B

Les transports : **1** B, **2** A, **3** C

Le collège : **1** B, **2** D, **3** C, **4** E, **5** A

L'alimentation et la santé : **1** B, **2** E, **3** D, **4** A, **5** C

2 Les élèves cachent les questions et regardent les réponses. Ils reformulent ensuite les questions.

Il est important que les élèves soient familiarisés avec ce genre de questions afin de répondre correctement aux activités de compréhension écrite et de compréhension orale.

3 Les élèves donnent leurs réponses personnelles aux questions en se servant d'expressions trouvées dans les textes des Unités 1 et 2. Ils doivent utiliser le barème indiqué (Fiche R1.01) pour obtenir le plus de points possible.

Cette activité peut se faire à deux. L'élève A pose les questions à l'élève B qui y répond. L'élève A accorde des points à B selon le barème. Les rôles sont ensuite inversés.

Demander aux élèves d'identifier d'autres points grammaticaux étudiés dans les dernières unités mais non mentionnés dans les critères de cette activité (par exemple *être en train de* + infinitif).

4 Les élèves ajoutent d'autres questions à chaque section et échangent leurs idées avec un partenaire.

À noter :

Le passé composé et le conditionnel n'ont pas été révisés dans les deux dernières unités mais, selon le niveau de la classe et des élèves, des questions telles que celles ci-dessous peuvent être ajoutées :

- Qu'as-tu fait pour aider à la maison hier soir ?
- Si tu pouvais, que changerais-tu dans ta vie quotidienne ?
- Comment serait ton école idéale ?
- Si tu pouvais, qu'est-ce que tu changerais dans ton collège ?

Comment bien réviser ?

Beaucoup d'élèves n'arrivent pas à réviser ou ne savent pas comment. Plusieurs conseils de révision leur sont donnés ici. Certains conseils leur seront plus utiles que d'autres ; tout dépend de leur manière de travailler et d'apprendre :

- Un peu et souvent

  Il est conseillé aux élèves de réviser peu à peu et régulièrement.

1 📖 Les élèves réfléchissent à ce qu'ils trouvent le plus utile pour réviser, par exemple les listes de vocabulaire, les exercices de grammaire.

- Parler et écouter pour bien réviser

  Il leur est conseillé de lire tout haut leurs notes, les textes du livre de l'élève ou les textes qu'ils ont produits. Ils enregistrent ensuite des questions dans leur langue sur les points difficiles, laissent une pause et enregistrent les réponses. Ils doivent se réécouter souvent.

- À deux, c'est mieux !

  Chaque élève peut travailler avec un partenaire qui aime réviser de façon similaire. Ils peuvent ensuite se tester l'un l'autre de différentes manières.

2 Pour réviser le thème de la vie au collège, les élèves relisent leurs notes et préparent dix phrases en français avec des mots manquants. Ils s'échangent ensuite leurs phrases et les complètent.

3 Les élèves utilisent des expressions de l'encadré *Vocabulaire* de la section 1.05 (*J'aime bien…, Je déteste… parce que…, Je trouve ça…*) pour parler des tâches ménagères qu'ils aiment ou n'aiment pas faire.

Cette activité incite les élèves à réutiliser les expressions apprises dans un thème pour parler d'un autre thème. Par exemple, les expressions pour exprimer une opinion peuvent être réutilisées pour la plupart des autres thèmes du programme.

Faites vos preuves !

Ces activités permettent aux élèves de s'entraîner à la production écrite.

4 Les élèves font une liste de huit choses à acheter au supermarché.

Insister pour que les élèves utilisent le bon article et la bonne orthographe pour chaque mot. Cela les entraînera à apprendre minutieusement et à utiliser du nouveau vocabulaire et des constructions grammaticales avec précision, ce qui est particulièrement important pour toutes les activités de production écrite.

Exemple : 1 des fraises, 2 du poisson, 3 des œufs, 4 des pommes de terre, 5 du poulet, 6 du beurre, 7 quatre pots de yaourt, 8 du riz

5 Les élèves écrivent environ 90 mots au sujet de leur collège. Ils doivent s'assurer de bien répondre à toutes les questions dans l'ordre où elles sont posées.

Donner aux élèves qui en ont besoin une liste de vocabulaire et de structures grammaticales à utiliser. Leur faire lire les questions et s'assurer qu'ils en ont bien compris le sens. Leur faire identifier le temps des verbes pour chaque question et s'assurer qu'ils répondent aux questions en utilisant le même temps.

Les élèves peuvent ensuite faire une présentation PowerPoint au reste de la classe.

3 Une famille à l'étranger

Au sommaire

Thème : un séjour dans une famille francophone

Points lexicaux
- la famille
- la maison
- les premiers contacts
- les lieux et activités de loisirs
- accepter ou refuser une invitation
- acheter des billets
- commander un repas

Grammaire
- les verbes : le passé composé et l'imparfait
- *venir de* + infinitif
- les pronoms relatifs : *qui / que, ce qui / ce que*
- les pronoms compléments d'objet direct et indirect

Stratégie
- se préparer à un jeu de rôle

1 Les élèves regardent la photo et décident du sujet de la publicité.

Réponse :
une publicité pour les séjours en famille d'accueil à l'étranger

Questions suggérées pour entamer la discussion :
- Que voyez-vous sur la photo ?
- Où se passe cette scène ?
- Qui sont les personnes sur la photo ?
- Quel âge ont-elles ?
- De quels pays sont-elles, à votre avis ?
- Que font-elles ?
- Que portent-elles ?
- Que vont-elles faire ?
- Imaginez ce qu'elles vont faire ce soir.

2 Les élèves associent des verbes, des noms et des adjectifs à l'image. Ils peuvent travailler en groupe, chaque groupe devant trouver le plus de mots possible.

3 Les élèves discutent des qualités nécessaires pour être une bonne famille d'accueil.

Encourager les élèves à réutiliser le vocabulaire des commentaires au sujet des restaurants, acquis dans l'Unité 2.

En fin d'unité, revoir la photo et :
- poser des questions (telles que celles ci-dessus) au passé en utilisant le passé composé
- demander aux élèves d'imaginer ce que ces personnes viennent de faire, ce qu'elles ont fait hier…

3.01 Ça commence bien !

La famille, quel casse-tête !

1 Activité à deux : chaque élève recopie et complète l'arbre généalogique avec le nom des membres de la famille de l'encadré *Vocabulaire*. Il compare ensuite ses réponses avec celles de son partenaire.

Les élèves peuvent utiliser les articles définis comme dans l'encadré ou les adjectifs possessifs : *mon, ma, mes*.

Réponse :
1 le grand-père, **2** la grand-mère, **3** le père, **4** la tante, **5** l'oncle, **6** la mère, **7** le beau-père, **8** le frère, **9** la belle-sœur, **10** le demi-frère, **11** la demi-sœur, **12** la cousine, **13** le cousin, **14** le neveu, **15** la nièce

2 Les élèves lisent les casse-têtes et complètent les réponses.

Réponse :
1 moi, **2** le grand-père, le père, le fils / petit-fils, **3** ma mère

Top 10 des métiers préférés des Français

Avant de commencer les activités suivantes, encourager les élèves à faire un remue-méninges au sujet des noms de métiers.

3a À deux, les élèves lisent les métiers dans l'encadré et devinent les dix métiers préférés des Français. Ils notent les métiers dans l'ordre, du métier le plus aimé à celui qui est le moins aimé. Ils comparent ensuite leurs réponses avec celles de leur partenaire.

3b Lire aux élèves la réponse ci-dessous des dix métiers dans l'ordre. Les élèves vérifient qui a eu le plus de bonnes réponses.

Réponse :

(Réf : Sondage réalisé par Orientations : www.e-orientations.com / debouches-metiers / palmares-metiers / palmares-des-metiers-2014)

1 photographe, **2** architecte, **3** cuisinier / cuisinière, **4** vétérinaire, **5** médecin, **6** chirurgien / chirurgienne, **7** décorateur / décoratrice, **8** concepteur / conceptrice de voyage, **9** journaliste, **10** styliste

3c Les élèves écrivent le Top 10 de leurs métiers préférés et chaque élève compare sa liste avec le reste de la classe.

4a Les élèves lisent les devinettes et devinent de quel métier il s'agit.

À noter : Le vocabulaire au sujet des professions de la santé et de la nourriture utilisé dans l'unité précédente a été réutilisé ici.

Réponse :

1 boulanger / boulangère, **2** agriculteur / agricultrice, **3** dentiste, **4** chirurgien / chirurgienne, **5** chanteur / chanteuse, **6** pharmacien / pharmacienne

4b Activité à deux : chaque élève crée ses propres devinettes au sujet d'autres métiers et échange ses idées avec son partenaire.

> **L'ARTICLE INDÉFINI + NOM DE MÉTIER**
>
> Rappeler aux élèves l'usage de l'article indéfini devant les noms de métiers, par exemple *C'est un acteur* mais *Il est acteur.*

L'énigme des appartements

5a Les élèves lisent les descriptions des logements de Luc, Léa, Lili et Lou et trouvent qui habite dans les trois appartements.

Réponse :

appartement A Lou, **appartement B** Luc, **appartement C** Léa

5b Les élèves dessinent le plan manquant. Le dessin doit correspondre à la description de Lili : « Chez moi, il y a trois chambres. Les toilettes sont dans l'entrée. Il y a un salon, une salle à manger et une cuisine avec un balcon. Il y a un garage. »

6 Activité à deux : chaque élève prépare des devinettes au sujet des pièces de la maison et son partenaire doit deviner de quelle pièce il s'agit. Tout en préparant ces devinettes, les élèves révisent aussi le vocabulaire de la journée typique étudié dans l'Unité 1.

Exemple :

A   *Dans cette pièce, je fais la vaisselle.*

B   *C'est la cuisine ! Dans cette pièce, je fais mes devoirs.*

A   *C'est ta chambre ?*

7 Les élèves font la liste des meubles dans chaque pièce. Décider qui a obtenu la liste la plus longue. Insister pour que le genre des noms soit correct.

> **VARIATION**
>
> - La classe peut être divisée en plusieurs groupes. Chaque groupe fait la liste des meubles pour une pièce différente et peut même en faire une présentation PowerPoint au reste de la classe.
> - Ceci peut aussi mener à une discussion dans la langue d'apprentissage au sujet de l'ameublement qui peut varier selon les pays francophones.

Les loisirs, c'est vital !

8 💬 Les élèves lisent la liste de lieux de loisirs et, dans cette liste, en choisissent dix qui sont essentiels pour eux. Ils donnent leurs raisons.

9 ✏️ À deux ou en groupes, les élèves préparent des slogans sur les loisirs pour la page web de leur ville.

Les élèves peuvent être aussi créatifs qu'ils le veulent. Les plus à l'aise s'amuseront avec la langue et feront des jeux de mots. Ils pourront aussi utiliser des expressions plus élaborées: *Il y une nouvelle piscine pour ceux qui aiment nager.*

Ces slogans peuvent être inscrits sur des posters ou lus et enregistrés (comme des publicités radiophoniques).

3.02 Gros plan sur… les familles d'accueil

Matériel :
- CD 01, Piste 20
- Cahier d'exercices 1, 2

Des jeunes ont mis leur profil sur le site d'un organisme pour trouver la famille d'accueil idéale à l'étranger

1 📖 Les élèves lisent les messages sur le site de l'organisme et y trouvent des noms pour chaque catégorie : langues parlées ; membre de la famille ; professions ; animaux.

Réponse :
a français, anglais, espagnol, arabe, **b** parents, mère, père, (demi-)frère, sœur, grand-mère, grand-père, cousine, oncle, **c** employée de banque, professeur (de musique), vendeur, femme au foyer, chauffeur de taxi, **d** chat, chien, hamster, lapin

2a 📖 Après avoir relu le texte de Jeanne, les élèves repèrent tous les pronoms relatifs (*qui* et *que*) et indiquent ce qu'ils remplacent.

Réponse :
ma mère, Christine, qui… et qui… (ma mère)
mon père, qui… et qui… (mon père)
un demi-frère Alex, qui… et que… (Alex)
mes deux petites sœurs jumelles Anouk et Syrine, qui… et avec qui… (Anouk et Syrine)
deux grands-mères, qui… mais que… (mes grands-mères)
Alicia, une cousine à qui… et avec qui… (Alicia)
un très vieux chat, Albert, que… (Albert)
un chien, Gus, qui… (Gus)
deux hamsters qui… (les hamsters)
un garçon ou une fille de 15 ans avec qui… (un garçon ou une fille)

2b 💬 En se basant sur ce qu'ils savent au sujet de ces deux pronoms relatifs, les élèves expliquent les différences entre *qui* et *que*. Cette discussion peut être effectuée dans la langue d'apprentissage des élèves.

Réponse :
qui = sujet du verbe qui suit ; que = objet du verbe qui suit

2c 📖 ✏️ Les élèves relisent le texte de Farha et le complètent avec les bons pronoms relatifs.

Réponse :
1 qui, 2 qui, 3 qui, 4 que, 5 qui, 6 que, 7 qui, 8 qui

> **PRONOMS RELATIFS *QUI* ET *QUE***
>
> Voir aussi :
> - Cahier d'exercices 1, 2

3a 🔊 ✏️ Les élèves écoutent l'entretien de Clément au téléphone avec l'organisme et notent ses réponses aux questions de l'encadré.

Il est conseillé de faire écouter l'enregistrement deux fois. Selon le niveau de compréhension de la classe, l'enregistrement peut être interrompu après la réponse à chaque question.

Réponse :
1. Clément Astier
2. 17 ans
3. français
4. à Bastia, en Corse
5. français, italien, anglais, allemand
6. mon père et ma mère (je suis fils unique)
7. ma grand-mère italienne, mon oncle et ma tante, mes cousins
8. un lapin et des poissons rouges
9. une famille d'accueil
10. au Canada ou aux États-Unis

🔊 CD 01, Piste 20

– Allô ? Je peux vous aider ?
– Oui, bonjour. Je voudrais m'inscrire sur votre site pour chercher une famille d'accueil, s'il vous plaît.
– D'accord. Je peux d'abord te poser quelques questions ?
– Oui, bien sûr.
– Alors, comment t'appelles-tu ?
– Je m'appelle Clément Astier, A-S-T-I-E-R.
– Quel âge as-tu, Clément ?
– J'ai dix-sept ans.
– De quelle nationalité es-tu ?
– Je suis français.
– Où habites-tu ?
– J'habite à Bastia, en Corse.
– D'accord, très bien. Quelle(s) langue(s) parles-tu ?
– Je parle français et italien et un peu anglais et allemand.
– Excellent. Qui habite chez toi ?
– Alors il y a mon père qui s'appelle Paul. Il a quarante-deux ans et il est pharmacien. Il y a ma mère aussi bien sûr, qui s'appelle Monica. Elle a trente-huit ans et elle est vétérinaire. Je suis fils unique, je n'ai ni sœur ni frère.
– Ah d'accord, donc une petite famille. Quels membres de ta famille vois-tu souvent ?
– Il y a ma grand-mère italienne, Anna, que je vois tous les week-ends, et mon oncle et ma tante aussi, Patrick et Claire, qui ont deux enfants, mes cousins, deux garçons qui ont treize et seize ans et qui s'appellent Alex et Quentin.
– D'accord. As-tu des animaux chez toi ?
– Oui, j'ai un lapin, qui s'appelle Pif et que j'adore, et j'ai des poissons rouges.
– OK. Alors, que recherches-tu, un échange ? Une famille d'accueil ? Dans quel pays ?
– Je voudrais aller dans une famille d'accueil au Canada ou aux États-Unis si c'est possible.
– D'accord, alors maintenant on va prendre plus de détails pour mettre ton annonce sur le site…

3b En se servant des renseignements notés lors de l'activité précédente, les élèves rédigent l'annonce de Clément pour le site web.

4a Activité à deux : en utilisant les questions de l'encadré, les élèves imaginent l'entretien avec Jeanne. Les rôles sont ensuite inversés et ils imaginent l'entretien avec Farha.

4b Activité à deux : l'élève A pose les questions de l'encadré à l'élève B qui doit y répondre en essayant de donner le plus de détails possible. L'élève A doit noter les réponses de l'élève B. Les rôles sont ensuite inversés.

5 À deux, les élèves décident quelle famille (celle de Jeanne, Farha ou Clément) serait idéale pour eux- / elles-mêmes et pour leur partenaire. Ils justifient leurs réponses. Sont-ils d'accord ?

Exemple : Pour moi, la famille idéale, c'est celle de Jeanne, parce que j'adore les chiens et les chats. Pour toi, je choisis la famille de… parce que…

6 En utilisant les questions 1–10 de l'encadré, les élèves écrivent une annonce pour se présenter et présenter leur famille sur le site de l'organisme. Insister pour qu'ils utilisent au moins deux fois *qui* et deux fois *que*.

À noter : Les élèves peuvent s'inventer une famille s'ils ne veulent pas présenter la leur pour des raisons personnelles.

7 🔖 🎧 Les élèves écrivent et enregistrent leur message pour décrire leur famille d'accueil idéale.

Les messages peuvent être au présent de l'indicatif, mais les élèves avec plus de facilités peuvent employer le conditionnel : *Ma famille d'accueil idéale habiterait en centre-ville. Ils auraient un chien et un chat…*

3.03 Lettre ouverte

Matériel :
- Cahier d'exercices 3, 4

Avant de commencer les activités de 3.03, encourager les élèves à discuter au sujet des séjours au pair avec les questions suivantes : *Que savez-vous des séjours au pair ? Qu'en pensez-vous ?* Ils peuvent se servir du vocabulaire des tâches ménagères étudié dans l'Unité 1.

1 📖 Les élèves lisent la lettre de Juliette et décident quelle phrase résume le mieux son expérience.

Réponse :
B

2 📖 📝 Les élèves relisent la lettre de Juliette et notent les aspects positifs et les aspects négatifs de son séjour.

Réponse :
Aspects positifs : c'était intéressant ; elle s'est bien amusée ; le Québec est un pays merveilleux ; elle a visité la région (elle est allée sur le fleuve Saint-Laurent et elle a vu des baleines – génial) ; elle s'est habituée au climat ; l'appartement était magnifique ; elle avait sa propre salle de bains avec WC ; c'était très confortable ; son travail était facile ; la mère était gentille ; la mère avait confiance en elle avec les enfants ; c'était une bonne idée de punir les enfants parce qu'après ce jour-là, les choses sont allées beaucoup mieux

Aspects négatifs : ce n'était pas toujours facile ; il faisait très froid et il neigeait beaucoup ; c'était dur au début ; la famille était étrange, le père surtout ; le père était souvent stressé et de mauvaise humeur ; un jour, il s'est mis en colère et a hurlé contre elle ; les quatre enfants étaient parfois insupportables, c'était l'horreur ; elle devait avoir de la patience avec eux ; un jour, elle en a eu marre – ils étaient très impolis et elle les a punis

3 📖 Les élèves relisent la lettre et repèrent les verbes au passé composé, les verbes à l'imparfait, les verbes pronominaux au passé composé et à l'imparfait.

Réponse :

a   je me suis bien amusée, je suis allée, j'ai vu, je me suis habituée, il s'est mis en colère, il a hurlé, il s'est excusé, j'en ai eu marre, je les ai puni, (les choses) sont allées (beaucoup mieux)

b   ce n'était pas facile, c'était intéressant, il faisait froid, il neigeait, c'était dur, (l'appartement) se trouvait, (l'appartement) était magnifique, il y avait, j'avais, c'était très confortable, (mon travail) était facile, je m'occupais, j'aidais à faire le ménage, la famille était étrange, il était souvent stressé, la mère était gentille, elle me faisait confiance, ils étaient insupportables, c'était l'horreur, je devais avoir de la patience, ils étaient très impolis, c'était une bonne idée

c   je me suis bien amusée, je me suis habituée, (l'appartement) se trouvait, je m'occupais des enfants, il s'est mis en colère, il s'est excusé

APPROFONDISSEMENT

Les élèves peuvent écrire des questions ou des phrases *Vrai / Faux* au sujet de la lettre de Juliette. Leur partenaire répond aux questions ou indique si les phrases sont vraies ou fausses, en justifiant celles qui sont fausses.

4 📝 Les élèves choisissent un des résumés A, C ou D de l'activité 1 (mais pas celui de Juliette). En 80–90 mots, ils écrivent une courte lettre sur le pays et la maison pour correspondre au résumé choisi. Ils doivent inventer les détails.

Avant de commencer, donner une liste de vocabulaire et d'expressions aux élèves qui en auraient besoin. Les élèves peuvent aussi noter leurs idées après avoir fait un remue-méninges au sujet des aspects positifs et négatifs du Canada ou du Québec, des aspects positifs ou négatifs de la maison, et des aspects positifs ou négatifs de la famille. Ils doivent ensuite se servir de ce vocabulaire dans leur travail écrit.

5 📖 Les élèves lisent la lettre de Karim et relèvent tous les mots positifs et tous les mots négatifs pour décrire une personne.

Réponse :

Mots positifs : formidable, gentil, drôle, optimiste, douce, énergique, courageuse

Mots négatifs : triste

6 Les élèves continuent les listes de l'activité 5 avec d'autres adjectifs pour décrire une personne.

Ils peuvent, par exemple, relever des adjectifs dans la lettre de Juliette. Ils peuvent aussi noter, sous forme de grille, tous les adjectifs au masculin, au féminin et au pluriel.

> **VARIATION**
> - Activité à deux : un élève décrit les parents de la famille d'accueil en utilisant un adjectif pour chacun d'entre eux ; son partenaire fait de même avec deux adjectifs et ainsi de suite.
> - Les élèves peuvent rédiger un texte similaire à celui de Karim mais pour une famille horrible.
> - Les élèves peuvent écrire des questions ou des phrases *Vrai / Faux* au sujet de la lettre de Karim. Leur partenaire répond aux questions ou indique si les phrases sont vraies ou fausses, en justifiant celles qui sont fausses.

7 Avant de faire cette activité, les élèves doivent lire attentivement l'encadré *Grammaire* au sujet des pronoms compléments d'objet direct et prennent des notes. Ils relisent ensuite la lettre de Karim et y repèrent les pronoms COD. Ils doivent expliquer à qui ou à quoi ils correspondent.

À noter : L'utilisation des pronoms d'objet indirect (tels que ceux dans la lettre de Karim : *ils essayaient de m'expliquer, elle me parlait*) sera étudiée lors de la section 3.04.

Réponse :

je ne **les** oublierai jamais (les nomades) ; je **l'**ai adorée (la famille) ; je ne **les** comprenais pas (les enfants) ; **la** rapporter (l'eau) ; je ne **l'**ai jamais vu triste (le père) ; je **l'**ai aidé (le père) ; je **les** ai amenées (les chèvres) ; **les** faire boire (les chèvres) ; je **la** revois (la mère) ; elle **le** faisait cuire (le pain)

8 Les élèves imaginent et racontent dans une lettre leur séjour dans une famille d'accueil célèbre. Ils doivent :
- décrire les personnes et la maison
- donner leur opinion
- utiliser au moins six pronoms COD.

Fixer une longueur minimum en fonction des capacités des élèves, en commençant par une cinquantaine de mots. Encourager les élèves à utiliser au moins cinq connecteurs logiques et une variété d'adjectifs qualificatifs pour décrire des personnes.

À la fin, chaque élève peut lire sa lettre à voix haute au reste de la classe et chaque lettre peut être classée comme étant la plus originale, la plus drôle, la plus bizarre, la plus élaborée…

> **PRONOMS COMPLÉMENTS D'OBJET DIRECT (COD)**
> Voir aussi :
> - Cahier d'exercices 3, 4

3.04 Savoir-vivre, savoir dire

> **Matériel :**
> - CD 01, Pistes 21–23
> - Cahier d'exercices 5–8
> - Fiche 3.01

Comment être poli(e) avec sa famille d'accueil francophone ? Premiers contacts

Avant de commencer ces activités, les élèves peuvent se familiariser avec les mots dans l'encadré et essayer de deviner quel mot peut remplir quel blanc.

Ce travail peut s'effectuer à deux, en groupe ou avec la classe entière. Le texte peut aussi être projeté sur le tableau pour plus de facilité.

1a Les élèves lisent la conversation et la complètent avec les mots de l'encadré.

1b Les élèves écoutent l'enregistrement et vérifient leurs réponses à l'activité 1a.

Il est conseillé de faire écouter l'enregistrement deux fois. Selon le niveau de compréhension de la classe, l'enregistrement peut être interrompu après chaque personne.

Réponse :
1 bienvenue, **2** Bonjour, **3** Heureux, **4** remercie, **5** présente, **6** Salut, **7** s'il vous plaît, **8** si tu veux, **9** merci, **10** s'il te plaît

> **CD 01, Piste 21**
>
> Mme T : Bonjour Alex, bienvenue chez nous ! Je suis Madame Tournier mais tu peux m'appeler Adèle. Voici mon mari, Sylvain.
>
> Alex : Bonjour, Monsieur Tournier. Heureuse de faire votre connaissance.
>
> M. T : Oui, enchanté, Alex. Appelle-moi, Sylvain ! Ça va ?
>
> Alex : Oui, ça va, je vous remercie.
>
> Mme T : Je te présente notre fille, Lou.
>
> Lou : Salut, Alex !
>
> Mme T : Entre, Alex, fais comme chez toi ! Tu veux boire quelque chose ?
>
> Alex : Un verre d'eau, s'il vous plaît.
>
> Lou : Je vais te montrer ta chambre, si tu veux.
>
> Alex : D'accord, merci. Euh… Lou, les toilettes sont où, s'il te plaît ?
>
> Lou : Là, à côté de la salle de bains.

Après avoir rempli les blancs de la conversation, les élèves peuvent répondre à des questions au sujet du texte. Par exemple :

- Qui est Adèle ?
- Qui est Sylvain ?
- Comment s'appelle leur fille ?
- Que veut boire Alex ?
- Que va montrer Lou à Alex ?
- Où sont les toilettes ?

À noter :
Suite à l'activité 1, rappeler aux élèves les règles du tutoiement et du vouvoiement. Existe-t-il des règles similaires dans leur pays ?

Dire ce qu'on aime faire

2 🔊 📖 Les élèves écoutent et lisent la conversation entre Lou et Alex. Ils complètent les blancs.

Il est conseillé de faire écouter l'enregistrement deux fois. Selon le niveau de compréhension de la classe, l'enregistrement peut être interrompu après chaque personne.

Réponse :
1 le sport, **2** jouer au tennis, **3** aller au musée, **4** un musée d'art moderne, **5** les magasins, **6** les magasins de sport, **7** un centre commercial, **8** aller à des concerts, **9** le rock, **10** des salles de spectacle

> **CD 01, Piste 22**
>
> Lou : Qu'est-ce que tu aimes faire pendant ton temps libre ?
>
> Alex : Ce que j'aime le plus, c'est le sport.
>
> Lou : Moi aussi, j'adore le sport. Ce que je préfère, c'est jouer au tennis. Et aller au musée, ça t'intéresse ? Il y a un musée d'art moderne au centre-ville.
>
> Alex : Hmmm, moi, ça ne m'intéresse pas vraiment, je trouve ça un peu ennuyeux !
>
> Lou : Moi aussi ! Et les magasins, tu aimes ça ?
>
> Alex : Ça dépend. Ce qui m'intéresse le plus, c'est les magasins de sport.
>
> Lou : Super, moi aussi ! Il y a un centre commercial super ici.
>
> Alex : Est-ce qu'on peut aller à des concerts ici ? Ce qui me plaît le plus, c'est le rock.
>
> Lou : Oui, il y a des salles de spectacle. On peut regarder ce qu'il y a au programme pour voir ce qui t'intéresse.
>
> Alex : D'accord !

3 💬 À deux, les élèves inventent une conversation au sujet de ce qu'ils aiment faire, en utilisant *ce qui* et *ce que*.

> **PRONOMS RELATIFS *CE QUI* ET *CE QUE***
>
> Voir aussi :
> - Cahier d'exercices 5, 6

Discuter de sorties

4 🔊 Après avoir lu les expressions dans l'encadré *Vocabulaire*, les élèves écoutent les conversations d'Alex et Lou. Pour chaque conversation, ils doivent repérer :

a les sorties mentionnées

b les expressions utilisées pour inviter, accepter ou refuser l'invitation.

Il est conseillé de faire écouter l'enregistrement deux fois. Selon le niveau de compréhension de la classe, l'enregistrement peut être interrompu après chaque conversation.

Réponse :
Conversation 1 :
a faire du sport, jouer au tennis, aller à la piscine, aller au centre sportif
b Tu voudrais faire du sport ? Oui, je veux bien. Tu aimerais… ? Ça dépend, je ne suis pas très bonne… J'aimerais mieux… Désolée… Ça ne m'intéresse pas vraiment. On pourrait aller… si tu veux. D'accord. Je veux bien.

Conversation 2 :
a aller au cinéma, voir un film d'action / le film de *James Bond*
b Tu peux aller au cinéma… ? Excuse-moi, mais je ne peux pas … je ne suis pas libre. Tu pourrais demain soir ? Oui, d'accord. Tu voudrais voir… ? Ça m'est égal. J'aimerais bien voir… On pourrait aller voir… ? Bonne idée !

🔊 **CD 01, Piste 23**

Conversation 1 :

Lou : Tu voudrais faire du sport avec moi demain ?

Alex : Oui, je veux bien.

Lou : Tu aimerais jouer au tennis ?

Alex : Hmmm, ça dépend, je ne suis pas très bonne au tennis. J'aimerais mieux aller à la piscine. J'adore nager !

Lou : Ah désolée, mais moi, nager, ça ne m'intéresse pas vraiment. On pourrait aller au centre sportif si tu veux, il y a beaucoup d'activités.

Alex : D'accord. Je veux bien.

Conversation 2 :

Alex : Lou, tu peux aller au cinéma avec moi ce soir ?

Lou : Ce soir ? Euh, excuse-moi, mais je ne peux pas, ce soir, je ne suis pas libre.

Alex : Tu pourrais demain soir ?

Lou : Demain soir, oui, d'accord.

Alex : Tu voudrais voir quel film ?

Lou : Ça m'est égal, j'aime tout !

Alex : Moi, j'aimerais bien voir un film d'action. On pourrait aller voir le film de *James Bond* ?

Lou : Oui, bonne idée !

---

5 💬 À deux, les élèves imaginent un dialogue dans lequel leur partenaire les invite à sortir. Ils peuvent accepter ou refuser l'invitation. Les inciter à utiliser des expressions de l'encadré *Vocabulaire*. Les rôles sont ensuite inversés.

> **VARIATION**
>
> Demander aux élèves de penser à des expressions similaires et de les noter :
> - je ne peux pas – c'est impossible
> - ça ne m'intéresse pas – ça ne me dit rien, je ne suis pas intéressé(e)
> - je ne suis pas libre – je suis occupé(e)
>
> Leur demander d'utiliser *Si* + imparfait pour suggérer une activité : *Si on allait… ?*

Dire merci

6 Les élèves lisent le message d'Alex à la fin de son séjour chez Lou. Ils répondent aux questions de la Fiche 3.01.

Réponse :
1 chez elle / à la maison, **2** parce qu'elle a quitté la famille de Lou / elle vient de quitter la famille de Lou, **3** elle va leur téléphoner, **4** elle veut lui envoyer un cadeau, **5** elle a aimé aller au match de foot avec lui, **6** elle les a adorés, **7** elle a adoré les sorties avec Lou et les amis de Lou

7a Les élèves relisent le message d'Alex. Ils identifient les pronoms COD et disent à qui les pronoms correspondent.

Réponse :
vous quitter (Lou et sa famille) ; **les** remercier (les parents de Lou) ; quand tu **les** vois (les grands-parents de Lou) ; je **te** remercie (Lou) ; je vais **la** contacter (Camille)

7b Les élèves relisent le message d'Alex et notent l'infinitif des verbes qui utilisent la préposition *à* (+ *une personne*).

Réponse :
téléphoner à, envoyer à, donner à, dire à, souhaiter à, parler à, répondre à

7c Les élèves relisent le message d'Alex et comptent le nombre de pronoms COI. Ils identifient les verbes et disent à qui les pronoms correspondent.

Réponse :
je vais **leur** téléphoner (les parents de Lou) ; je voudrais **lui** envoyer un cadeau (la mère de Lou) ; tu peux **me** donner… (moi / Alex) ; ne **lui** dis rien (la mère de Lou) ; dis-**lui** merci (le père de Lou) ; souhaite-**leur** le bonjour (les grands-parents de Lou) ; je **te** parle (toi / Lou) ; réponds-**moi** (moi / Alex)

> **PRONOMS COMPLÉMENTS D'OBJET INDIRECT (COI)**
>
> Voir aussi :
> - Cahier d'exercices 7, 8

8 Les élèves imaginent la lettre de remerciement de Juliette (ou celle de Karim) à sa famille d'accueil (section 3.03). Ils peuvent utiliser le message d'Alex comme modèle.

Encourager les élèves à utiliser des pronoms COI et des pronoms COD. Ils doivent utiliser les verbes suivants : *dire merci (à), remercier, dire bonjour (à), parler (à)*.

Fixer une longueur minimum en fonction des capacités des élèves, en commençant par une cinquantaine de mots.

3.05 Vie pratique

> **Matériel :**
> - CD 01, Pistes 24–25

Réserver et acheter des billets pour un spectacle

1a Les élèves écoutent et lisent les trois conversations. Ils relient la photo à une des conversations.

Réponse :
conversation 2 (parce qu'on achète des billets en ligne)

1b Les élèves relient un dialogue à une des situations (A–D) et expliquent leur choix.

Réponse :
1   A (on dit « Allô », on parle de « scène » et « pièce »)
2   D (j'achète les billets en ligne, clique sur, la séance, un film doublé ou en VO sous-titré)
3   C (trois places, spectacle, regardez le plan)

> **CD 01, Piste 24**
>
> 1
> – Allô, *La Scène au Coin de la Rue*, j'écoute ?
> – Allô, bonjour. Je voudrais réserver des places pour la pièce après-demain, s'il vous plaît.
> – Oui, combien de places désirez-vous ?
> – Deux, s'il vous plaît. Il y a des réductions pour les étudiants ?
> – Non, désolée. Il n'y a pas de réductions. Il y a des places au balcon à douze euros, sinon c'est trente-cinq euros.
> – Je vais prendre deux places à douze euros, s'il vous plaît.
> – D'accord. Ça fait vingt-quatre euros. Vous réglez comment ?
> – Par carte de crédit, c'est possible ?
> – Oui, pas de problème.
>
> 2
> – Bon, j'achète les billets en ligne. D'abord, les horaires.
> – Clique sur la séance de vingt heures.
> – D'accord. Il y a deux tarifs : normal ou moins de dix-huit ans.
> – C'est combien, le tarif réduit pour les moins de dix-huit ans ?
> – C'est huit euros. Bon, je dois donner mes coordonnées, nom, prénom, adresse mail…
> – Au fait, c'est un film doublé ou en VO sous-titrée ?
> – Je crois que c'est doublé.
> – D'accord.
>
> 3
> – Bonjour. Je peux vous aider ?
> – Oui, bonjour, je voudrais trois places pour le spectacle de ce soir, s'il vous plaît.
> – Regardez le plan : ici, il y a trois places ensemble. Ça vous va ?
> – Très bien. Ça fait combien ?
> – Alors, trois places à vingt euros, ça fait soixante euros, s'il vous plaît.

2 Les élèves relisent les dialogues et trouvent les synonymes des mots donnés.

Expliquer aux élèves que les synonymes sont de nature similaire : un verbe à l'infinitif remplace un autre verbe à l'infinitif, un adjectif au masculin singulier remplace un autre adjectif au masculin singulier…

Réponse :
1 réduction, tarif réduit, **2** régler, **3** billets en ligne, **4** les horaires, **5** le spectacle, **6** coordonnées, **7** en VO (version originale), **8** ça fait combien ?

3 À deux, en réutilisant les expressions des conversations-modèle, les élèves inventent une conversation pour la quatrième situation de l'activité 1b. Chaque paire peut jouer son dialogue devant le reste de la classe.

Rappeler aux élèves qu'ils doivent utiliser la bonne intonation quand ils posent des questions et quand ils répondent aux questions.

Commander au restaurant

4 Les élèves lisent la *Soupe de mots* et cherchent les mots nouveaux dans un dictionnaire.

À deux, ils recopient et complètent le *menu des expressions* (*Au menu : Que dire pour… ?*). Il y a trois expressions par section (A–E).

Réponse :
A 3, 7, 14 **B** 9, 10, 13 **C** 2, 6, 11 **D** 5, 8, 12 **E** 1, 4, 15

5a Les élèves écoutent cinq extraits de conversations et disent à quelle section du *menu des expressions* (A–E) ces extraits appartiennent.

Réponse :
1 A (Demander une table), **2** C (Demander des explications), **3** B (Commander une boisson / un repas), **4** E (Payer), **5** D (Faire une réclamation)

5b Les élèves réécoutent les extraits de conversation et complètent les phrases du serveur ou de la serveuse. Encourager les élèves à lire le texte avec les mots manquants avant d'écouter l'enregistrement et à deviner quels pourraient être ces mots manquants.

Il est conseillé de faire écouter l'enregistrement deux fois. Selon le niveau de compréhension de la classe, l'enregistrement peut être interrompu après chaque conversation.

À noter : Les réponses n'apparaissent pas dans l'ordre de l'enregistrement.

Réponse :
1 combien, quel, **2** prendre, voulez, **3** il y a, **4** le, vous, **5** excuser, l'erreur

> 🔊 **CD 01, Piste 25**
>
> 1 – Bonsoir. Vous avez une table de libre ?
> – Oui, c'est pour maintenant ?
> – Non, pour ce soir, vers vingt heures.
> – Oui, alors pas de problème. C'est pour combien de personnes ?
> – Pour huit personnes. C'est possible en terrasse ?
> – D'accord, donc huit personnes en terrasse, ce soir, à vingt heures. C'est à quel nom ?
> – Duclos, D-U-C-L-O-S.
> – Très bien, c'est noté. À ce soir !
>
> 2 – Excusez-moi, qu'est-ce qu'il y a dans la salade de crudités, s'il vous plaît ?
> – Alors, il y a des carottes, du concombre, du céleri et des tomates.
> – Qu'est-ce qu'il y a comme fromage ?
> – Alors, il y a du gruyère, du camembert et du chèvre.
> – C'est quoi, les profiteroles ?
> – Ce sont de petits gâteaux au chocolat.
> – D'accord, merci.
>
> 3 – Alors, vous avez choisi ?
> – Oui, je vais prendre un menu à quinze euros, s'il vous plaît.
> – D'accord. Qu'allez-vous prendre comme entrée ?
> – Comme entrée, je vais prendre une soupe à l'oignon. Et comme plat principal, l'omelette aux champignons.
> – Très bien. Qu'est-ce que vous voulez boire ?
> – Une eau minérale, s'il vous plaît.
> – Entendu. Je vous apporte ça tout de suite.
>
> 4 – L'addition, s'il vous plaît !
> – Tout de suite, madame. Voici.
> – Le service est compris ?
> – Oui, le service est compris.
> – D'accord. Oh, excusez-moi, mais je crois qu'il y a une erreur. Je n'ai pas commandé de café.
> – Ah oui, je vous prie de m'excuser. Je vais rectifier l'erreur.
> – Merci.
> – Vous réglez par carte ?
> – Oui, s'il vous plaît.
>
> 5 – Excusez-moi, je pourrais avoir un couteau, s'il vous plaît ?
> – Ah oui, bien sûr, excusez-moi.
> – Et il manque le pain. C'est possible d'avoir un peu de pain ?
> – Ah désolé, oui bien sûr, je vais le chercher.
> – Et excusez-moi encore, mais mon verre est sale.
> – Ah oui, désolé, je vous amène un verre propre.
> – Merci.

6 📝💬 À deux, les élèves inventent une conversation pour les sections A–E du *menu des expressions* en utilisant le menu du restaurant *Au Coin de la Rue*. Ils jouent leurs conversations devant le reste de la classe.

Ils peuvent faire preuve de beaucoup d'imagination et ajouter des éléments amusants, par exemple un serveur distrait, un client désagréable…

3.06 Le français à la loupe

> **Matériel :**
> - CD 01, Piste 26
> - Cahier d'exercices 9–15

3 Une famille à l'étranger

Les verbes : le passé composé et l'imparfait

Cette section grammaticale traite des aspects suivants :

- Comment parler du passé ?
- Comment conjuguer un verbe au passé composé ?
- Comment former le participe passé ?
- Comment conjuguer un verbe à l'imparfait ?
- Quand utiliser le passé composé ?
- Quand utiliser l'imparfait ?
- Quand utiliser l'imparfait et le passé composé dans la même phrase ?

Quelques suggestions :

- Demander aux élèves de faire la liste des expressions de temps du passé qu'ils connaissent.

    Exemple : hier, avant-hier, mardi dernier, le week-end dernier, la semaine dernière, le mois dernier, l'année dernière, il y trois jours, avant, en 2012, au siècle dernier, autrefois…

- Jeu de ping-pong : l'élève A choisit un verbe à l'infinitif et l'élève B donne le participe passé de ce verbe. Les élèves moins en confiance pourront commencer par des participes passés de verbes réguliers. Les élèves avec plus de facilités ne donneront que des participes passés de verbes irréguliers.
- Les élèves relisent les textes de *Lettre ouverte* (section 3.03) et retrouvent un exemple de chaque utilisation du passé composé et de l'imparfait.

À noter : Les autres utilisations de l'imparfait (souhait, suggestions, proposition conditionnelle avec *si*) seront étudiées dans les prochaines unités.

1 🖉 Les élèves inventent une histoire en utilisant tous les verbes prenant *être* au passé composé.

Comment ça se dit ?

2 🔊 Les élèves écoutent chaque phrase et décident si elle est au présent, au passé composé ou à l'imparfait.

Réponse :
entre parenthèses dans la transcription

🔊 **CD 01, Piste 26**

1. Il allait en France pendant les vacances. (imparfait)
2. Il est allé en France pendant les vacances. (passé composé)
3. Il aime aller en France pendant les vacances. (présent)
4. Il aimait aller en France pendant les vacances. (imparfait)
5. J'ai aimé le film de science-fiction, et toi? (passé composé)
6. J'aime les films de science-fiction, et toi? (présent)
7. J'aimais les films de science-fiction, et toi? (imparfait)
8. J'aimais le foot mais je préférais le rugby. (imparfait)
9. J'ai aimé le foot mais j'ai préféré le rugby. (passé composé)
10. J'aime le foot mais je préfère le rugby. (présent)
11. J'ai mangé au restaurant. (passé composé)
12. J'aime manger au restaurant. (présent)
13. J'aimais manger au restaurant. (imparfait)
14. J'ai aimé manger au restaurant. (passé composé)

3.07 Le parfait linguiste

Comment se préparer à un jeu de rôle ?

Avant de faire un jeu de rôle, il est essentiel que les élèves apprennent les formules de politesse d'usage. Il leur est conseillé de :

- bien apprendre des expressions utiles
- penser au vocabulaire sur le thème de la conversation et aux questions qu'on pourrait leur poser
- bien apprendre les adverbes interrogatifs.

Les expressions utiles pour acheter ou commander quelque chose et le vocabulaire utile au téléphone pour louer une maison de vacances sont révisés dans les activités de 3.05.

1 Les élèves relisent les conversations et les expressions de la section 3.05 (*Vie pratique*). Ils notent les expressions utiles pour acheter ou commander quelque chose.

Exemple : Je voudrais…, Je vais prendre…, Je pourrais avoir plus de… ? Qu'est-ce que vous avez comme… ?

2 À deux, les élèves imaginent une conversation téléphonique avec une agence pour louer une maison de vacances. Ils doivent d'abord définir le vocabulaire à utiliser (*chambre, près de la plage, loyer, terrasse…*) et anticiper les questions que les personnes pourraient leur poser (*Quand allez-vous arriver / partir ? Comment souhaitez-vous payer ? Avez-vous un animal domestique ? C'est pour combien de personnes ?…*).

Les élèves ne doivent pas oublier les formules de politesse (*s'il vous plaît, merci, bonjour, au revoir…*) et doivent utiliser *vous*.

Les élèves enregistrent leur dialogue et évaluent leur performance. Ils doivent se réenregistrer jusqu'à ce qu'ils soient satisfaits de leur travail.

Faites vos preuves !

3 Cette activité de jeu de rôle permet aux élèves de s'entraîner à la production orale.

Faire remarquer aux élèves qu'ils peuvent reformuler les questions en utilisant *je* au lieu de l'impératif ou *vous* qui est dans la question.

Exemple : « Dites que vous voudriez réserver une table pour deux » devient « Je voudrais réserver une table pour deux, s'il vous plaît. »

Les élèves peuvent préparer ces deux exemples de jeu de rôle (A et B) individuellement, en 15 minutes et sans prendre de notes. Il y a cinq phrases à dire dans chaque conversation.

Les élèves moins en confiance pourront travailler à deux et prendre des notes.

Réponse suggérée :

A
1. Bonjour, monsieur / madame. Je vous téléphone pour trouver une famille d'accueil en France.
2. J'apprends le français depuis cinq ans et j'ai appris le français au collège.
3. J'aimerais venir en France en juillet. C'est possible ?
4. Non, je n'ai jamais fait de séjour en famille d'accueil mais j'ai déjà passé des vacances en France. C'était formidable !
5. Est-ce que je peux être avec une famille végétarienne ?

B
1. Bonjour, monsieur / madame. Je voudrais un sandwich, s'il vous plaît.
2. Je voudrais un sandwich au jambon et au fromage, s'il vous plaît.
3. C'est pour manger ici.
4. Je voudrais un jus d'orange, s'il vous plaît.
5. Merci. C'est combien ?

3 Une famille à l'étranger

4 Faites la fête !

Au sommaire

Thème : les fêtes

Points lexicaux
- les festivals
- les jours de fête

Grammaire
- les verbes : le futur et le conditionnel
- le futur avec *aller* et le futur simple
- la condition avec *si* (présent + futur, imparfait + conditionnel)
- utiliser des temps variés

Stratégie
- comprendre ce qu'on entend

À noter : Le conditionnel passé sera abordé dans l'Unité 9.

1 Avant de faire cette activité, encourager les élèves à faire des recherches sur les « Gilles » du carnaval de Binche. (Où est Binche exactement ? Quand a eu lieu le carnaval de Binche cette année ? Que portent les Gilles ?)

En groupe, les élèves regardent ensuite la photo. Ils préparent cinq questions sur la photo et les posent à un autre groupe. Chaque groupe répond aux questions des autres groupes.

2 Les élèves discutent des autres carnavals et festivals qu'ils connaissent. Cette activité peut se faire en groupe ou avec la classe entière.

En fin d'unité, les élèves peuvent revenir sur cette page et utiliser le vocabulaire et les structures grammaticales acquis dans l'Unité 4 pour refaire les activités 1 et 2.

PLURIELS IRRÉGULIERS

un festival – des festivals
un carnaval – des carnavals

4.01 Ça commence bien !

Sondage : les jours de fête dans votre vie

1 Les élèves observent les photos de fêtes et décident de quelles fêtes il s'agit. Il y a plusieurs réponses possibles, par exemple le 14 juillet / la fête nationale, une fête de famille (anniversaire, mariage…) ou un festival de musique, la fête hindoue de Holi / la fête des couleurs. Certains élèves manqueront peut-être de connaissances au sujet des fêtes et le professeur peut donc les aider en faisant cette activité en groupe ou avec la classe entière.

En groupe ou à deux, les élèves font ensuite deux listes : les fêtes familiales et les fêtes nationales.

Liste de fêtes pour information et référence :

- la Saint-Sylvestre, le Nouvel An, le Nouvel An chinois, l'Épiphanie, la Chandeleur, la Saint-Valentin, Pâques, la Fête des Mères / des Pères, la Fête de la Musique, la Fête des Voisins, le 14 juillet / la Fête Nationale, la Toussaint, Halloween, Noël
- Aïd al-Adha / el-Kebir, Aïd el-Fitr
- la Pâque juive, Pourim, Yom Kippour, Hanoucca
- Dipavali (célébré dans les villages Tamoul de l'île de La Réunion)
- un anniversaire, un baptême, une communion / une bar (bat) mitsva, un mariage
- un carnaval, un festival de musique / de danse / de théâtre.

2a Les élèves font la liste des fêtes les plus importantes dans leur vie et dans leur culture.

2b Activité à deux : chaque élève devine les quatre fêtes les plus importantes dans la vie de son partenaire. Les rôles sont ensuite inversés.

3 Les élèves dressent la liste des fêtes importantes de l'année pour les membres de la classe. Décider quelle fête est la plus importante pour toute la classe.

Préparez-vous à la fête

4 À deux, les élèves préparent une fête en famille. Ils décident de quelle fête il s'agit et écrivent séparément une liste d'objets et d'accessoires nécessaires pour cette fête.

Chaque élève compare son liste avec celle de son partenaire. Ensemble, ils décident des objets et d'accessoires à obtenir absolument.

Exemple : un arbre de Noël, des bougies, des cartes, des cadeaux, des invitations, des décorations, des guirlandes, des feux d'artifice, un repas, des plats traditionnels, des pâtisseries, une salle…

5 Activité à deux : chaque élève choisit une fête nationale ou un festival et fait une liste de dix choses associées à cette fête ou ce festival. Il peut s'aider d'un dictionnaire.

Chaque élève lit les mots de sa liste à son partenaire qui doit deviner de quelle fête il s'agit. Les rôles sont ensuite inversés.

Cette activité peut aussi se faire avec la classe entière.

Vocabulaire suggéré : la bougie, la décoration, la guirlande, le défilé, le char décoré, le feu d'artifice, le costume, le déguisement, le repas, la spécialité culinaire, l'instrument de musique, l'orchestre, le spectacle, la salle, la cérémonie…

La fête en action

6a Les élèves recomposent les huit phrases au sujet des activités qu'on peut faire pendant les fêtes, les festivals et les carnavals.

À noter : Il y a plusieurs réponses possibles, mais une seule solution d'ensemble. On pourrait dire « on mange tard », mais « des plats de fête » ne va qu'avec « on mange ».

Réponse :
1 g, **2** h, **3** f, **4** a, **5** c, **6** e, **7** d, **8** b

6b Les élèves inventent d'autres phrases avec les verbes dans le nuage.

Les verbes sont à l'infinitif. Les élèves avec plus de facilités peuvent utiliser *on* (comme dans les exemples dans le livre de l'élève) ainsi que *les gens, ma famille, les villageois, je…*

Réponse suggérée :
Mes parents boivent du champagne. Les villageois chantent l'hymne national. On crie. Les pâtissiers font de bons gâteaux. Les enfants jouent dans la rue. Les jeunes participent à des concours. Tout le monde rit.

6c Les élèves ajoutent d'autres verbes et font d'autres phrases.

Exemple :
Verbes : acheter, préparer, s'amuser, défiler, jeter, prier, s'habiller, se costumer, se déguiser…
Phrases : On achète des cadeaux. Mes parents préparent des plats traditionnels. Nous nous amusons bien…

7 Chaque élève pense à la dernière fête ou au dernier festival où il est allé. Il note ses actions, et aussi celles des autres participants, mais sans écrire le nom de la fête. Son partenaire lit la description et devine la fête.

VARIATION

En secret, l'élève A choisit et écrit un verbe de l'activité 6. L'élève B fait une phrase sur une fête. Si l'élève B utilise le verbe que l'élève A a choisi, l'élève A montre son verbe et gagne un point.

Ensuite, l'élève B choisit un verbe en secret et l'élève C fait une phrase, etc. L'élève qui accumule le plus de points gagne.

Exemple :
A (porter)
B J'ai porté un nouveau T-shirt.
A « porté » – j'ai gagné un point !
B (applaudir)
C J'ai chanté avec les musiciens.
B Non, pas de point pour moi.

Cette activité de groupe peut se faire à trois ou quatre. L'élève qui écrit un verbe en secret, sachant lequel de ses partenaires va faire une phrase, peut user de psychologie pour marquer un point en essayant de deviner quel verbe attirera son partenaire.

Pas la fête pour tout le monde !

8 📖 Les élèves replacent les mots qui expriment l'accord et le désaccord au bon endroit sur l'écran.

Réponse :
1. Je suis d'accord !
2. Pas moi. Je ne suis pas d'accord.
3. Moi aussi, je suis contre.
4. Je suis pour.
5. Oui, mais à mon avis…
6. Il y a du pour et du contre.

9 💬 En groupe et en utilisant les expressions de l'activité 8, les élèves disent s'ils sont d'accord ou pas pour organiser une fête de la musique au collège. Les élèves peuvent faire une conversation en émettant plusieurs avis. Cette scène peut être jouée devant le reste de la classe.

4.02 Le Babillard

Matériel :
- CD 01, Piste 27
- Cahier d'exercices 1–7
- Fiches 4.01, 4.02

Racontez votre prochaine fête

À noter :
- Le 16ème anniversaire est appelé « fête » au Québec.
- « (Ma chère Noémie), c'est à ton tour / De te laisser parler d'amour » vient de la chanson de Gilles Vigneault *Gens du Pays* et s'utilise au Québec à la place de « Joyeux anniversaire, nos vœux les plus sincères ».

1 📖 Les élèves lisent les messages de Noémie, Victor, Rébecca et Abou et décident qui parle d'une fête liée à l'âge, d'une fête d'initiation ou d'une fête d'origine religieuse.

Réponse :
1 Noémie, Victor, Rébecca, **2** Victor, Rébecca, **3** Rébecca, Abou

> **VARIATION**
>
> On peut aussi demander aux élèves qui sont les participants à chacune des fêtes : *Qui sont les participants ?*
>
> **Réponse :**
> Noémie : ses parents, ses amis ; Victor : les habitants du village ; Rébecca : sa famille et ses amis ; Abou : sa famille

2 📖✍ Les élèves relisent les textes et classent les informations dans la grille de la Fiche 4.01. Ils notent et soulignent les verbes.

Les élèves peuvent :
- noter d'abord le lexique (*gâteau, restaurant, dattes, pâtisseries, couscous…*)
- puis, dans un second temps, noter le verbe (*il y aura un gâteau*)
- rajouter des éléments à la grille (*Participants à la fête : la famille, les voisins, les amis…*).

Réponse :

	manger	les vêtements	les cadeaux	la musique et la danse	les autres traditions
Noémie	Il y aura… un énorme gâteau.	Je porterai la belle robe de fête… Je vais faire les magasins pour choisir ma robe.		Il y aura une disco. Ils ne chanteront pas…	« Ma chère Noémie, c'est à ton tour… »
Victor		Nous nous battrons contre des hommes masqués et costumés.		Je danserai…	
Rébecca	Nous irons au restaurant.		Nous donnerons ses cadeaux à Rachel.		Rachel apprend à lire un texte de la Torah. Elle va lire ce texte en public.
Abou	Nous mangerons des dattes et des pâtisseries. Ma grand-mère va certainement préparer un couscous.	Nous allons mettre des vêtements neufs.	Nous recevrons aussi des cadeaux.		

PARLER DE L'AVENIR

Voir aussi :
- Cahier d'exercices 1–7
- 4.06 Le français à la loupe

3 📖 Les élèves relisent les quatre messages et trouvent tous les exemples de verbes au présent à sens futur, au futur avec *aller* + infinitif, et au futur simple. Ils remplissent la grille de la Fiche 4.02.

VARIATION

Sous forme de jeu à deux : l'élève A trouve un verbe qui exprime le futur, l'élève B nomme le temps (présent, futur avec *aller* + infinitif, futur simple). L'élève A et l'élève B alternent. Ils remplissent la grille de la Fiche 4.02.

Le professeur corrige avec la classe entière après chacun des quatre messages et vérifie en particulier qu'aucun des verbes n'a été oublié.

Réponse :

	présent à sens futur	futur avec *aller* + infinitif	futur simple
Noémie	je fête, ils organisent, j'invite	ma mère va m'acheter, je vais faire	il y aura, je porterai, nous serons, ils ne chanteront pas
Victor	la fête a lieu	je vais retourner	je danserai, nous nous battrons, je retournerai, j'aurai
Rébecca	nous fêtons, Rachel apprend	je vais parler, elle va lire	nous irons, nous donnerons, on passera, on n'oubliera jamais
Abou	c'est Aïd el-Fitr, nous célébrons	nous allons mettre, ma grand-mère va préparer	nous recevrons, nous mangerons, je serai, je continuerai, je fêterai

4 Faites la fête !

4 🔊 📖 Les élèves lisent le texte d'Aurélien et mettent les verbes entre parenthèses soit au présent, soit au futur avec *aller,* soit au futur simple.

Expliquer (comme dans 4.06 *Le français à la loupe*) que le futur simple et le futur avec *aller* sont souvent interchangeables.

Les élèves écoutent pour vérifier leurs réponses.

Réponse :

Liste de toutes les réponses possibles ; la réponse enregistrée (et donc légèrement plus idiomatique) est en caractères gras :

1 **fête**, va fêter, 2 **aura**, va avoir, 3 **allons préparer**,
4 **sera**, 5 **va venir**, viendra, 6 **pourra**, 7 **va téléphoner**,
téléphonera, 8 **allons inviter**, inviterons, 9 **ira**, va aller,
10 **préparera**, va préparer, 11 **sera**, 12 **vont réserver**, |
13 **appréciera**, va apprécier, 14 **fera**, va faire

🔊 **CD 01, Piste 27**

Cette année, on **fête** l'anniversaire de ma grand-mère. Elle **aura** soixante-dix ans au mois de juin. Nous **allons préparer** une fête pour elle, mais ce **sera** une fête-surprise !

Toute la famille **va venir**, mes cousins, mes oncles et mes tantes. J'espère que Tante Cécile, la sœur de ma grand-mère, qui habite à La Réunion, **pourra** venir aussi. Ma mère **va téléphoner** à Tante Cécile ce soir. Et puis nous **allons inviter** les voisins de ma grand-mère, qui sont de bons amis. On n'**ira** pas au restaurant, mais on **préparera** un bon déjeuner avec un gros gâteau à la fin, bien entendu.

Le meilleur moment de la journée, ce **sera** le ballon. Mes parents **vont réserver** un vol en montgolfière pour elle. J'espère qu'elle **appréciera** et que ça lui **fera** plaisir.

5a 📝 Les élèves réfléchissent à leur prochaine fête en famille ou entre amis. Ils notent le type de fête et classent les informations comme dans l'activité 2.

5b 💬 En groupe, un élève annonce quelle fête il a choisi et les autres membres du groupe devinent les éléments.

Insister pour que les élèves utilisent les deux formes du futur en se référant à l'encadré *Grammaire*.

Pour en faire un jeu : pour chaque élément qu'ils devinent juste, les participants marquent un point. Par exemple, « Tu vas manger un gâteau » vaut un point si le participant interrogé répond « oui ».

6 📝 Les élèves écrivent un message pour raconter leur prochaine fête en famille ou entre amis.

Ils doivent répondre aux questions dans l'ordre où elles sont posées en donnant des détails et en utilisant le vocabulaire appris lors des activités précédentes. Ils doivent aussi utiliser des expressions de temps, donner leur opinion (voir l'encadré *Vocabulaire*) et utiliser les différentes formes du futur.

Fixer une longueur minimum en fonction des capacités des élèves, en commençant par une cinquantaine de mots.

4.03 Enquête : fêtes et carnavals

Matériel :
- CD 01, Piste 28
- Cahier d'exercices 8–12

Le fruit à la fête

1 📖 Les élèves lisent les deux articles et identifient les fruits (ou les légumes) dont on parle.

Cette activité peut se faire individuellement ou avec la classe entière.

Réponse :

les citrons, les oranges ; le letchi, la mangue, l'ananas, les agrumes (= oranges, citrons, clémentines, pamplemousses…), les lentilles

2 📖 Les élèves relisent les deux articles et disent si les six verbes à l'infinitif (1–6) sont utilisés dans le passé ou dans l'avenir.

Les élèves justifient leurs réponses. Ils doivent formuler leurs réponses à la troisième personne : « Nathan habitait en France ; il achetait les fruits au supermarché… Ambre n'ira pas à la fête des lentilles… »

Cambridge IGCSE and O Level French as a Foreign Language

Réponse :
1 passé, 2 passé, 3 futur, 4 futur, 5 passé, 6 futur

> **APPROFONDISSEMENT**
>
> Les élèves font des recherches en ligne pour trouver d'autres fêtes ou festivals sur le thème des fruits : la Tomatina (en Espagne), le carnaval d'Ivrea et la bataille des oranges (en Italie), le carnaval de Binche…

3 À deux, les élèves relisent les articles.

L'élève A prépare six phrases à trous sur le premier article et l'élève B en prépare six sur le second. Ils échangent leurs phrases et les complètent.

Les deux élèves s'écoutent mutuellement compléter leurs phrases et se corrigent le cas échéant.

> **PARLER DU PASSÉ ET DE L'AVENIR**
>
> Voir aussi :
> - Cahier d'exercices 8–12
> - 3.06 Le français à la loupe (parler du passé)
> - 4.06 Le français à la loupe (parler de l'avenir)

4 Les élèves relisent les textes et trouvent des expressions de temps pour parler du passé, du présent et du futur. Pour chaque expression, ils écrivent une phrase en utilisant le temps approprié.

Réponse :

Passé :

Autrefois, Menton était le premier producteur européen de citrons.

En 1928, l'hôtel Riviera a décidé d'exposer des fleurs et des fruits.

En 1934, la Fête du Citron est née.

En 2015, le thème de la fête, c'était la Chine.

Il y a un an, Ambre et Nathan sont arrivés à La Réunion.

Avant, Ambre et Nathan achetaient les fruits au supermarché.

En décembre, ils sont allés à la fête du letchi.

Présent :

Le thème change tous les ans.

Toute l'année, il y a des fêtes dans les villages.

Aujourd'hui, ils vont à la fête de la mangue.

Futur :

Quel thème est-ce qu'on choisira l'année prochaine ?

La semaine prochaine, ils vont aller à Saint-Denis.

En juillet, ils visiteront Petite-Île.

En octobre, il y aura la fête des lentilles.

« Le carnaval, pour nous, c'est toute l'année »

5a Les élèves lisent l'interview de Louis.

Ils notent quelques mots-clés pour quatre catégories : le costume, les accessoires, les participants et les spectateurs.

Réponse :
- le costume : le chapeau
- les accessoires : le balai, les légumes, le ramon, le panier, les oranges
- les participants : les Binchois – les hommes seulement, pas les femmes
- les spectateurs : beaucoup de spectateurs de Belgique, de France et d'autres pays

À noter : Le carnaval de Binche est inscrit au patrimoine culturel immatériel de l'humanité.

5b Activité à deux : l'élève A est journaliste et l'élève B répond à ses questions sur le carnaval. Ils utilisent leurs notes de l'activité 5a et donnent des détails sur le présent, le passé et l'avenir. Les rôles sont ensuite inversés.

Selon leur niveau, certains élèves pourront donner plus de détails que d'autres.

6a Les élèves lisent la fin de l'interview de Louis et complètent les phrases avec les mots de l'encadré.

Réponse :
1 un costume, 2 jouerai, 3 participants, 4 s'exercer, 5 Hier, 6 vais, 7 musiciens, 8 défileras, 9 porterai, 10 content

6b 🔊 Les élèves écoutent et vérifient leurs réponses.

> 🔊 **CD 01, Piste 28**
>
> – Cette année, quel est ton rôle ? Tu vas porter un costume ?
> – Non. Moi, je suis musicien. Je jouerai du tambour et j'accompagnerai les participants dans la rue, par exemple les Gilles.
> – Tu es bon musicien ?
> – Oui, assez bon. Mais les musiciens du carnaval doivent s'exercer régulièrement. Hier, je me suis exercé chez moi. Ce soir, je vais répéter avec d'autres musiciens.
> – Est-ce qu'un jour tu défileras dans les rues de Binche en costume ?
> – Un jour, je porterai peut-être le costume de Gille et là, je serai vraiment très heureux. Mais en attendant, je suis content de jouer du tambour.

7 📖 Les élèves relisent l'interview de Louis et ajoutent d'autres expressions de temps à celles de l'encadré *Vocabulaire* de l'activité 4.

Réponse :

depuis longtemps, chaque année, maintenant, de nos jours, pour le moment, un jour, cette année, hier, ce soir, en attendant

8 💬 À deux, les élèves organisent une petite fête pour accueillir des étudiants francophones dans leur collège.

Ils donnent le thème de la fête et expliquent quels préparatifs doivent être faits. Chaque groupe présente son idée à la classe qui choisira la meilleure.

Cette activité peut être la préparation d'une activité écrite, où les élèves expliquent leur idée par écrit.

> **VARIATION**
>
> Les élèves imaginent qu'ils participent au carnaval de Binche. Ils doivent faire des phrases avec les mots de l'encadré dans l'activité 6. Ils peuvent changer la forme des mots si c'est nécessaire. Qui peut utiliser tous les mots de l'encadré ?
>
> *Exemple :*
> Je suis **musicien** et je vais **défiler**. Tous les **participants** portent un **costume**…

4.04 Le Babillard : votre festival préféré ?

> **Matériel :**
> - CD 01, Piste 29
> - Cahier d'exercices 13–15
> - Fiches 4.03, 4.04

Assister à votre festival préféré, rêve ou réalité ?

À noter : Pour plus d'informations au sujet des festivals mentionnés, consulter :

- le Festival des Vieilles Charrues : www.vieillescharrues.asso.fr
- le Festival du Film Étudiant de Québec : http://ffeq.ca
- le Rêve de l'Aborigène : www.lerevedelaborigene.org
- le Festival International de Bande Dessinée : www.bdfil.ch

1 📖 Les élèves lisent les quatre messages et font correspondre les phrases 1–6 aux messages des quatre jeunes. Il peut y avoir plusieurs réponses par phrase.

Réponse :

1 Lucas, **2** Lucas, **3** Maelys, Théo, **4** Maelys, Théo, Emma, **5** Emma, **6** Maelys, Théo

2 📖 📝 Les élèves relisent les témoignages de Maelys, Lucas, Théo et Emma et remplissent une fiche d'évaluation pour chaque jeune (Fiche 4.03).

Réponse :

Nom : Maelys

Nom du festival : le Festival des Vieilles Charrues

Où le festival a-t-il lieu ? en Bretagne, dans l'ouest de la France

En quoi consiste ce festival ? musiciens français et internationaux ; rock, folk, variété

Pourquoi aller à ce festival ? l'ambiance est extraordinaire ; il y a tous les styles de musique

Difficultés pour y assister ou participer ? Maelys n'a pas de billet ; si elle travaille demain, elle ne fera pas la queue à la billetterie ; elle aimerait travailler au festival comme bénévole, mais elle est trop jeune

Nom : Lucas
Nom du festival : le Festival du Film Étudiant de Québec
Où le festival a-t-il lieu ? à Québec, au Canada
En quoi consiste ce festival ? des films d'étudiants
Pourquoi aller à ce festival ? Lucas se passionne pour le cinéma ; plus tard, il a l'intention d'étudier le cinéma et de faire ses propres films
Difficultés pour y assister ou participer ? Lucas ne peut pas y aller seul, parce que ses parents ne veulent pas ; si son copain Samuel révise, il ne sera pas libre pour l'accompagner

Nom : Théo
Nom du festival : Le Rêve de l'Aborigène
Où le festival a-t-il lieu ? à Airvault, en France
En quoi consiste ce festival ? petit festival de musique traditionnelle des peuples d'Australie : didgeridoo, guimbarde
Pourquoi aller à ce festival ? l'ambiance est sympathique ; les spectateurs sont cool
Difficultés pour y assister ou participer ? Théo habite à Nouméa, en Nouvelle-Calédonie ; c'est trop loin de la France et les vols coûtent trop cher

Nom : Emma
Nom du festival : le BD FIL, le Festival International de Bande Dessinée
Où le festival a-t-il lieu ? à Lausanne, en Suisse
En quoi consiste ce festival ? la bande dessinée
Pourquoi aller à ce festival ? il y a des expositions très intéressantes ; Emma voudrait participer au concours « Dessinateurs de demain »
Difficultés pour y assister ou participer ? cette année, elle a trop de travail au collège et elle n'a pas le temps de présenter une bande dessinée pour le concours

3 Les élèves relisent les textes et notent les phrases avec *si* qui expriment une condition.

Ils indiquent si les verbes sont au présent ou au futur.

À noter : Certains élèves trouveront peut-être cette activité difficile, mais l'objectif est surtout de les faire observer et réfléchir avant de donner le détail des règles.

Réponse :
p = présent ; f = futur

Maelys : Si je ne travaille pas (p) demain, je vais faire (f) la queue à la billetterie.

Lucas : Plus tard, j'ai l'intention (p / f) d'étudier le cinéma… si je réussis (p) mes examens ! Si je suis (p) seul, mes parents diront (f) « non ». Si mon copain Samuel est (p) libre, on ira (f) ensemble.

Théo : Si on aime (p) les musiques traditionnelles, c'est (p) une belle occasion. Par contre, si je trouve (p) un enregistrement « live », je l'achèterai (f) tout de suite.

Emma : Si le lycée propose (p) une option « dessin », je pourrai (f) étudier et dessiner.

> **EXPRIMER LA CONDITION (1)**
>
> Voir aussi :
> - Cahier d'exercices 13–15
> - 4.06 Le français à la loupe

APPROFONDISSEMENT

Après avoir relu les textes de Maelys, Lucas, Théo et Emma, les élèves lisent les phrases (Fiche 4.04) et remplissent les trous en ajoutant les noms des quatre jeunes.

Pour les phrases 1 et 2, il y a deux réponses possibles.

Réponse :
1 Maelys, Emma, **2** Maelys, Théo, **3** Lucas, **4** Lucas, **5** Lucas, **6** Emma

4 Les élèves relisent les textes et trouvent comment les jeunes expriment leur opinion. Les élèves doivent trouver des opinions positives et des opinions négatives.

Vérifier les réponses en classe.

Rappeler aux élèves de noter soigneusement leurs réponses qui pourront leur servir lors de travail écrit ou oral.

Réponse :

Opinions positives : l'ambiance est extraordinaire / sympathique ; je me passionne pour ; c'est une belle occasion ; je suis fan ; très intéressant ; j'adore

Opinions négatives : c'est moins bien ; il n'y a pas l'ambiance ; malheureusement ; c'est trop loin ; les vols coûtent trop cher

5 🔊 Les élèves écoutent maintenant Lucie et Mamadou qui parlent de deux fêtes. Ils remplissent la fiche de l'activité 2 (Fiche 4.03) pour chaque jeune.

Il est conseillé de faire écouter l'enregistrement deux fois. Selon le niveau de compréhension de la classe, l'enregistrement peut être interrompu après chaque personne.

À noter : Pour plus d'informations, consulter :

- le Festival de Jazz in Marciac :
  www.jazzinmarciac.com
- le Festival Panafricain du Cinéma de Ouagadougou :
  www.fespaco.bf / fr

Réponse :
Nom : Lucie
Nom du festival : Jazz in Marciac
Où le festival a-t-il lieu ? à Marciac, dans le sud de la France
En quoi consiste ce festival ? musique, jazz : musiciens internationaux, artistes français
Pourquoi aller à ce festival ? l'ambiance est chaleureuse et sympathique
Difficultés pour y assister ou participer ? si les billets ne coûtent pas trop cher, elle assistera à trois spectacles ; elle aimerait travailler comme bénévole, mais elle ne sait pas si c'est possible

Nom : Mamadou
Nom du festival : le FESPACO
Où le festival a-t-il lieu ? à Ouagadougou, au Burkina Faso
En quoi consiste ce festival ? cinéma
Pourquoi aller à ce festival ? Mamadou voudrait voir les films présentés par les réalisateurs africains et francophones
Difficultés pour y assister ou participer ? Mamadou est étudiant et n'est pas riche ; si les billets sont chers, il ne pourra pas y aller.

🔊 **CD 01, Piste 29**

Lucie

Cette année, j'ai envie d'aller à Jazz in Marciac, le festival de Marciac, dans le sud de la France. On y joue de la musique de jazz et c'est ma musique préférée ! Il y a beaucoup de musiciens internationaux, mais aussi des artistes français. L'ambiance est chaleureuse et très sympathique.

Si les billets ne coûtent pas trop cher, j'assisterai à trois spectacles. Et puis, j'aimerais bien travailler comme bénévole. Si les organisateurs sont d'accord, je pourrai vendre les programmes, placer les spectateurs… Mais je ne sais pas si c'est possible.

Mamadou

Je me passionne pour le cinéma. J'aimerais aller au FESPACO, le Festival du Cinéma de Ouagadougou, au Burkina Faso. J'ai l'intention d'étudier le cinéma plus tard et j'espère un jour faire mes propres films. En attendant, je voudrais voir les films présentés par les réalisateurs africains et francophones.

Malheureusement, il y a un problème : je suis étudiant et je ne suis pas riche. Si les billets sont chers, je ne pourrai pas y aller. Je regarderai alors les films en DVD, mais ce n'est pas la même chose, il n'y a pas l'ambiance.

---

6 💬 Les élèves disent lequel des six festivals ils préfèrent et justifient leur choix. Selon le niveau de l'élève, les réponses pourront être plus ou moins complexes et détaillées.

Cette activité orale a pour but de préparer l'activité 7 qui est une activité écrite.

7 ✍️ Les élèves choisissent un festival qu'ils aiment – musique, cinéma, danse, BD – et écrivent un texte pour un magazine. Il peut s'agir d'un festival auquel ils ont assisté, ou simplement dont ils ont entendu parler et qui les attire.

Ils répondent aux questions dans l'ordre donné en utilisant le vocabulaire appris lors des activités précédentes, en utilisant une variété de verbes et de temps et en justifiant leurs réponses.

Fixer une longueur minimum en fonction des capacités des élèves, en commençant par une cinquantaine de mots.

Cambridge IGCSE and O Level French as a Foreign Language

4.05 Pas la fête pour tout le monde ?

Matériel :
- CD 01, Piste 30
- Cahier d'exercices 16, 17
- Fiches 4.05, 4.06

Un festival, c'est parfois des centaines de milliers de visiteurs. L'impact sur la vie locale est-il positif ou négatif ?

1a Les élèves lisent les textes sur Carhaix et Menton. Dans la grille (Fiche 4.05), ils associent une des deux villes avec un des problèmes (1–5).

1b En relisant les textes, les élèves trouvent une solution à chacun des problèmes et remplissent la grille (Fiche 4.05).

Réponse :
Les solutions sont présentées sous forme de paraphrases simples. Une liste de paraphrases peut être donnée aux élèves ayant besoin d'assistance. Ils pourront simplement, après avoir identifié la ville, les faire correspondre avec les problèmes.

Problème	Ville	Solution
1 des gens qui parlent trop fort	Menton	partir de la ville
2 la saleté	Carhaix	des équipements et des véhicules pour nettoyer
3 pas de places de parking	Menton	des transports en commun
4 pas assez de sanitaires	Carhaix	de meilleurs équipements, plus écologiques
5 un hébergement mal organisé	Carhaix	plus d'endroits où dormir

2 Les élèves lisent le texte sur Marciac et répondent aux questions. Les élèves peuvent citer le texte ou le reformuler.

Réponse :
1. M. Guillet dit : « Le festival, c'est une grande chance… »
2. du travail pour lui et sa famille ; une chance pour les autres commerçants et pour la ville
3. Inès pense aussi que c'est une grande chance. Elle joue du saxo dans la section jazz du collège. Elle jouera peut-être au prochain festival. Ce serait une expérience irremplaçable pour elle.

3a En relisant l'opinion des six personnes interviewées dans l'article *Un festival, c'est parfois des centaines de milliers de visiteurs. L'impact sur la vie locale est-il positif ou négatif ?*, les élèves repèrent 12 expressions qui les aident à exprimer leur opinion.

Réponse :
il y a du pour et du contre ; c'est bien ; Maëlle est d'accord ; c'est bon… ; j'adore… ; à mon avis ; Madame Bellone n'est pas enthousiaste ; je suis contre… ; c'est une grande chance ; Inès Guillet est d'accord ; c'est ma passion ; une expérience irremplaçable

3b Les élèves trouvent dans l'article quatre façons de proposer des solutions.

Réponse :
ce serait mieux si on installait… ; si on créait…, on pourrait… ; si je pouvais, je viendrais… ; si des bus faisaient la navette, on laisserait sa voiture… ; ce serait plus pratique ; il faudrait…

4 En groupe, les élèves relisent l'article et trouvent les verbes au passé composé, à l'imparfait, au futur et au conditionnel. Ils comparent leurs résultats avec les autres groupes.

Les élèves n'ont pas encore appris le conditionnel présent. S'ils repèrent qu'il y a un temps qui n'est ni le présent, ni l'imparfait, ni le futur (simple ou avec *aller*), ils seront prêts pour l'explication dans l'encadré *Grammaire*.

Réponse :
- verbes au passé composé : on a construit, je suis venu, j'ai transformé, on a créé
- verbes à l'imparfait : il y avait, on installait, les visiteurs faisaient, on créait, c'était, je pouvais, si des bus faisaient, ma famille tenait, il n'y avait pas, je ne faisais pas

4 Faites la fête !

- verbes au futur simple : ils organiseront, j'irai, je pourrai
- verbes au futur avec *aller* : je vais (même) agrandir
- verbes au conditionnel : ce serait mieux, on pourrait, je viendrais, on laisserait, il faudrait, je n'aurais pas, je serais obligé

EXPRIMER LA CONDITION (2)

Voir aussi :
- Cahier d'exercices 16, 17
- 4.06 Le français à la loupe

5 Les élèves trouvent les expressions de temps dans l'article et les divisent en trois catégories : passé, présent ou avenir.

Réponse :
- **passé** : en 1997, au début, il y a quelques années, l'année dernière, avant le festival, en 1980, en 1993, avant de
- **présent** : pendant quelques jours, maintenant, depuis dix ans, tous les ans
- **avenir** : l'an prochain, l'année prochaine, dans un an, au prochain festival

6 Les élèves imaginent qu'ils ont assisté à un des trois festivals et racontent leur expérience.

Encourager les élèves à écrire au moins :
- trois phrases avec **un** temps différent dans chaque phrase
- deux phrases avec **deux** temps dans chaque phrase
- une phrase avec **trois** temps.

7 Les élèves écoutent huit personnes qui parlent de festivals dans leur région.

Ils déterminent : si chaque personne parle du passé ou de l'avenir ; l'opinion de chaque personne. Pour les opinions, ils utilisent la liste de problèmes 1–5 dans l'activité 1 ou les avantages cités dans le texte sur Marciac : « une grande chance » (pour la ville ou pour les jeunes).

Il est conseillé de faire écouter l'enregistrement au moins deux fois : une fois pour déterminer le temps (passé ou avenir) et une fois pour l'opinion. Selon le niveau de compréhension de la classe, l'enregistrement peut être interrompu après chaque personne.

Réponse :
1. passé, la saleté
2. avenir, une grande chance pour la ville
3. passé, pas de places de parking
4. passé, un hébergement mal organisé
5. avenir, une grande chance pour les jeunes
6. avenir, la saleté
7. passé, des gens qui parlent trop fort
8. avenir, pas assez de sanitaires

CD 01, Piste 30

1. L'année dernière, après le festival, les rues étaient vraiment sales. On voyait des papiers et des bouteilles partout.
2. Un festival de rock chez nous dans deux ans ? Ah, oui, je suis pour. Ce serait une chance pour les commerçants, les restaurants, les cafés et les hôtels de la ville.
3. L'année dernière, il y avait des problèmes de circulation pendant le festival. Il n'y avait pas assez de transports en commun et c'était difficile de garer les voitures en ville.
4. L'été dernier, on a eu beaucoup de visiteurs au festival, mais il n'y avait pas assez d'endroits où dormir. Les gens faisaient du camping sauvage.
5. Je joue du violon mais dans notre région, il n'y a pas beaucoup d'occasions pour les collégiens de jouer en public. Un festival de musique classique ici l'année prochaine, je suis d'accord. S'il y avait une journée réservée aux collégiens comme moi, ce serait une expérience irremplaçable.
6. Un festival dans notre petit village l'année prochaine, pourquoi pas ? Mais est-ce qu'on aura assez de poubelles et de camions-poubelles ?
7. Le festival, ce n'est pas toujours facile pour les habitants. Moi, j'aime le calme, et pendant le festival, il y a toujours des jeunes qui rient et qui parlent fort dans ma rue, même la nuit. En juillet, c'était impossible de dormir.
8. Accueillir plus de visiteurs au festival, d'accord… mais il faudrait construire des toilettes supplémentaires. Des toilettes sèches, ce serait plus écologique.

> **VARIATION**
>
> Les élèves écoutent les huit témoignages de l'activité 7 tout en lisant les transcriptions sur la Fiche 4.06. Ils remplissent les blancs avec les verbes manquants.
>
> **Réponse :**
> 1 étaient, voyait, 2 serait, 3 avait, 4 a eu, faisaient, 5 avait, serait, 6 aura, 7 était, 8 faudrait

8 🔲 La classe est divisée en deux : le groupe A est pour la création du festival, le groupe B est contre. Chaque groupe doit préparer le plus d'arguments possible.

Inciter les élèves à faire des phrases en utilisant *si* avec l'imparfait suivi du conditionnel.

Exemple : S'il n'y avait pas de festival, il y aurait beaucoup moins de touristes dans notre ville.

> **VARIATION**
>
> Demander aux élèves de faire des recherches sur un festival de votre ville, région ou pays. Sous forme de poster ou de présentation PowerPoint, les élèves présentent leurs recherches en français pour les visiteurs francophones au syndicat d'initiative de votre ville.

4.06 Le français à la loupe

Matériel :
- CD 01, Piste 31
- Cahier d'exercices 18, 19

Les verbes : le futur et le conditionnel

Cette section grammaticale traite des aspects suivants :

- Comment parler de l'avenir ?
- Comment former le futur avec *aller* + infinitif ?
- Comment conjuguer un verbe au futur simple ?
- Quelles expressions de temps employer ?
- Comment exprimer la condition ?
- Comment former le conditionnel ?
- *Je voudrais* et autres expressions

Il est conseillé que les élèves fassent les deux premières des trois activités suggérées ci-dessous avant de faire l'activité 1 ; la troisième activité ci-dessous peut se faire à la suite de l'activité 1.

- Demander aux élèves de relire les textes des sections 4.02–4.05 pour retrouver des exemples du futur avec *aller* et du futur simple.
- À l'aide d'un tableau de conjugaison, les élèves trouvent le futur des verbes suivants, les recopient, entourent le radical et les apprennent par cœur : courir, devoir, envoyer, pleuvoir, pouvoir, recevoir, savoir, voir
- Les élèves retrouvent des exemples de phrases avec *si* + présent et *si* + imparfait dans les textes de la section 4.05 (*Pas la fête pour tout le monde ?*).

Réponse :

Si + présent : Si je laisse ma fenêtre ouverte, je ne peux pas dormir. Si tout va bien…, je vais même agrandir le restaurant. Si je fais de bons progrès, je pourrai jouer au prochain festival.

Si + imparfait : Ce serait mieux si on installait plus de poubelles dans les rues et s'il y avait plus de camions-poubelles. Si on créait de grands campings…, on pourrait accueillir tous les visiteurs… Si je pouvais, je viendrais à vélo. Si des bus faisaient la navette, on laisserait sa voiture…, ce serait plus pratique. S'il n'y avait pas le festival, je n'aurais pas assez de travail et je serais peut-être obligé de partir.

1 💬 À l'aide des expressions de temps des sections 4.02, les élèves font quatre phrases pour parler de l'avenir. Ils doivent employer un temps différent et une expression de temps différente dans chaque phrase : le présent de l'indicatif, *aller* + infinitif, le futur simple, *être sur le point de*.

Donner un exemple pour chaque catégorie avant de faire commencer l'activité.

Comment ça se dit ?

2 🔊 À chaque fois, les élèves entendent deux formes et définissent de quel temps il s'agit : le présent (P), l'imparfait (I), le passé composé (PC), *aller* + infinitif (A+I), le futur simple (FS) ou le conditionnel (C).

Il est conseillé de faire écouter l'enregistrement deux fois. Selon le niveau de compréhension de la classe, l'enregistrement peut être interrompu après chaque paire de verbes.

4 Faites la fête !

Réponse :
entre parenthèses dans la transcription

> 🔊 **CD 01, Piste 31**
>
> 1. elle va se coucher (A+I) ; elle s'est couchée (PC)
> 2. tu mangeais (I) ; tu mangerais (C)
> 3. elle salissait (I) ; elle salirait (C)
> 4. il a écouté (PC) ; il va écouter (A+I)
> 5. on a applaudi (PC) ; on applaudit (P)
> 6. il boirait (C) ; il boira (FS)
> 7. je porte (P) ; je portais (I)
> 8. il va danser (A+I) ; il a dansé (PC)
> 9. je mangeais (I) ; j'ai mangé (PC)
> 10. je criais (I) ; je crierais (C)
> 11. elle jouait (I) ; elle a joué (PC)
> 12. on prendrait (C) ; on prendra (FS)
> 13. elle ferait (C) ; elle faisait (I)
> 14. tu as fait (PC) ; tu vas faire (A+I)
> 15. nous viendrons (FS) ; nous viendrions (C)
> 16. tu vas chanter (A+I) ; tu as chanté (PC)
> 17. il sera (FS) ; il serait (C)
> 18. vous irez (FS) ; vous iriez (C)

4.07 Le parfait linguiste

> **Matériel :**
> - CD 01, Piste 32

Comment se préparer à comprendre ce qu'on entend ?

Inciter les élèves à penser au vocabulaire qu'ils pourraient entendre pendant un enregistrement, leur faire observer les illustrations s'il y en a.

Pendant l'écoute, les élèves doivent faire particulièrement attention aux temps des verbes.

Faites vos preuves !

1 🔊 Cette activité permet aux élèves de s'entraîner à la compréhension orale.

Donner aux élèves quelques secondes pour bien lire les questions et observer les dessins. Les élèves entendront l'enregistrement deux fois.

Réponse :
1 octobre, **2** C, **3** A, **4** B, **5** A, **6** C

> 🔊 **CD 01, Piste 32**
>
> Vous allez entendre, deux fois, une annonce sur une station de radio locale pour une fête au village de Vieuxbois.
>
> Pendant que vous écoutez l'annonce, répondez en français ou avec des chiffres et cochez les cases appropriées. Il y a une pause dans l'annonce.
>
> Vous avez, d'abord, quelques secondes pour étudier les notes.
>
> Cette année, la traditionnelle *Fête des Pommes* aura lieu à Vieuxbois du jeudi vingt-cinq au dimanche vingt-huit octobre.
>
> On y trouvera, comme d'habitude, beaucoup de variétés de pommes de la région. Mais si vous n'aimez pas les pommes, il y aura d'autre fruits en vente : les producteurs de poires, de figues et aussi de petits fruits comme les framboises ou le raisin de table seront aussi au rendez-vous.
>
> Il sera bien sûr possible de manger sur place. Il y aura des stands de sandwichs, des vendeurs de pizzas et un bar où on pourra boire du jus de pomme, bien entendu. Si vous préférez un vrai déjeuner, le restaurant de Vieuxbois servira des plats chauds à midi.
>
> D'un point de vue pratique, il n'y a pas beaucoup de place pour se garer à Vieuxbois. Si vous venez en voiture, laissez votre véhicule dans un champ et prenez le bus qui fait la navette.
>
> Tous les jours pendant la fête, les organisateurs proposent des animations.
>
> Le samedi après-midi, par exemple, les visiteurs pourront applaudir *Les P'tites Pommes*, un défilé d'enfants de Vieuxbois costumés sur le thème de la pomme.
>
> Le samedi soir, on écoutera *Trois Plus Une*, un petit groupe comprenant une chanteuse et trois musiciens qui jouent du saxo, de la guitare et de la batterie. Ceux qui le veulent pourront danser.
>
> L'année dernière, les organisateurs ont annulé le spectacle du samedi soir, à cause de la pluie et de l'orage. Cette année, s'il pleut beaucoup, le spectacle aura lieu sous une grande tente, mais les organisateurs espèrent qu'il va faire beau.
>
> Vous trouverez plus de renseignements sur le site web dans les mois qui viennent.
>
> Maintenant vous allez entendre l'annonce une deuxième fois.

3 et 4 Révisez bien !

> **Matériel :**
> - Fiche R2.01

Jeu : « Réponse à tout ! »

Cette unité a pour but de faire réviser le vocabulaire, les expressions et les structures grammaticales étudiés lors des Unités 3 et 4. Les élèves sont donc incités à relire régulièrement leurs notes et à réviser le nouveau vocabulaire et les nouvelles structures grammaticales.

Les activités de cette unité sont délibérément plus ludiques. Il est possible de réviser en s'amusant !

1. Les élèves lisent les questions et les associent aux réponses de Louis. Ils comptent le nombre de points pour chaque réponse en essayant d'obtenir le plus de points possible.

   Cette activité peut se faire individuellement ou à deux. Le fait de donner des points aux élèves les encourage à donner des réponses détaillées, dans une langue sophistiquée.

   Cette activité donne aux élèves l'occasion d'améliorer leurs compétences en production orale, pour laquelle ils doivent être capables de maintenir une conversation en exprimant et en justifiant leurs idées au moyen d'une variété de vocabulaire, de structures grammaticales et de temps verbaux.

   ### Réponse :
   La famille : **1** B, **2** D, **3** C, **4** A
   La maison : **1** B, **2** C, **3** A
   Les loisirs : **1** D, **2** C, **3** B, **4** A
   Les fêtes familiales : **1** D, **2** C, **3** A, **4** B
   Les festivals et carnavals : **1** D, **2** A, **3** C, **4** B

2. Les élèves cachent les questions et regardent les réponses. Ils reformulent ensuite les questions.

   Il est important que les élèves soient familiarisés avec ce genre de questions afin de répondre correctement aux activités de compréhension écrite et de compréhension orale.

3. Les élèves donnent leurs réponses personnelles aux questions en se servant d'expressions trouvées dans les textes des Unités 3 et 4. Ils doivent utiliser le barème indiqué (Fiche R2.01) pour obtenir le plus de points possible.

   Cette activité peut se faire à deux. L'élève A pose les questions à l'élève B qui y répond. L'élève A accorde des points à l'élève B selon le barème. Les rôles sont ensuite inversés.

   Demander aux élèves d'identifier d'autres points grammaticaux étudiés dans les dernières unités mais pas mentionnés dans les critères de cette activité, par exemple *venir de…* (Unité 3) ou *sinon* (Unité 4).

4. Les élèves ajoutent d'autres questions à chaque section et échangent leurs idées avec un partenaire.

Comment bien réviser ?

Avant de faire les activités, encourager les élèves à relire les conseils de révision des Unités 1 et 2.

1. Après avoir relu leur carnet de vocabulaire pour les Unités 3 et 4, les élèves font une liste de dix mots qu'ils ont trouvés « difficiles », mais qu'ils comprennent maintenant. Chaque élève échange sa liste avec celle de son partenaire. Ils s'assurent qu'ils comprennent le sens des mots répertoriés par leur partenaire.

2. Les élèves rédigent plusieurs phrases en utilisant les expressions des sections 4.02 et 4.04 (expressions de temps, d'opinion, d'émotion et d'intention) pour parler des activités de loisirs (Unité 3).

   Les élèves plus à l'aise peuvent rédiger une quinzaine de phrases. Demander aux élèves qui ont besoin d'activités plus structurées de rédiger environ cinq phrases en leur spécifiant quelles structures ils doivent utiliser.

Faites vos preuves !

3. Cette activité permet aux élèves de s'entraîner à la compréhension écrite.

   Les élèves associent un dessin (A–G) avec chaque phrase (1–6). Il y a plus de dessins que de phrases, le dessin D n'étant associé à aucune lettre.

   Réponse :
   1 C, **2** F, **3** B, **4** E, **5** A, **6** G

5 Ma ville, demain… ?

Au sommaire

Thème : là où j'habite

Points lexicaux
- les avantages et les inconvénients
- l'avenir de ma ville
- demander et indiquer le chemin
- les problèmes dans les magasins, à la banque, à la poste, aux objets trouvés

Grammaire
- la négation
- *où* et *y*
- *moi aussi, pas moi, moi non plus, moi si*
- le pronom *en*

Stratégies
- apprendre le vocabulaire
- écouter et repérer les petits mots qui changent le sens

---

1 En groupe, les élèves notent le maximum de détails au sujet de la photo futuriste de Paris. Ils obtiennent un point par phrase correcte et un point supplémentaire pour chaque phrase à laquelle aucun autre groupe n'aura pensé.

Encourager les élèves ayant plus de facilités à utiliser des expressions telles qu'*on voit*, *on remarque* et *on distingue* au lieu d'utiliser *il y a*.

2 Les élèves complètent les phrases au sujet de la photo.

Exemple : Ce qui me surprend sur cette photo, c'est qu'il y a beaucoup d'arbres.

Ceux qui ont plus de facilités peuvent utiliser le futur et le conditionnel étudiés à l'Unité 4.

Exemple : Ce que j'aime particulièrement, c'est qu'il y aura beaucoup d'espaces verts. On pourrait y passer notre temps libre.

En fin d'unité, les élèves peuvent refaire ces activités en utilisant le vocabulaire et les constructions grammaticales acquis dans l'Unité 5 et comparer leurs réponses.

5.01 Ça commence bien !

En ville

1 Les élèves retrouvent les endroits d'une ville en ajoutant les voyelles manquantes. Ils peuvent utiliser un dictionnaire.

Cette activité peut être une bonne occasion pour réviser comment dire les lettres de l'alphabet.

Réponse :
une agence de voyages, une banque, un château, une gare, un hôpital, un jardin public, une mairie, un office de tourisme, une station de métro, un zoo

> **VARIATION**
>
> Pour les élèves qui sont moins sûrs d'eux, l'activité 1 peut se faire à deux, comme un jeu de pendu. Donner la liste des mots à un des deux élèves qui dit « oui » ou « non » selon la lettre que son partenaire propose.

2 Les élèves continuent la liste des noms d'endroits en ville. À deux, ils préparent un jeu similaire à celui de l'activité 1 pour leur partenaire.

Avec les élèves plus à l'aise, faire un jeu d'anagrammes, par exemple *argega – garage*.

À noter :
Avant de commencer cette activité, les élèves doivent relire l'activité 8 de la section 3.01.

Rappel du vocabulaire de la section 3.01 :
une bibliothèque, un bowling, un centre équestre, un cinéma, un club (de bricolage, danse, musique…), une médiathèque, un musée, une piscine, une patinoire,

une salle de spectacles, un stade, un terrain des sports, un théâtre.

On peut aussi ajouter à cette liste : un aéroport, un bureau de poste, une cathédrale, un centre commercial, un centre de loisirs, un centre sportif, un commissariat (de police), une école, une église, un espace vert, un garage, une gare routière, une gendarmerie, un hôtel de ville, un lycée, un marché, une mosquée, un parking, une plage, un pont, une poste, un poste de police, un restaurant, une rivière, une station de taxis, une station-service, une synagogue, un syndicat d'initiative.

3 Les élèves lisent la description et complètent la légende pour le plan du quartier.

Réponse :
1 camping, **2** hôtel, **3** restaurant, **4** musée, **5** café, **6** château

4 À l'aide des six expressions en caractères gras du texte de l'activité 3, les élèves complètent la légende pour les six symboles.

Réponse :
1 dans, **2** devant, **3** derrière, **4** entre, **5** à côté, **6** en face

GPS sur montre connectée : indispensable en ville !

5a Les élèves vont préparer l'enregistrement des instructions d'une nouvelle montre GPS.

Après avoir révisé l'impératif à l'Unité 2 (2.05), les élèves complètent les instructions en utilisant les verbes proposés.

Réponse :
1 allez / continuez, **2** tournez / prenez, **3** tournez / prenez, **4** prenez, **5** prenez, **6** prenez / traversez, **7** allez / continuez, **8** allez / continuez, **9** passez

5b Les élèves préparent d'autres instructions avec les mots suggérés. Encourager les élèves à utiliser d'autres instructions qui ne font pas partie de la liste.

Réponse suggérée :
Prenez la troisième (rue) à droite / gauche. Traversez la place. Allez / Continuez jusqu'au rond-point. Tournez / Allez jusqu'au coin de la rue. Continuez / Allez jusqu'au bout de la rue.

5c À deux, les élèves présentent leurs instructions GPS à la classe.

VARIATION

- Suggérer un itinéraire précis aux élèves qui en auraient besoin. Par exemple, comment aller de chez eux au collège ou comment aller du collège au supermarché le plus proche.
- Les élèves qui ont plus de facilités peuvent aussi suggérer des instructions pour les personnes qui prennent le mauvais chemin.

Exemple : Revenez sur la rue principale. Faites demi-tour. Revenez sur vos pas.

Le langage des commerces du centre-ville

6 Les élèves font correspondre le nom des commerces (A–L) avec les dessins (1–9).

Réponse :
A 3, **B** 5, **C** 8, **D** 6, **E** 9, **F** 4, **G** 2, **H** 7, **I** 1

7 À deux, les élèves cherchent d'autres noms de magasins dans le dictionnaire et préparent des anagrammes pour leur partenaire.

Noms de magasins suggérés : une alimentation (générale), une bijouterie, une boucherie, une crémerie, un hypermarché, une grande surface, une pâtisserie, une poissonnerie, un bureau de tabac.

VARIATION

- À deux, les élèves jouent au jeu du pendu.
  Exemple :
  A (écrit :) b _ _ _ _ _ _ _ e
  B A ?
  A Non.
  B E ?
  A Oui (écrit :) b _ _ _ _ e _ _ e
  B I ?
  A Oui : (écrit :) b i _ _ _ _ e _ i e
  B Je sais ! Une bijouterie !
  A Gagné !

- Avec les élèves qui ont plus de facilités, il est possible d'entamer une discussion sur la façon de faire les courses :
  – Est-elle la même partout ?
  – Est-elle la même en ville et à la campagne ?
  – Est-elle la même dans les pays riches et dans les pays pauvres ?
  – Y a-t-il en France des magasins qui n'existent pas dans votre pays ? (Par exemple : la charcuterie ou le traiteur)
  – Y a-t-il des magasins qui existent dans votre pays mais pas en France ou dans un des pays francophones ?

5 Ma ville, demain… ?

8a À deux, les élèves font une liste de produits à acheter dans chaque magasin de leur liste (sauf le supermarché ou l'hypermarché). Ils comparent leur liste avec celle de leur partenaire.

Ceci est une excellente occasion pour réviser le vocabulaire de la nourriture. Les élèves peuvent se référer au vocabulaire de l'Unité 2 et ajouter du vocabulaire supplémentaire soit de mémoire, soit à l'aide d'un dictionnaire.

Pour les élèves qui en ont besoin, répartir une liste de produits dans leur langue d'apprentissage et leur demander de trouver la traduction en français.

8b Activité à deux : l'élève A donne le nom d'un produit et l'élève B doit indiquer le nom du magasin où l'on peut trouver ce produit. Les rôles sont ensuite inversés.

9 Les élèves font correspondre les commentaires des clients (1–9) avec les magasins mentionnés à l'activité 6. Leur demander d'utiliser *au / à la* comme dans l'exemple.

Réponse :

1 1 (à la boulangerie), **2** 6 (chez le marchand de fruits et légumes), **3** 4 (au magasin de chaussures), **4** 8 (à la pharmacie), **5** 3 (à la librairie), **6** 2 (au grand magasin), **7** 7 (à la parfumerie), **8** 9 (au supermarché), **9** 5 (au magasin de vêtements)

10 Les élèves ajoutent d'autres bulles à la liste de commentaires de l'activité 9.

Encourager les élèves à réviser le vocabulaire de l'Unité 3 : *Il y a des soldes / réductions au rayon des jeans ? Vous réglez comment ? Par carte de crédit. Ça fait combien ?*

> **VARIATION**
>
> - Les élèves qui ont besoin d'une activité plus structurée peuvent reprendre les formules 1–9 de l'activité 9 avec un produit différent et leur partenaire devine le magasin.
>
>   *Exemple :*
>   A *Vous avez une tarte aux pommes, s'il vous plaît ?*
>   B *C'est la boulangerie / C'est la pâtisserie !*
>
> - À deux, les élèves jouent au jeu du morpion. Ils dessinent une grille à neuf cases et écrivent les lettres A–I (les dessins de l'activité 6) dans les cases. À tour de rôle, chaque élève choisit une lettre et gagne cette case s'il / si elle dit une phrase correcte, en adaptant les bulles de sa liste. Ils peuvent poser des jetons sur les cases.
>
>   *Exemple :*
>   A *E, c'est le supermarché : « Où est le rayon des biscuits, s'il vous plaît ? »*
>   B *Oui, c'est bien. À moi. F, le magasin de chaussures : « Je peux essayer ces baskets blanches, s'il vous plaît ? »*

5.02 Ma ville, présente et future

> **Matériel :**
> - CD 01, Piste 33
> - Cahier d'exercices 1–9; 10, 11

1 Les élèves lisent la réponse de Simon et trouvent les synonymes des mots et expressions de la liste donnée.

Faire remarquer aux élèves les conseils de l'encadré *Apprendre le vocabulaire*. Encourager l'apprentissage du vocabulaire par association d'idées et synonymes plutôt qu'uniquement par liste alphabétique ou par thème.

Réponse :

1 ancien, **2** un immeuble, **3** un gymnase, **4** vivant, **5** ceci dit, **6** (des) embouteillages, **7** sans danger, **8** accueillante

2 Les élèves trouvent et notent les réponses de Simon aux questions 1–5. Ils doivent essayer de ne pas réutiliser ses mots mais de reformuler leurs réponses.

Pour les élèves ayant besoin de structure, poser des questions de compréhension comme par exemple : *Comment est l'appartement de Simon ? Comment était sa maison ?*

> **VARIATION**
>
> - À partir de l'article, les élèves inventent d'autres questions à poser à Simon.
>
>   *Exemple : Tu vis à Paris depuis quand ? Tu habitais où avant ?...*
>
> - À deux, les élèves imaginent l'interview de Simon. L'élève A pose les questions, et l'élève B répond de mémoire. Les rôles sont ensuite inversés. Les élèves qui sont moins en confiance peuvent reprendre les mots du texte.
>
>   *Exemple :*
>   A *Tu habites où ?*
>   B *J'habite à Paris, dans un vieux quartier du centre-ville qui s'appelle les Halles.*
>   A *Depuis combien de temps ?...*

3 Les élèves lisent le texte de Fatiha et choisissent la bonne option pour faire des phrases vraies.

À noter : Se référer à la section 5.07 (*Le parfait linguiste*) et aux conseils sur les petits mots qui changent le sens d'une phrase. Montrer aux élèves que l'utilisation de la négation ou d'adverbes tels que *très* ou *trop* peut changer le sens, comme dans les phrases 1–9 de l'activité 3.

Les élèves pourront revenir sur cette activité en travaillant la section *Le parfait linguiste*.

Réponse :

1 est, **2** n'habite plus, **3** n'aimait rien, **4** il y a de la criminalité, **5** a des amies, **6** aime les plages et le shopping, **7** a un service réduit, **8** il y a beaucoup de distractions, **9** offre des possibilités

---

LA NÉGATION

Petite récapitulation au sujet de la négation et introduction de nouveaux auxiliaires de négation.

Voir aussi :
- 5.06 Le français à la loupe
- Cahier d'exercices 1–9

---

4 Les élèves relisent le texte de Fatiha et répondent aux questions.

Réponse :

1. Elle nettoierait les rues et les plages plus souvent. Elle remplacerait les vieux quartiers par des immeubles modernes.
2. Elle est pessimiste parce que, comme il y aura plus d'habitants, il y aura plus de circulation, plus de déchets et de pollution.

OÙ ET Y

Voir aussi :
- 5.06 Le français à la loupe
- Cahier d'exercices 10, 11

5a Les élèves relisent le texte de Fatiha et trouvent :
- quatre exemples d'utilisation de *où*
- quatre exemples d'utilisation de *y*.

Ils expliquent à quoi se réfèrent ces pronoms dans le texte.

Réponse :

où : je préférais le village de montagne **où** je suis née et **où** j'habitais (où : le village de montagne) ; j'aime bien les plages et aussi les centres commerciaux **où** je retrouve mes copines (où : les centres commerciaux) ; je remplacerais aussi les vieux quartiers, **où** les logements sont horribles… (où : les vieux quartiers)

y : on n'**y** voyait jamais de déchets (y : le village de montagne) ; pour **y** aller, je prends le tramway (y : les centres commerciaux) ; comme la population s'**y** multiplie, la circulation et les déchets augmenteront et l'air **y** sera encore plus pollué (y : Casablanca)

5b Les élèves transforment les phrases soulignées dans le texte de Simon en utilisant *où*.

Réponse :

où il n'y avait aucune distraction ; où les habitants pourront se relaxer dans ces espaces ; où les enfants pourront jouer sans danger

6a Les élèves écoutent les réponses de Victor aux questions 1–5 et prennent des notes.

À deux, ils échangent leurs notes avec leur partenaire. Ils sont d'accord ?

Il est conseillé de faire écouter l'enregistrement deux fois. Selon le niveau de compréhension de la classe, l'enregistrement peut être interrompu après chaque réponse ou même après chaque phrase si les réponses sont assez longues.

Réponse suggérée :

1. à Dakar, la capitale du Sénégal, dans le quartier de Colobane
2. vieux quartier, c'est pauvre, habite dans un immeuble très ancien, l'appartement n'est pas très confortable mais il est grand et pratique
3. avantages : quartier préféré de Dakar, très vivant ; inconvénients : beaucoup d'embouteillages, plein de déchets, très bruyant et parfois dangereux à cause des pickpockets
4. je construirais des immeubles modernes dans les vieux quartiers, je nettoierais les rues et les plages
5. Dakar sera une belle ville très propre, il y aura des immeubles modernes, des zones piétonnes et touristiques, beaucoup de visiteurs viendront se relaxer sur les plages

5 Ma ville, demain… ?

> **CD 01, Piste 33**
>
> – Alors Victor, tu habites où exactement ?
> – J'habite à Dakar, la capitale du Sénégal, dans le quartier de Colobane, C-O-L-O-B-A-N-E.
> – Et c'est comment là où tu habites ?
> – C'est un des plus vieux quartiers de la ville et c'est pauvre. Ma famille et moi habitons dans un immeuble très ancien. L'appartement n'est pas très confortable mais il est grand et pratique.
> – Quels sont les avantages et les inconvénients de vivre dans ce quartier ?
> – C'est mon quartier préféré de Dakar, parce que c'est très vivant. Ceci dit, il y a beaucoup d'embouteillages dans les rues, et on y trouve toujours plein de déchets. C'est aussi très bruyant et parfois dangereux à cause des pickpockets.
> – Si tu pouvais, qu'est-ce que tu changerais dans ta ville ?
> – Si je pouvais, je construirais des immeubles modernes dans les vieux quartiers, et je nettoierais les rues et les plages.
> – Comment imagines-tu ta ville dans cinquante ans ?
> – Moi, je suis optimiste. Je pense que dans cinquante ans, Dakar sera une belle ville propre. Il y aura des immeubles modernes, des zones piétonnes et touristiques et beaucoup de visiteurs viendront se relaxer sur les plages.

6b Les élèves écrivent un texte sur Victor à partir de leurs notes de l'activité 6a. Les élèves mieux préparés peuvent donner leurs réponses en utilisant la troisième personne du singulier.

Chaque élève (ou groupe) lit son texte au reste de la classe.

VARIATION

Distribuer une copie de la transcription du texte aux élèves qu'ils compareront avec leurs notes. Les élèves relèvent les détails du texte qu'ils n'avaient pas compris ou n'avaient pas notés.

7 Les élèves rédigent un article de 130–140 mots au sujet de leur ville. Ils peuvent décrire une ville imaginaire s'ils estiment que leur ville présente peu d'intérêt ou s'ils n'habitent pas en ville.

Encourager les élèves à utiliser le vocabulaire des pages précédentes et à utiliser des phrases négatives. Fixer une longueur minimum en fonction des capacités des élèves, en commençant par une cinquantaine de mots.

Les élèves peuvent aussi présenter leur travail sous forme de présentation PowerPoint ou de poster.

5.03 Le blog de Nolwenn

> **Matériel :**
> - CD 01, Piste 34
> - Cahier d'exercices 18
> - Fiche 5.01

Bienvenue à Vannes, en Bretagne !

1 Les élèves suivent les indications de Nolwenn (1–4) sur le plan de Vannes et disent où ils arrivent.

Réponse :
1 à la cathédrale, **2** au marché couvert, **3** à la gare, **4** à l'office de tourisme

2 Après avoir lu l'encadré *Vocabulaire* (*Pour indiquer le chemin*), les élèves relient une section des indications de Nolwenn (1–4) à chaque forme du verbe.

Il est souhaitable de réviser les temps des verbes avant de faire cette activité : le présent (Unité 1), l'impératif (Unité 2), le futur (Unité 4).

Réponse :
1 impératif, **2** présent, **3** futur simple, **4** futur proche

3a Les élèves écoutent des visiteurs à Vannes. En utilisant la grille de la Fiche 5.01, ils relèvent les expressions de l'encadré *Vocabulaire* utilisées pour : attirer l'attention de quelqu'un ; demander s'il y a un endroit (dans le quartier / la ville) ; demander si leur destination est loin ou pas ; demander comment faire pour y aller.

Il est conseillé de faire écouter l'enregistrement deux fois. Selon le niveau de compréhension de la classe, l'enregistrement peut être interrompu après chaque conversation.

Réponse :

	attirer l'attention de quelqu'un	demander s'il y a un endroit (dans le quartier / la ville)	demander si leur destination est loin ou pas	demander comment faire pour y aller
1	Pardon, madame…		C'est loin ?	Pour aller au…, s'il vous plaît ?
2	Excusez-moi, madame…	Est-ce qu'il y a… par ici ?	C'est près d'ici ?	C'est par où ?
3	Pardon, monsieur…	Vous savez s'il y a… près d'ici ?	C'est loin d'ici ?	Vous pourriez me dire où est… ?
4	Excusez-moi, madame…	Est-ce qu'il y a un… par ici ?	C'est loin d'ici à pied ?	C'est par où, s'il vous plaît ?

3b 🔊 💬 Les élèves réécoutent les quatre visiteurs à Vannes et suivent l'itinéraire sur le plan. Ils doivent trouver la destination des visiteurs.

À noter : Chaque itinéraire commence de l'endroit indiqué en caractères gras en début de la conversation.

Réponse :
1 le commissariat, **2** le parking (du port), **3** le musée des Beaux-Arts, **4** l'hôpital

> 🔊 **CD 01, Piste 34**
>
> 1 À l'office de tourisme :
> - Pardon, madame. Pour aller au commissariat, s'il vous plaît ?
> - Alors, en sortant de l'office de tourisme, vous allez tout droit en direction de la rue Thiers, vous remontez la rue Thiers, vous passez devant la poste sur votre gauche, puis devant l'Hôtel de Ville, toujours sur votre gauche. Vous continuez encore tout droit. Vous traversez le boulevard de la Paix et le commissariat est là, sur la gauche.
> - C'est loin ?
> - Pas vraiment, c'est à dix minutes à pied.
> - Merci madame.
> - Je vous en prie.
>
> 2 À l'Hôtel de Ville :
> - Excusez-moi, madame. Est-ce qu'il y a un parking par ici ?
> - Il y a plusieurs parkings mais le plus grand est sur le port.
> - C'est près d'ici ?
> - Oui, c'est tout près, à deux minutes en voiture.
> - C'est par où ?
> - Alors, vous allez tourner à droite dans la rue Thiers en sortant de l'Hôtel de Ville, puis vous allez continuer tout droit sur une centaine de mètres et vous verrez le parking en face de vous sur la gauche.
> - Je vous remercie, madame, au revoir.
> - De rien, bonne journée.
>
> 3 Au Palais des Arts :
> - Pardon, monsieur, vous savez s'il y a un musée près d'ici ?
> - Il y en a plusieurs. Il y a un musée d'histoire et le musée des Beaux-Arts.
> - Vous pourriez me dire où est le musée des Beaux-Arts ?
> - Oui, bien sûr. Vous êtes à pied ou en voiture ?
> - Nous sommes à pied. C'est loin d'ici ?
> - Non, pas vraiment. En sortant de la salle de spectacles, traversez le boulevard de la Paix. Continuez tout droit dans la rue Thiers et prenez la troisième à gauche. Continuez un peu et le musée est là, sur votre droite, en face de la cathédrale.
> - Je vous remercie, monsieur, au revoir.
> - Je vous en prie, au revoir.

5 Ma ville, demain… ?

4   Sur le port :
   – Excusez-moi, madame, est-ce qu'il y a un hôpital par ici ?
   – Oui, il y en a un, à l'autre bout de la ville.
   – C'est loin d'ici à pied ?
   – Oui assez, environ une demi-heure.
   – Oh d'accord. C'est par où, s'il vous plaît ?
   – Alors, le plus rapide, c'est de tourner à droite en direction des jardins des Remparts. Vous continuez jusqu'aux jardins. Là, vous prenez la rue St Tropez à droite. Vous continuez jusqu'au bout de la rue et là, au carrefour, vous tournez à droite. Vous continuez encore un peu et vous tournez à gauche dans le boulevard de la Paix. Là, vous passez le lac sur votre droite et vous prenez la deuxième à droite. Vous continuez tout droit et vous verrez l'hôpital en face de vous.
   – Très bien, merci, madame.
   – De rien.

4   À deux, les élèves regardent les photos de Vannes et imaginent un itinéraire de visite pour les touristes. Ils décrivent les endroits en réutilisant le vocabulaire de la section 5.02 (*Enquête*).

Les élèves présentent ensuite leur itinéraire au reste de la classe. Ils peuvent enregistrer leurs présentations.

5   Les élèves font quelques recherches sur Vannes et imaginent les réponses de Nolwenn aux questions 1–5 dans l'encadré de la section 5.02 (*Enquête : La ville, présente et future*). Il est conseillé d'écrire environ 150 mots et d'exiger un minimum de 50 mots.

Les élèves peuvent reformuler les réponses en utilisant la troisième personne du singulier (*elle*) au lieu de la première personne du singulier (*je*). Ils peuvent ainsi aussi répondre à toutes les questions à la fois en un seul paragraphe : *Nolwenn habite à Vannes…*

VARIATION

Les élèves peuvent préparer un podcast ou un dépliant avec un itinéraire pour une visite touristique de leur ville.

5.04 Gros plan sur… le centre-ville

Matériel :
- CD 01, Piste 35
- Cahier d'exercices 12, 13

Internet = la mort du shopping en centre-ville ?

1a Les élèves lisent les messages et choisissent le bon mot pour compléter chaque blanc.

Avant de faire cette activité, se référer aux explications sur la négation de la section 5.06 (*Le français à la loupe*).

Les messages donnent aussi la possibilité de retravailler et réviser l'utilisation de *y* (*J'y vais souvent*), *où* (*où les gens peuvent se retrouver / où il n'y a aucun parking*) et des pronoms compléments d'objet direct (*pour vous aider / les essayer*).

Réponse :
1 rien, **2** personne, **3** plus, **4** que, **5** ni… ni, **6** jamais, **7** aucun

1b Les élèves écoutent l'enregistrement pour vérifier leurs réponses.

Il est conseillé de faire écouter l'enregistrement deux fois. Selon le niveau de compréhension de la classe, l'enregistrement peut être interrompu après chaque témoignage.

CD 01, Piste 35

Aïcha : Personnellement, je n'achète rien en ligne.

Lucas : En ligne, il n'y a personne pour vous aider.

Étienne : Moi, je n'aime plus aller au centre-ville.

Kalypso : Je n'achète que certaines choses sur Internet, comme les livres, mais je n'y achète ni mes vêtements ni mes chaussures.

Samuel : Moi non plus Kalypso, je n'achète jamais mes vêtements en ligne… Ou alors, je vais les essayer d'abord dans un magasin. Ceci dit, Internet, c'est plus facile : on n'a pas besoin d'aller en ville où il n'y a aucun parking !

2 📖💬 Les élèves relisent les témoignages de l'activité 1 et, en reformulant les réponses, donnent l'avis de chaque jeune au sujet des magasins du centre-ville.

Cette activité a pour but de s'entraîner à paraphraser ou à reformuler des propos. Encourager les élèves à faire des phrases plus longues où ils donnent leur opinion et justifient leurs réponses.

Réponse suggérée :
Aïcha : Elle préfère faire ses achats en ville avec des copines plutôt que sur Internet parce qu'elle peut essayer.
Lucas : Il aime faire son shopping en ville parce qu'il y a des vendeurs pour l'aider.
Étienne : Il préfère le shopping sur Internet parce que c'est pratique quand on n'habite pas près des magasins et ce n'est jamais fermé.
Kalypso : Elle aime le centre-ville parce que les gens peuvent s'y retrouver.
Samuel : Il préfère faire du shopping sur Internet parce qu'il n'y a pas de problèmes pour garer la voiture.

3 💬 En utilisant les expressions de l'encadré *Vocabulaire*, les élèves réagissent à chaque message.

Faire réviser les pronoms emphatiques de l'Unité 1 avant de commencer cette activité.

4 💬 À deux, les élèves trouvent plus d'arguments pour ou contre le shopping sur Internet et en ville. Ils échangent ensuite leurs idées avec le reste de la classe.

5 ✍️ Les élèves rédigent un court message (40–50 mots) pour donner leur avis au sujet du shopping en ville et du shopping en ligne.

Encourager les élèves à utiliser des mots et expressions utilisés dans les témoignages des cinq jeunes de l'activité 1.

Pour vous, une ville idéale est une ville… ?

6 📖 Les élèves lisent l'infographie et retrouvent à quels points de l'encadré 11 réponses se réfèrent.

Cette activité n'est pas uniquement une activité de compréhension mais a pour but de travailler sur les synonymes et la paraphrase.

Réponse :
De haut en bas de l'infographie :
1. des déchets
2. du travail
3. des bus, des métros, des trams
4. des parcs et des jardins publics
5. des points d'accès pour personnes en fauteuil roulant
6. des associations communautaires
7. des activités culturelles
8. des habitants d'origines très variées
9. une circulation difficile
10. des zones interdites à la circulation
11. des voies réservées aux bicyclettes

7 📖 Les élèves lisent les phrases 1–7 et définissent à quels points de l'encadré de l'activité 6 elles se réfèrent.

Réponse :
1 les déchets, **2** des associations communautaires, **3** des points d'accès pour personnes en fauteuil roulant, **4** des activités culturelles, **5** des bus, des métros, des trams, **6** des zones interdites à la circulation, **7** des voies réservées aux bicyclettes

> **LE PRONOM *EN***
>
> Voir aussi :
> - Cahier d'exercices 12, 13

8 ✍️ Après avoir lu l'encadré *Grammaire* au sujet du pronom *en*, les élèves transforment les phrases données en remplaçant les mots soulignés par *en*.

Réponse :
1. Des embouteillages ? Il n'y en a pas au centre-ville.
2. Des habitants ? Il y en a d'origines très variées.
3. Du travail ? Il y en a pour presque tous les habitants.
4. Des espaces verts ? On en trouve beaucoup, ce qui est très agréable.

9a ✍️ Les élèves rédigent un article d'environ 150 mots sur leur ville idéale. Fixer une longueur minimum en fonction des capacités des élèves, en commençant par une cinquantaine de mots.

Inciter les élèves à réutiliser le vocabulaire et les expressions appris depuis le début de l'Unité 5. Les

5 Ma ville, demain… ?

inciter aussi à utiliser des verbes au futur simple et au conditionnel, des formes négatives et le pronom *en*.

Guider les élèves qui en ont besoin avec des questions plus précises pour les aider à mieux organiser leurs idées :

- Où habiteraient les gens ?
- Où iraient ils pour se divertir ?
- Y aurait-il beaucoup d'espaces verts ?
- Quelles sortes de transports en commun y aurait-il ?
- Quelles sortes de magasins y aurait-il ?

9b Les élèves discutent en classe et disent s'ils pensent que leur ville, ou la ville la plus proche de chez eux, est une ville idéale. Encourager les élèves à réutiliser le plus d'expressions possibles de 5.04.

5.05 Vie pratique

Matériel :

- CD 01, Pistes 36–41
- Cahier d'exercices 21, 22

Dans les magasins

1a Les élèves lisent les six dialogues et définissent de quel magasin il s'agit.

Réponse :
1 le marchand de fruits et légumes, **2** la boulangerie, **3** le grand magasin / la bijouterie, **4** le grand magasin / le magasin de vêtements, **5** le grand magasin / le magasin de chaussures, **6** la librairie / le grand magasin

1b Les élèves relisent les dialogues 1–6. Ils relient ensuite les problèmes (a–f) aux dialogues.

Réponse :
a 2, **b** 5, **c** 1, **d** 6, **e** 4, **f** 3

2a À deux, les élèves imaginent une suite à chaque conversation. Ils peuvent ensuite jouer leurs dialogues devant le reste de la classe.

2b Les élèves écoutent les conversations et notent comment elles se finissent.

Il est conseillé de faire écouter l'enregistrement deux fois. Selon le niveau de compréhension de la classe, l'enregistrement peut être interrompu après chaque conversation. Il est possible de donner la transcription de ces dialogues aux élèves qui en auraient besoin pour suivre.

Réponse :

1. Le client achète une livre de fraises.
2. La cliente paie par carte bancaire.
3. La cliente va prendre de l'argent au distributeur automatique / va chercher de l'argent à la banque au bout de la rue.
4. Le client prend le pantalon en bleu.
5. La cliente a 15% de réduction / remise avec une carte étudiant.
6. Le vendeur accepte d'échanger le livre sans le ticket de caisse.

CD 01, Piste 36

1. – Bonjour. Vous désirez ?
   – Bonjour. Donnez-moi un kilo de cerises, s'il vous plaît.
   – Ah désolée, je n'en ai plus.
   – Tant pis. Je vais prendre un peu de fraises.
   – Vous en voulez combien ?
   – Une livre, s'il vous plaît.
   – Et voici.

2. – Bonjour, il vous reste des croissants au beurre ? J'en voudrais trois, s'il vous plaît.
   – Alors sept euros cinquante, s'il vous plaît. Vous n'avez pas cinquante centimes ?
   – Ah non, désolée. Je n'ai qu'un billet de dix euros.
   – Hmmm… Je n'ai pas du tout de monnaie. Vous pouvez payer par carte bancaire si vous voulez.
   – D'accord.

3. – Je vais prendre ce bracelet.
   – C'est quatre-vingt euros. Vous payez en espèces ou par carte ?
   – Je peux payer par carte de crédit ?
   – Ah désolée, mais nous n'acceptons pas cette carte.

	– Qu'est-ce que je peux faire ?
– Vous pouvez retirer de l'argent à un distributeur automatique. Il y a une banque au bout de la rue.
4	– Je peux vous aider ?
– Je peux essayer le pantalon noir, s'il vous plaît ?
– Oui, la cabine d'essayage est au fond, à droite.
– Il est trop petit. Vous l'avez dans la taille au-dessus ?
– Vous voulez quelle taille ?
– Une taille moyenne.
– Ah non, désolée. Il n'en reste plus.
– Vous l'avez en bleu en taille moyenne ?
– Oui, en bleu il m'en reste un.
– Je vais le prendre en bleu alors.
5	– Excusez-moi. Vous avez ces bottes en beige ?
– Vous faites quelle pointure ?
– Du trente-huit.
– Oui, voici.
– Est-ce qu'elles sont en solde ?
– Non, pas celles-ci.
– Mmm… regardez, celle-ci est un peu abîmée. Vous pouvez me faire une réduction ?
– Non, désolée, je ne peux pas faire de remise.
– Vous faites des réductions pour les étudiants ?
– Oui, si vous avez une carte étudiant, on fait quinze pour cent de remise.
– Super !
6	– Excusez-moi. J'ai acheté ce livre hier, mais il est abîmé. Est-ce que je peux le rendre et être remboursée ?
– Non, désolé, on ne rembourse pas. Par contre, on peut l'échanger si vous avez le ticket de caisse.
– J'ai perdu le ticket de caisse mais j'ai le reçu de carte bancaire.
– Normalement, il faut le ticket de caisse, mais exceptionnellement, je vais échanger le livre.
– Je vous remercie !

3 À deux, les élèves imaginent d'autres conversations dans d'autres magasins. Ils les jouent à la classe qui devine le nom du magasin.

Les élèves qui sont moins en confiance peuvent réutiliser le vocabulaire et les expressions des conversations 1–6. Les élèves plus à l'aise peuvent inventer leurs propres conversations.

À la poste, à la banque et aux objets trouvés

4a Les élèves lisent les instructions de la conversation A et complètent les blancs.

Réponse :
en caractères gras dans la transcription

4b Les élèves écoutent la conversation A et vérifient leurs réponses à l'activité 1a.

Il est conseillé de faire écouter l'enregistrement deux fois. Selon le niveau de compréhension de la classe, l'enregistrement peut être interrompu après chaque réponse à une question.

> **CD 01, Piste 37**
> Conversation A
> – **Bonjour**, monsieur.
> – Bonjour. Je peux vous aider ?
> – Je **voudrais** des timbres pour envoyer des cartes postales en Europe.
> – Oui, vous en voulez combien ?
> – J'en **voudrais** quatre. C'est **combien**, s'il vous plaît ?
> – Alors, ça fait quatre euros quatre-vingt.
> – **Est-ce que je** peux payer par carte bancaire ?
> – Oui, bien sûr. Tapez votre code, s'il vous plaît.
> – Voilà, je vous **remercie**. **Au revoir**, monsieur.

5a Les élèves lisent et écoutent la conversation B. Ils suivent les instructions et parlent après le bip sonore.

🔊 CD 01, Piste 38

Conversation B
- Bonjour. Je peux vous aider ?

[bip]
- Oui, d'accord. Combien voulez-vous retirer ?

[bip]
- Entendu.

[bip]
- Oui, bien sûr, pas de problème. Comment voulez-vous votre argent, en billets de dix ou vingt euros ?

[bip]
- Voilà. Cinquante euros en billets de dix.

[bip]
- Alors, nous ne sommes ouverts que le samedi matin.

[bip]

🔊 CD 01, Piste 39

Conversation B
- Bonjour. Je peux vous aider ?
- Bonjour. Je voudrais retirer de l'argent, s'il vous plaît.
- Oui, d'accord. Combien voulez-vous retirer ?
- Je voudrais retirer cinquante euros.
- Entendu.
- Est-ce que vous acceptez cette carte bancaire ?
- Oui, bien sûr, pas de problème. Comment voulez-vous votre argent, en billets de dix ou vingt euros ?
- Je voudrais des billets de dix euros, s'il vous plaît.
- Voilà. cinquante euros en billets de dix.
- Est-ce que la banque est ouverte ce week-end ?
- Alors, nous ne sommes ouverts que le samedi matin.
- D'accord, je vous remercie.

5b 🔊 Les élèves écoutent ensuite la conversation B entière et comparent avec leurs réponses.

Il est conseillé de faire écouter l'enregistrement deux fois. Selon le niveau de compréhension de la classe, l'enregistrement peut être interrompu après chaque réponse à une question.

Cette activité peut se faire dans un laboratoire de langues ou à la maison si les élèves ont accès à l'enregistrement.

6a 🔊 💬 Les élèves lisent les instructions de la conversation C et écoutent l'employé. Ils parlent après le bip sonore.

🔊 CD 01, Piste 40

Conversation C
- Bonjour. Je peux vous aider ?

[bip]
- Alors, dites-moi, quand avez-vous perdu votre portable ?

[bip]
- Comment est votre portable ?

[bip]
- Voilà, je l'ai trouvé. C'est bien celui-ci, n'est-ce pas ?

[bip]
- Non, ce n'est pas nécessaire mais vous devez signer la déclaration de perte et me montrer une pièce d'identité.

[bip]
- Oui, c'est très bien, merci. Voici votre portable.

[bip]

6b 🔊 Les élèves écoutent ensuite la conversation C entière et comparent avec leurs réponses.

Il est conseillé de faire écouter l'enregistrement deux fois. Selon le niveau de compréhension de la classe, l'enregistrement peut être interrompu après chaque réponse à une question.

Cette activité peut se faire dans un laboratoire de langues ou à la maison si les élèves ont accès à l'enregistrement.

> 🔊 **CD 01, Piste 41**
>
> Conversation C
> – Bonjour. Je peux vous aider ?
> – Bonjour. J'ai perdu mon téléphone portable dans le métro.
> – Alors, dites-moi quand avez-vous perdu votre portable ?
> – Je l'ai perdu hier soir.
> – Comment est votre portable ?
> – C'est un smartphone dans un étui bleu clair.
> – Voilà, je l'ai trouvé. C'est bien celui-ci, n'est-ce pas ?
> – Oh, c'est fantastique, merci beaucoup, monsieur ! Je dois remplir une fiche ?
> – Non, ce n'est pas nécessaire mais vous devez signer la déclaration de perte et me montrer une pièce d'identité.
> – Est-ce que ce vous voulez voir mon passeport ?
> – Oui, c'est très bien, merci. Voici votre portable.
> – Je vous remercie beaucoup, monsieur. Au revoir.

Discuter en classe des différentes façons d'exprimer la même idée.

Exemple : La banque est ouverte ce week-end ? Quelles sont les heures d'ouverture de la banque ce week-end ? La banque ouvre à quelle heure le week-end ?…

Plus d'informations sur la manière dont il faut poser des questions peuvent être trouvées dans l'Unité 6.

7 💬 Les élèves inventent d'autres conversations à la poste, à la banque et au bureau des objets trouvés. Ceux qui en ont besoin peuvent avoir accès à la transcription des trois conversations et y utiliser certaines expressions.

S'assurer que le vocabulaire requis est couvert et imposer aux élèves d'autres mots à utiliser.

5.06 Le français à la loupe

> **Matériel :**
> - CD 01, Piste 42

La négation

Cette section grammaticale traite des aspects suivants :
- Comment former une phrase négative ?
- Où mettre *ne… pas* dans une phrase avec un temps simple ?
- Et dans une phrase à un temps composé ?
- Et dans une phrase au futur proche ou avec un verbe conjugué + infinitif ?
- Et dans une phrase à l'impératif ?
- *pas le / la / les…, pas un / une / des…* ou *pas de / d'* ?

1 💬 **Jeu de ping-pong :** Activité à deux – l'élève A dit une phrase affirmative et l'élève B dit son contraire en utilisant la forme négative. Les rôles sont ensuite inversés.

2 💬 **Jeu du « ni oui ni non » :** Activité à deux – l'élève A pose une question (utilisant des phrases dans les grilles de 5.06 ou d'autres phrases) et l'élève B répond par une phrase affirmative ou négative, mais sans jamais dire « oui » ou « non ». Les rôles sont ensuite inversés.

Comment ça se dit ?

3 🔊 Les élèves écoutent les 14 phrases et décident si elles sont à la forme affirmative ou à la forme négative.

Il est conseillé de faire écouter l'enregistrement deux fois. Selon le niveau de compréhension de la classe, l'enregistrement peut être interrompu après chaque phrase.

Réponse :
1 affirmative, **2** négative, **3** affirmative, **4** négative, **5** négative, **6** négative, **7** affirmative, **8** négative, **9** négative, **10** affirmative, **11** affirmative, **12** négative, **13** négative, **14** affirmative

🔊 CD 01, Piste 42

1. Il y a une boulangerie au bout de la rue.
2. Il n'y a pas de boulangerie au bout de la rue.
3. Le quartier est vraiment très sympa.
4. Le quartier n'est vraiment plus sympa.
5. Il ne faut pas prendre la première à gauche.
6. Il n'y a ni piscine ni stade dans ma ville.
7. Il y a une piscine et un stade dans ma ville.
8. N'allez pas jusqu'aux feux.
9. Nous n'avons plus cette veste en taille moyenne.
10. Nous avons plusieurs vestes en taille moyenne.
11. Il y a des déchets partout dans ma ville.
12. Il n'y pas de déchets du tout dans ma ville.
13. Il ne mange rien quand on va au restaurant.
14. Il mange bien quand on va au restaurant.

5.07 Le parfait linguiste

Matériel :
- CD 01, Piste 43

Écouter et repérer les petits mots qui changent le sens

Ces conseils portent sur les petits mots et autres éléments qui changent souvent le sens d'une phrase :

- les mots négatifs : *j'aime – je n'aime pas…*
- les adverbes : *assez petit, très petit, trop petit…*
- les préfixes : *possible – impossible, agréable – désagréable…*
- les mots de liaison : *tous les fruits sauf les bananes…*
- l'intonation : *Il a visité Paris. Il a visité Paris ?*
- les terminaisons des verbes : *elle mange, elle mangera, elle mangeait…*

Faites vos preuves !

1 🔊 Cette activité permet aux élèves de s'entraîner à la compréhension orale.

Les élèves écoutent les quatre jeunes tout en lisant les phrases 1–12. Ils doivent indiquer les six phrases correctes.

Avant de faire écouter l'enregistrement, donner aux élèves quelques secondes pour bien lire les phrases. Ils entendront l'enregistrement deux fois.

Réponse :
1, 3, 4, 8, 10, 11

🔊 CD 01, Piste 43

1. Salut ! Je m'appelle Constance. J'habite dans le Marais, en plein cœur de Paris. C'est un endroit très intéressant, avec beaucoup de beaux immeubles très vieux. Par contre, ici, il y a très peu d'espaces verts et, comme c'est un quartier riche, tout y est très cher, surtout les petits commerces. Pour faire des courses pas trop cher, il faudrait aller dans les hypermarchés de banlieue. On n'y va pas car ce n'est pas pratique.

2. Moi, c'est Valentin. J'habite à Belleville, dans le nord de Paris, depuis un an. Au début, je n'aimais pas habiter ce quartier parce que je le trouvais désagréable et sale mais je l'aime de plus en plus. Ce n'est pas trop loin du centre et on peut y être en quinze minutes en métro. Je ne dois pas aller loin pour trouver des petits commerces et des restaurants de tous les pays. Il n'y a que ça dans la rue où j'habite. C'est plutôt sympa !

3. Salut ! Je m'appelle Nonna. J'habite dans le dix-septième arrondissement, dans le nord-ouest de Paris. C'est un endroit vraiment inintéressant, où on ne trouve pas beaucoup d'attractions touristiques. Quand j'étais petite, j'adorais le quartier parce qu'il y avait des parcs sympa où je pouvais aller jouer, mais je n'aime plus ce quartier comme avant parce qu'il n'y a rien à faire pour les jeunes de mon âge.

4. Salut. Moi, c'est Karim. J'ai longtemps habité dans une maison à la campagne, mais maintenant j'habite dans le quartier de la Défense, une banlieue à l'ouest de Paris. Notre appartement est au quarantième étage d'une tour hyper moderne avec une vue magnifique sur Paris. Il y a un grand centre commercial où on trouve de tout, des magasins, des cinémas, des bars – j'y vais souvent. Par contre, la campagne, c'était mieux pour mon sport préféré : ici. il n'y a aucun endroit pour jouer au foot !

6 La nature – amie, ennemie ou victime ?

Au sommaire

Thème : la nature

Points lexicaux
- l'environnement naturel
- le temps et le climat

Grammaire
- les adverbes
- les expressions d'intensité
- les expressions de quantité
- l'interrogation
- les verbes suivis de *à* / *de* + infinitif

Stratégies
- préparer une présentation
- répondre à des questions

1 Les élèves regardent la photo et répondent aux questions.

Cette activité peut se faire à deux et à l'aide d'un dictionnaire. Demander aux élèves qui ont besoin d'activités plus structurées de faire une liste de mots associés à cette photo au lieu de répondre aux questions.

2 Les élèves expliquent pourquoi ils préfèrent la mer, la campagne, la montagne ou la ville. Ils justifient leurs réponses en donnant le plus de détails possible.

En fin d'unité, les élèves peuvent :

- refaire les activités 1 et 2 en utilisant le vocabulaire et les structures grammaticales nouvellement acquis dans l'Unité 6
- imaginer une interview avec la jeune fille de la photo au sujet de son environnement préféré.

6.01 Ça commence bien !

Matériel :
- Fiches 6.01, 6.02

La météo

1 Par paires ou à deux équipes, les élèves font le jeu (Fiche 6.01).

Le but du jeu est d'aller d'un côté à l'autre de la grille. L'élève / l'équipe A choisit une lettre et trouve une phrase pour parler de la météo correspondant à cette lettre. La phrase correspond à quel symbole ? Si la réponse est juste, l'élève / l'équipe A peut choisir une autre lettre, voisine de la lettre précédente, et faire une autre phrase pour répondre à la question suivante. Si la réponse est fausse, c'est au tour de l'élève / l'équipe B. Le premier / La première à avoir traversé la grille a gagné.

Réponse suggérée :

B – (il y a du) **b**rouillard / (il fait) **b**eau ; **G** – (il) gèle ; **P** – (il) pleut ; **S** – (il y a du) soleil ; **N** – (il fait) nuageux / (c'est) nuageux / (il y a des) nuages / (il) neige ; **C** – (il fait) chaud ; **F** – (il fait) froid ; **O** – (il y a de l') orage / (il fait) orageux / (c'est) orageux ; **V** – (il y a du) vent

2 À deux, les élèves trouvent d'autres expressions sur la météo. Ils échangent leur liste avec une autre équipe ou une autre paire. Ils relèvent les expressions nouvelles et trouvent leur sens.

Les élèves peuvent utiliser ces nouvelles expressions pour créer une grille (comme dans l'activité 1) avec des lettres différentes et échanger avec une autre paire. Il existe une grille vide sur la Fiche 6.01.

3 Activité à deux : l'élève A décrit une saison dans son pays en utilisant les expressions des activités 1 et 2. L'élève B devine la saison. Les rôles sont ensuite inversés.

> **APPROFONDISSEMENT**
>
> Suggérer aux élèves de faire des recherches et de décrire les saisons dans divers pays francophones.

4 🖉 En utilisant les expressions des activités 1 et 2, les élèves rédigent un bulletin météo pour leur ville. Ils peuvent aussi faire un bulletin météo pour leur pays et donc ajouter plus d'expressions.

Après avoir révisé le futur, les élèves qui ont plus de facilités peuvent faire un bulletin météo pour les jours à venir. Cette activité peut être présentée en PowerPoint et peut être filmée.

La faune et la flore

5 💬 Les élèves créent un abécédaire (Fiche 6.02) avec des noms d'animaux ou de plantes. Ils doivent trouver au moins un animal (oiseau, poisson, insecte, reptile…) ou une plante pour chaque lettre. Ils doivent ajouter le bon article pour chaque mot.

Les élèves peuvent utiliser un dictionnaire pour cette activité. Certains mots avec des lettres telles que Q, U ou X seront plus difficiles à trouver.

Liste alphabétique de quelques animaux et plantes :

A : une araignée, une abeille, un âne ; un arbre

B : une baleine, un blaireau

C : un chat, un chien, un cerf, un cheval, un cochon (d'Inde)

D : une dinde, un dauphin

E : un éléphant, un écureuil, un escargot

F : un faucon ; une fleur

G : une girafe, une guêpe, une grenouille

H : un hérisson, un hamster, un hippopotame

I : un ibis, un insecte

J : un jaguar ; une jonquille

K : un koala, un kangourou

L : un lion, un lapin, un lézard, un loup

M : un mouton, un moustique ; une marguerite

N : un narval ; un nénuphar

O : un ocelot, un ours, un oiseau

P : un poisson (rouge), un pingouin, un papillon, un perroquet

Q : un quiscale, un quetzal

R : un renard, un rat, un requin, un rhinocéros ; une rose

S : un singe, un serpent, une souris

T : une tortue, un tigre

U, V, W, X, Y, Z : un urubu, une vache, un wapiti, un xérus, un yack, un zèbre

6 💬 Activité à deux : jeu du « ping-pong des mots ». Pour chacune des catégories (1–5), à tour de rôle, les élèves nomment un animal. Celui / Celle qui trouve une bonne réponse en dernier a gagné.

7 💬 À deux, les élèves inventent d'autres catégories (comme dans l'activité 6) et posent des questions à leur partenaire.

Les activités 6 et 7 ont pour but de faire ressortir des noms déjà connus, mais aussi la langue de la paraphrase.

Le paysage

8 💬🖉 Les élèves relient les mots aux quatre photos A–D. Ils ajoutent ensuite d'autres mots pour décrire les photos.

Réponse :

A la plage, la côte, l'eau, la mer, le sable, la vague,
B la campagne, l'eau, la forêt, le lac, la montagne,
C la montagne, la forêt, la campagne, la rivière, l'eau, l'herbe,
D le désert, le sable

Autres mots :
la baie, le bois, le bord de la mer, la colline, l'espace vert, la gorge, le haut, la hauteur, l'île (f), l'intérieur (m), le lieu, la nature, la neige, le sommet, la vallée

> **VARIATION**
>
> À deux ou en équipe, en observant les quatre photos, les élèves jouent à « J'aperçois… ». L'élève / L'équipe A dit « Je vois quelque chose qui commence par… » et une lettre de l'alphabet. L'élève / L'équipe B devine. Les rôles sont ensuite inversés.
>
> **Exemple :**
> **A** Je vois quelque chose qui commence par… M.
> **B** La montagne ! Je vois quelque chose qui commence par…

9 💬 Pour revoir les mots de l'activité 8, les élèves choisissent les mots qui décrivent le mieux leur propre environnement.

Voilà la question !

10a Les élèves complètent les questions avec les bons mots de l'encadré.

Réponse :
1 Qui, **2** Où, **3** Quand, **4** Pourquoi, **5** Combien, **6** Comment

10b Les élèves font correspondre les questions de l'activité 10a et les réponses.

Réponse :
1 d, **2** b, **3** c, **4** f, **5** a, **6** e

11 Demander à un élève de préparer six morceaux de papier. Sur chaque morceau de papier, l'élève écrit un mot interrogatif : 1 qui, 2 quand, 3 où, 4 comment, 5 pourquoi, 6 combien. Quand les papiers sont prêts, les mettre dans un chapeau. À tour de rôle, les élèves piochent un papier dans le chapeau et posent une question en utilisant le mot interrogatif pioché. La classe répond à cette question.

6.02 Gros plan sur… la nature

Matériel :
- CD 02, Piste 02
- Cahier d'exercices 1–5
- Fiche 6.03

Les pieds sur terre

Il est conseillé de réviser les mois de l'année avant de commencer les activités de 6.02. Expliquer *où* temporel dans « la saison des pluies où il pleut beaucoup » (dans le texte de Toyah).

Les élèves lisent les trois messages et trouvent sur une carte la Suisse francophone, la région de Tamanrasset en Algérie et la Guyane française. Sauf circonstances particulières, les élèves ne sauront sans doute pas grand-chose sur ces régions, mais cela les aidera à se représenter où elles se situent, leurs caractéristiques géographiques principales (Valais au milieu du massif des Alpes, désert du Sahara, Guyane en bordure de l'océan Atlantique) et l'étendue de la francophonie.

1 Les élèves lisent les messages de Lucie, Mokhtar et Toyah et décident ensuite des raisons pour lesquelles ils aiment la nature.

Réponse :
1 Toyah, **2** Lucie, Mokhtar, **3** Lucie, **4** Lucie, Mokhtar

2 Les élèves relisent les trois messages et trouvent des expressions synonymes.

Réponse :
1 pas très loin de la frontière française
2 c'est un spectacle tout à fait superbe
3 j'apprécie vraiment la vie en plein air
4 l'environnement est rude
5 il ne pleut pratiquement jamais
6 la couleur dominante de la Guyane, c'est le vert
7 le temps est variable
8 on ne s'ennuie jamais
9 ça me passionne d'observer

3 En groupe, les élèves trouvent dans les trois messages chacun des mots et expressions sur les thèmes de la météo. Ils échangent et vérifient leurs réponses.

Réponse :
1 le temps est… pluvieux, il neige beaucoup, il pleut ; il ne pleut pratiquement jamais ; la saison des pluies, il pleut beaucoup et souvent, la saison sèche, le temps est variable, c'est orageux, il pleuvait beaucoup
2 un temps ensoleillé, il fait beau ; les étés sont… très chauds ; il fait chaud
3 l'harmattan souffle fort, il y a… des tempêtes de sable ; il n'y a jamais de cyclones

4 Les élèves trouvent dans les trois messages des mots et expressions pour exprimer une opinion positive et l'admiration.

Réponse :
un spectacle tout à fait superbe, j'ai hâte de… ; heureusement ; j'apprécie vraiment… ; j'adore vivre ici ; il existe de beaux paysages ; c'est magnifique ; on ne s'ennuie jamais ; ça me passionne ; un moment exceptionnel ; j'ai vraiment eu de la chance

5 À deux, les élèves imaginent une conversation entre Lucie, Mokhtar ou Toyah et un(e) ami(e), où ils expriment leurs désaccord en apprenant qu'ils vont déménager en ville.

Cette activité permet l'utilisation des adverbes d'intensité pour affirmer son point de vue.

VARIATION

L'élève A fait une phrase sur le temps qu'il fait chez Lucie, Mokhtar ou Toyah ou sur leurs activités. L'élève B devine de qui l'élève A parle.

Exemple :
A   Il ou elle aime se promener dans la montagne.
B   Lucie !
B   Il pleut beaucoup en juin.
A   Toyah !…

6 Les élèves écoutent les messages de quatre jeunes qui répondent à Lucie, Mokhtar et Toyah. Ils prennent des notes (Fiche 6.03) sur : l'environnement ; la météo ou la saison ; les activités préférées ; et les opinions données. Ils définissent aussi à qui les quatre jeunes répondent : à Lucie, Mokhtar ou Toyah.

Il est conseillé de faire écouter l'enregistrement deux fois. Selon le niveau de compréhension de la classe, l'enregistrement peut être interrompu après chaque message.

Donner la transcription aux élèves qui en auraient besoin.

CD 02, Piste 02

1   Moi aussi, j'habite au bord de la mer. La différence avec chez toi, c'est que l'eau de la mer est très propre. L'été, quand il fait beau, j'adore me baigner. Je fais aussi beaucoup de sports nautiques, comme du surf et de la voile.

2   J'habite en Arizona, à côté du Grand Canyon. C'est un paysage spectaculaire et vraiment impressionnant. Comme chez toi, les températures varient rapidement ici. Il peut faire très chaud dans la journée et très froid la nuit, mais c'est un endroit superbe.

3   Moi aussi, j'habite à la montagne, au Maroc. L'été, quand il fait beau, j'adore faire de grandes promenades. Le paysage est magnifique et on peut voir beaucoup de fleurs et d'insectes. C'est amusant à observer !

4   Ici à Madagascar, c'est un peu comme chez toi. C'est un endroit idéal si on aime le plein air et les animaux sauvages. Sur la côte, il pleut toute l'année et naturellement c'est très vert. J'apprécie aussi les réserves naturelles, pleines d'animaux extraordinaires.

Réponse :

	l'environnement	la météo ou la saison	les activités préférées	opinions	Il / Elle répond à…
1	au bord de la mer, la mer est très propre	l'été, quand il fait beau	me baigner, sports nautiques, le surf, la voile	j'adore…	Toyah
2	en Arizona, à côté du Grand Canyon	les températures varient, très chaud la journée, très froid la nuit		spectaculaire, impressionnant, un endroit superbe	Mokhtar
3	à la montagne, au Maroc	l'été, quand il fait beau	de grandes promenades, voir beaucoup de fleurs et d'insectes	j'adore…, le paysage est magnifique, c'est amusant	Lucie
4	Madagascar, sur la côte, très vert, réserves naturelles	il pleut toute l'année	voir des animaux sauvages	endroit idéal si on aime…, j'apprécie…, animaux extraordinaires	Toyah

APPROFONDISSEMENT

- Donner des questions supplémentaires aux élèves plus à l'aise. Par exemple : Qui parle d'animaux ? (3 – les insectes ; 4 – les animaux sauvages / animaux extraordinaires)
- Demander une réaction personnelle : quel environnement de l'activité 6 les attire le plus ? La côte, les paysages désertiques des États-Unis, la montagne au Maroc, ou Madagascar et sa faune unique ? Pourquoi ?

7 À deux ou en groupe, les élèves répondent aux questions concernant leur environnement, le climat de leur région et ce qu'ils apprécient le plus dans la nature près de chez eux. Les encourager à utiliser le vocabulaire des messages de Lucie, Mokhtar et Toyah ainsi que de l'activité 6.

Noter au tableau les meilleures réponses.

Les élèves rédigent ensuite un texte pour la version française du site web de l'office de tourisme de leur région. Ils peuvent imaginer que leur texte a pour but d'encourager de jeunes étrangers à venir en visite dans leur région. Inciter les élèves à :

- décrire l'environnement naturel et le climat de leur région
- décrire ce qu'ils apprécient le plus dans la nature autour de chez eux et ce que l'environnement a à offrir aux jeunes visiteurs
- justifier leurs réponses avec des détails
- utiliser des expressions des encadrés *Grammaire* et *Vocabulaire*.

Fixer une longueur minimum en fonction des capacités des élèves, en commençant par une cinquantaine de mots.

ADVERBES DE MANIÈRE EN -*MENT*
ADVERBES D'INTENSITÉ

Voir aussi :
- Cahier d'exercices 1–5
- 6.06 Le français à la loupe

6.03 Le blog de Clémence

Matériel :
- CD 02, Piste 03
- Cahier d'exercices 6–8 ; 9,10
- Fiches 6.04–6.06

Quand la nature se met en colère

Avant de commencer les activités, replacer Haïti et la Martinique dans leur contexte géopolitique en montrant une carte. Haïti occupe la moitié d'une île des Antilles (Hispaniola) et est nation souveraine. La Martinique est une île des Antilles et une région française.

1 Les élèves lisent le blog. Ils retrouvent ensuite des mots de la même famille. (Voir aussi l'encadré *Vocabulaire* au sujet des familles de mots.)

Demander aux élèves d'identifier si les mots de la liste et les mots qu'ils trouvent dans le texte sont des verbes (v), des noms (n), des adjectifs (adj) ou des adverbes (adv).

Réponse :
l'habitant (n) – j'habite (v) ; le danger (n) – dangereux (adj) ; le paysage (n) – le pays (n) ; montagneux (adj) – les montagnes (n), montagneuse (adj) ; visiter (v) – visiteurs (n) ; le touriste (n) – le tourisme (n), touristique (adj) ; la violence (n) – violent (adj) ; complet (adj) – complètement (adv) ; construire (v) – a… détruit (v), la reconstruction (n) ; mourir (v) – morts (n) ; loger (v) – logement (n) ; désastreux (adj) – désastre (n), désastreuse (adj) ; la sécheresse (n) – sèche (adj) ; bruyant (adj) – des bruits (n) ; croire (v) – incroyable (adj)

2 Les élèves relisent la page de blog et remplissent individuellement la Fiche 6.04.

Leur conseiller deux lectures : l'une, pour d'abord prendre des notes sur l'environnement naturel en Haïti et à la Martinique, puis l'autre, sur la catastrophe naturelle.

---

6 La nature – amie, ennemie ou victime ?

Réponse :

	Haïti	La Martinique
L'environnement naturel (paragraphes 1 et 4) :		
situation	dans les Antilles	petite île des Antilles
paysage	magnifique : montagnes, cascades, grottes, plages de sable blanc, jolies îles	au nord : zone montagneuse et sauvage, forêt tropicale au sud : zone plus sèche, moins de forêt, installations touristiques volcan
climat	soleil tropical	tropical au nord, sec au sud
La catastrophe naturelle (paragraphes 2, 3, 5, 6) :		
type de catastrophe	tremblement de terre	éruption d'un volcan, la Montagne Pelée
nombre de morts	230 000	30 000
nombre de blessés	300 000	nombreux
actions des autorités	beaucoup de pays ont envoyé de l'argent	ils ont interdit à la population de partir
conséquences pour la ville	complètement détruite, un million de personnes sans logement, la reconstruction prendra des années	complètement détruite, les bateaux dans la baie ont brûlé, Fort-de-France est devenu la ville principale

3 À deux, les élèves comparent leurs réponses de l'activité 2 et vérifient s'ils ont noté les mêmes informations.

S'assurer que le vocabulaire requis pour parler des catastrophes naturelles est couvert :

Exemple : un accident, un choc, choquer, un danger, un dégât, un désastre, un feu, un incendie, une inondation, mourir, pauvre, perdre, pleuvoir, protéger, une responsabilité, sauver, violent, blesser / blessé, une aide, un secours, tuer, une urgence, grave, réparer, reconstruire

4a Les élèves écoutent l'interview de Clémence et répondent aux questions 1–8.

Il est conseillé de faire écouter l'enregistrement deux fois. Selon le niveau de compréhension de la classe, l'enregistrement peut être interrompu après la réponse à chaque question.

Réponse :
1 deux, **2** tropical, **3** à Grande-Terre, **4** il est d'origine volcanique, **5** Basse-Terre, **6** en 1976, **7** elles ont évacué la population, **8** personne

4b Les élèves réécoutent l'interview de Clémence et remplissent la Fiche 6.05.

Il est conseillé de faire écouter l'enregistrement deux fois. Selon le niveau de compréhension de la classe, l'enregistrement peut être interrompu après la réponse à chaque question.

Réponse :

L'environnement naturel :		
situation	Guadeloupe : région française d'Amérique, deux îles (Grande-Terre et Basse-Terre)	
climat	tropical : saison sèche, saison des pluies	
paysage	Grande-Terre : pas de montagnes, plages de sable blanc, installations touristiques	Basse-Terre : montagnes, forêt tropicale, rivières, cascades, plages de sable noir
La catastrophe naturelle :		
type de catastrophe	éruption d'un volcan à Basse-Terre	
nombre de morts	pas de morts	
nombre de blessés	pas de blessés	
actions des autorités	les autorités ont évacué la population (la population est partie / a quitté la ville)	
conséquences pour la ville	dégâts matériels, la population est revenue à Basse-Terre	

🔊 CD 02, Piste 03

– Pouvez-vous nous décrire la Guadeloupe ?
– Alors, la Guadeloupe est une région française d'Amérique. Elle est composée de deux îles, Grande-Terre et Basse-Terre.
– Comment est le climat à la Guadeloupe ?
– Le climat à la Guadeloupe est tropical, avec une saison sèche et une saison des pluies.
– Décrivez-nous d'abord Grande-Terre.
– Eh bien, Grande-Terre n'a pas de montagnes. Sur la côte sud, on trouve des plages de sable blanc et la plupart des installations touristiques.
– Basse-Terre est très différente ?
– Oui. Basse-Terre est montagneuse et couverte d'une forêt tropicale. On y trouve de nombreuses rivières et cascades et des plages de sable noir d'origine volcanique. La ville principale s'appelle aussi Basse-Terre.
– Parlez-nous de la catastrophe de mille neuf cent soixante-seize.
– À Basse-Terre, l'île est donc montagneuse et il existe un volcan en activité, qui s'appelle la Soufrière. En mille neuf cent soixante-seize, le volcan a fait éruption.
– Il y a eu des victimes ?
– Heureusement non, parce que les autorités ont rapidement évacué la population. Quelle chance ! Il n'y a eu aucune victime, ni morts, ni blessés. L'éruption a causé seulement des dégâts matériels. Ensuite, la plupart des habitants sont revenus à Basse-Terre.

VARIATION

Une transcription partielle de l'interview de Clémence peut être donnée aux élèves qui en auraient besoin (Fiche 6.06). Cette activité de soutien porte sur les trois premières sections de la Fiche 6.05 (l'environnement naturel).

Réponse :
1 Amérique, **2** deux îles, **3** tropical, **4** des pluies, **5** montagnes, **6** sud, **7** sable blanc, **8** installations touristiques, **9** forêt tropicale, **10** rivières

EXPRIMER L'INTENSITÉ

Demander aux élèves de trouver ces expressions dans le blog de Clémence.
Voir aussi :
- Cahier d'exercices 6–8
- 6.06 Le français à la loupe

ADVERBES DE QUANTITÉ

Demander aux élèves de trouver des adverbes de quantité dans le blog de Clémence.
Voir aussi :
- Cahier d'exercices 9, 10
- 6.06 Le français à la loupe

5 💬 En groupe ou individuellement, les élèves font des recherches pour faire une présentation sur une catastrophe naturelle (tremblement de terre, éruption de volcan, ouragan, inondation, tsunami, etc.) en utilisant la fiche de l'activité 2 et les conseils de la section 6.07 (*Le parfait linguiste*). Ils doivent décrire l'environnement naturel (île ? montagne ? bord de mer ? climat ?) dans lequel est survenue la catastrophe, ainsi que la catastrophe elle-même.

Ils font ensuite une présentation devant la classe sous forme de poster ou par PowerPoint. L'exposé peut rester très bref, l'important étant que tous les élèves puissent participer.

VARIATION

- Les élèves rédigent un paragraphe comme le blog de Clémence au sujet des catastrophes naturelles en utilisant leurs recherches de l'activité 5. Les encourager à utiliser des mots pour exprimer l'intensité et des adverbes de quantité.

  Fixer une longueur minimum en fonction des capacités des élèves, en commençant par une cinquantaine de mots.

- Revenir sur le blog de Clémence et proposer aux élèves de jouer le rôle de commentateur : « Imaginez : vous êtes sur place juste après le tremblement de terre / l'éruption volcanique. Faites un reportage pour une chaîne de télé. »

6 La nature – amie, ennemie ou victime ?

À noter : Quelques exemples de catastrophe naturelle dans des pays de la Francophonie :

- Séisme de 1909 en Provence. Sa magnitude est estimée à 6,2 sur l'échelle de Richter, ce qui en fait l'un des séismes les plus puissants étant survenus en France métropolitaine. Il fit 46 morts, 250 blessés et de nombreux dégâts (cinq villages détruits). C'est la plus grande catastrophe sismique connue à ce jour en France métropolitaine depuis que l'on possède des mesures fiables.
- Éruption volcanique : le Piton Sainte-Rose, La Réunion, 1977
- Éruption volcanique : le Piton de la Fournaise, La Réunion, 2007–2015

6.04 Gros plan sur… l'environnement

Matériel :

- CD 02, Piste 04
- Cahier d'exercices 11, 12
- Fiche 6.07

La nature victime des hommes ?

1 Les élèves lisent l'interview de Solène Le Pers, spécialiste de l'environnement, et trouvent les synonymes des mots donnés.

Faire remarquer aux élèves qu'un verbe à l'infinitif a pour synonyme un autre verbe à l'infinitif, un nom un autre nom, etc.

Réponse :
1 fondre (v), **2** inonder (v), **3** échapper à (v), **4** menacer (v), **5** le combustible (n), **6** émettre (v), **7** une serre (n), **8** au lieu de (prép), **9** recycler (v), **10** contribuer (v)

2 Les élèves relisent l'interview et trouvent les antonymes des mots donnés.

Faire remarquer aux élèves qu'un verbe à l'infinitif a pour antonyme un verbe à l'infinitif, un nom a pour antonyme un nom…

Réponse :
1 récent (adj), **2** grave (adj), **3** complexe (adj), **4** réchauffer (v), **5** le gaspillage (n), **6** indispensable (adj)

3 Les élèves font correspondre les questions (A–I) et les réponses dans le texte.

Réponse :
2 C, **3** F, **4** E, **5** A, **7** B, **8** G, **9** H, **11** I, **12** D

À noter :
Faire remarquer aux élèves la préposition *à* ou *de / d'*, après certains adjectifs dans le texte : *c'est important d'éviter le gaspillage, c'est difficile à nettoyer.*

L'INTERROGATION

Voir aussi :
- Cahier d'exercices 11, 12
- 6.06 Le français à la loupe

---

4 Les élèves ordonnent la liste des problèmes écologiques mentionnés dans le texte du plus grave au moins grave. Les encourager à justifier leurs réponses. Ils notent ensuite les solutions proposées par Solène Le Pers.

Les élèves peuvent travailler individuellement ou en groupe. Ils reconnaîtront les problématiques abordées dans leurs cours de sciences ou de géographie. S'assurer qu'ils comprennent *gaz à effet de serre, combustibles fossiles, empreinte carbone…*

Réponse suggérée :
Les problèmes : le réchauffement climatique, le niveau de la mer monte, la biodiversité est menacée (ours polaires, poissons), les régions agricoles se transforment en déserts, la production de nourriture baisse, la population souffre de la faim, les tempêtes et les cyclones plus violents, le traitement des déchets, trop d'emballages en plastique, la pollution de la mer (par le plastique, par exemple), la surexploitation des ressources, la déforestation, les marées noires

Les solutions : tout le monde devrait réduire son empreinte carbone, consommer moins de combustibles fossiles, éviter le gaspillage d'énergie (prendre son vélo au lieu de la voiture, mettre un pull et baisser le chauffage…), encourager les énergies renouvelables, consommer moins d'emballages en plastique, recycler, éviter d'imprimer les mails (car il faut couper des arbres pour fabriquer du papier)

APPROFONDISSEMENT

Les élèves identifient d'autres problèmes de l'environnement et les ajoutent à la liste de l'activité 4.

Quelques suggestions :
- la pollution dans les grandes villes (causée par l'industrie et les transports automobiles) et la qualité de l'air
- le trou dans la couche d'ozone et les dangers liés au rayonnement ultraviolet solaire (mais probablement en voie de résorption)
- la propagation des maladies (malaria, zika…) due à la prolifération des moustiques, elle-même causée par le réchauffement climatique
- les accidents nucléaires
- la surpêche et la disparition de certaines espèces de poissons
- la perte de biodiversité
- les perturbations de la chaîne alimentaire. (En Belgique par exemple, les oiseaux subissent déjà les conséquences du réchauffement climatique. À cause du réchauffement, le printemps est plus chaud et les feuilles poussent plus tôt. Les chenilles du papillon mangent plus tôt les premières feuilles et se transforment plus vite en papillon. Au moment où l'oisillon sort de l'œuf, la plupart des chenilles se sont déjà transformées en chrysalide. Il y a donc très peu de nourriture et peu d'oisillons survivent.)

5a Les élèves écoutent la conversation entre Enzo et Élise. Ils remplissent la Fiche 6.07.

Il est conseillé de faire écouter l'enregistrement deux fois. Selon le niveau de compréhension de la classe, l'enregistrement peut être interrompu après la réponse à chaque question.

Réponse :

	Qu'est-ce qu'Élise choisit de faire ?	Pour quelles raisons ?
1	Elle éteint la télé quand elle sort de da chambre.	Pour ne pas gaspiller l'énergie, pour réduire son empreinte carbone.
2	Elle prend le bus pour aller au collège.	Si tout le monde prenait le bus au lieu de la voiture, la qualité de l'air dans la ville serait meilleure.
3	Elle emporte son panier pour faire les courses au marché.	Il n'y a ni emballages ni sacs plastiques.
4	Elle trie les déchets et recycle.	Elle ne veut pas que le plastique se retrouve dans la mer.
5	Elle boit de l'eau du robinet.	Les bouteilles pour l'eau minérale, c'est un emballage inutile.

🔊 CD 02, Piste 04

1. – Pourquoi est-ce que tu éteins la télé quand tu sors de ta chambre ?
   – Pour ne pas gaspiller l'énergie. Je veux réduire mon empreinte carbone.
2. – Comment vas-tu au collège le matin ?
   – Je quitte la maison à 7 heures 30 et je prends le bus. L'arrêt de bus est à 20 minutes à pied. C'est assez long, mais si tout le monde prenait le bus au lieu de la voiture, la qualité de l'air dans la ville serait meilleure.
3. – Où faites-vous vos courses, en général ?
   – Le samedi, nous allons au marché pour les fruits et les légumes. On emporte notre panier, alors il n'y a ni emballages ni sacs plastiques.
4. – Il y a plusieurs poubelles dans ta cuisine. À quoi servent-elles ?
   – On trie les déchets et on recycle, bien sûr. Une poubelle pour les bouteilles et le verre… et une poubelle pour les emballages en plastique. Je ne veux pas que le plastique se retrouve dans la mer !
5. – Qu'est-ce que vous buvez, aux repas ? De l'eau minérale ?
   – Non, juste l'eau du robinet. Les bouteilles pour l'eau minérale, c'est un emballage inutile.

5b Les élèves choisissent le geste écologique d'Élise qu'ils préfèrent et justifient leur opinion.

6 Les élèves parlent d'un geste qu'ils ne font pas encore et s'expliquent à ce sujet. Les encourager à utiliser le futur ou le conditionnel :

6 La nature – amie, ennemie ou victime ?

Exemple : Cette année, nous prenons l'avion pour aller en vacances. L'année prochaine, je pense que nous irons au bord de la mer en train. C'est mieux pour l'environnement. Si j'étais sportif / ive ou courageux / euse, je prendrais mon vélo…

7 Les élèves rédigent un paragraphe sur les problèmes qui affectent l'environnement. Les encourager à donner et à justifier leurs opinions.

Fixer une longueur minimum en fonction des capacités des élèves, en commençant par une cinquantaine de mots.

> **VARIATION**
>
> Les élèves peuvent créer :
> - une brochure au sujet des gestes à accomplir pour sauver l'environnement
> - une vidéo dans laquelle ils font la promotion des gestes qui pourraient sauver l'environnement et dans laquelle ils condamnent aussi les mauvaises habitudes qui sont néfastes pour l'environnement.

6.05 Lettre ouverte

> **Matériel :**
> - CD 02, Piste 05
> - Cahier d'exercices 13, 14

1 Les élèves lisent et écoutent les expériences de Saïd et Chloé et font correspondre les titres donnés (A–I) avec les paragraphes 1–9.

S'assurer que dans les deux textes, les élèves comprennent le vocabulaire comme par exemple : *le camp (de jeunes), le stage, sauf, la trace, attaquer, le berger, surveiller, la barrière…*

À noter : Expliquer que « grande muraille » ici est une analogie avec la Grande Muraille de Chine.

Réponse :
1 C, **2** D, **3** E, **4** A, **5** B, **6** I, **7** G, **8** H, **9** F

2 Les élèves relisent le texte de Saïd et notent des mots ou expressions pour parler du climat, du sol, des plantes et de l'agriculture.

Préciser aux élèves qu'ils doivent noter les mots avec le bon article même si celui-ci n'est pas dans le texte.

Réponse :
1 la sécheresse, le réchauffement climatique, le vent, la chaleur, **2** le sable, la désertification, la terre, **3** les arbres, les feuilles, le reboisement, **4** les récoltes, les champs, les agriculteurs

> **APPROFONDISSEMENT**
>
> Demander aux élèves de considérer leurs réponses dans l'activité 2 et de trouver des mots de la même famille – des mots qu'ils connaissent ou des mots dans le texte de la section 6.05 ou dans les textes précédents de l'Unité 6. (Voir aussi l'encadré *Vocabulaire* sur les familles de mots dans la section 6.03, *Le blog de Clémence*.)
>
> *Exemple :* la sécheresse – sec / sèche ; la désertification – le désert ; les agriculteurs – agricole ; le reboisement – le bois…

3 Les élèves relisent le paragraphe 9 et complètent le résumé avec les mots de l'encadré.

Réponse :
1 moutons, **2** contents, **3** protégés, **4** tuer, **5** volontaires, **6** montagne, **7** important, **8** ouvertes

> **APPROFONDISSEMENT**
>
> Demander aux élèves d'identifier comment Saïd et Chloé expriment leurs opinions et leurs émotions.
>
> **Réponse :**
> **Saïd :** c'est un projet ambitieux ; les arbres sont importants ; j'espère que cette « muraille » fera une différence ; pour moi personnellement, ça a été une expérience très positive ; grâce à… ; on s'est bien amusés
>
> **Chloé :** pour moi, c'est important de… ; j'admire beaucoup… ; ils font un peu peur, mais ils sont magnifiques ; malheureusement ; j'étais contente ; grâce à… ; j'espère que la prochaine fois, je verrai…
>
> Cette liste est à conserver par les élèves pour référence.

4a Les élèves imaginent les réponses d'Élodie aux questions posées.

Il s'agit d'une révision des formes interrogatives, vues dans la section 6.04.

Les élèves travaillent à deux et se posent les questions chacun à leur tour. Il y aura donc deux exemples possibles de réponses à comparer avec l'enregistrement de l'activité 4b.

4b Les élèves écoutent l'interview d'Élodie et notent ses réponses. Ils comparent ensuite les réponses d'Élodie avec les leurs.

Il est conseillé de faire écouter l'enregistrement deux fois. Selon le niveau de compréhension de la classe, l'enregistrement peut être interrompu après la réponse à chaque question.

Réponse :
voir la transcription

> **CD 02, Piste 05**
> - Où as-tu fait ton stage de protection de la nature, Élodie ?
> - J'étais au Centre de sauvegarde de la Faune Sauvage, près de Nantes.
> - Comment y es-tu allée ?
> - Je n'habite pas très loin. Mes parents m'ont emmenée en voiture.
> - Quels étaient les animaux ou les plantes en danger ?
> - Au centre, on ne s'occupait pas de plantes, seulement d'animaux blessés ou malades. Surtout des oiseaux, mais aussi des petits animaux comme les lapins, les hérissons, les écureuils, les renards…
> - Quand es-tu partie ?
> - Je suis partie pendant les vacances scolaires, au mois de juillet.
> - Combien de temps es-tu restée ?
> - Je suis restée trois semaines.
> - Avec qui es-tu partie ?
> - Je suis partie avec mon frère aîné, Théo, qui a dix-huit ans.
> - Pourquoi as-tu choisi de faire ce stage ?
> - Parce que j'aime les animaux. Plus tard, je voudrais travailler avec les animaux, peut-être devenir vétérinaire.
> - Est-ce que tu es contente de ton choix ?
> - Oui, très contente. On s'occupait d'oiseaux blessés. J'ai aidé à nourrir les oiseaux. J'ai appris beaucoup de choses sur les grands oiseaux comme les rapaces.

> - Qu'est-ce que tu aimerais faire, pour ton prochain stage ?
> - Je vais essayer de trouver un stage avec des tortues, des animaux qui sont souvent en danger. J'aimerais faire ce stage dans le sud de la France.

> **VERBES SUIVIS DE L'INFINITIF OU DE À / DE + INFINITIF**
>
> Demander aux élèves de chercher d'autres exemples de verbes suivis d'un infinitif dans les textes des sections 6.02–6.05. Ils font trois listes dans leur carnet de vocabulaire : verbe + infinitif ; verbe + à + infinitif ; verbe + de + infinitif.
>
> **Réponse suggérée :**
> **Verbe + infinitif :** espérer, adorer, pouvoir, devoir, il faudrait, aller…
> **Verbe + à + infinitif :** réussir à, commencer à, aider à, servir à, commencer à, apprendre à, continuer à…
> **Verbe + de + infinitif :** avoir hâte de, essayer de, interdire de, il s'agit de, risquer de, permettre de, décider de, oublier de, choisir de…
>
> Voir aussi :
> - Cahier d'exercices 13, 14

5 Les élèves expliquent quelle expérience ils aimeraient faire : celle de Saïd, Chloé ou Élodie. Les encourager à donner plusieurs raisons.

6 Les élèves rédigent une lettre à l'organisation « Volontaires pour la nature » afin de participer à un chantier de jeunes pour la protection de la nature.

Les élèves doivent répondre aux questions dans l'ordre où elles sont posées en donnant des détails et en utilisant le vocabulaire appris lors des activités précédentes. Leur préciser que les verbes de la première réponse doivent être au conditionnel et que les verbes de la deuxième réponse doivent être au passé. Les encourager à réviser les phrases interrogatives avant de répondre à la troisième question.

Fixer une longueur minimum en fonction des capacités des élèves, en commençant par une cinquantaine de mots.

À noter : Certains élèves trouveront peut-être cette activité difficile.

6 La nature – amie, ennemie ou victime ?

APPROFONDISSEMENT

En groupes, les élèves imaginent que leur classe voudrait soutenir une association de protection de la nature. Chaque groupe présente une association différente. Les élèves doivent expliquer :

- ce que fait l'association
- pourquoi ils veulent soutenir cette association
- ce que la classe peut faire pour participer.

Pour convaincre, ils doivent utiliser des adverbes d'intensité. Les encourager à utiliser aussi le conditionnel.

Après les présentations, la classe vote.

Si les élèves sont à court d'idées, il existe de nombreuses organisations mobilisant les jeunes pour la protection de la nature et ils peuvent facilement trouver plus de renseignements en ligne.

6.06 Le français à la loupe

Matériel :
- CD 02, Piste 06

Les adverbes

Cette section grammaticale traite des aspects suivants :

- Qu'est-ce qu'un adverbe ?
- Comment exprimer la manière ?
- Comment exprimer l'intensité ou la quantité ?
- Où placer l'adverbe ?

1 Demander aux élèves de trouver d'autres exemples d'adverbes en -*ment* dans les textes de l'Unité 6.

Exemple : complètement, seulement, probablement, normalement, lentement, rapidement, suffisamment, récemment, patiemment, malheureusement, pratiquement, personnellement, extrêmement, tellement, immédiatement, particulièrement, régulièrement

L'interrogation

Cette section grammaticale traite des aspects suivants :

- Quelle sorte de question ?
- Quel mot interrogatif ?
- Comment poser une question ?
  - la voix monte à la fin
  - *est-ce que… ?*
  - inversion verbe–sujet

2 Activité à deux : chaque élève fait l'interview de son partenaire en posant des questions variées pour trouver des informations précises. Les rôles sont ensuite inversés. Encourager les élèves à utiliser une variété de mots interrogatifs de la liste ainsi que des façons différentes de poser une question (la voix monte à la fin, *est-ce que… ?* et inversion verbe–sujet).

Comment ça se dit ?

3 Les élèves écoutent les 15 phrases et décident si ce sont des questions ou des affirmations.

Il est conseillé de faire écouter l'enregistrement deux fois. Selon le niveau de compréhension de la classe, l'enregistrement peut être interrompu après chaque phrase.

Réponse :

en caractères gras dans la transcription

CD 02, Piste 06

1. Quelle ville est-ce que le tremblement de terre a détruite ? **Question**
2. C'est un animal qui vit en montagne ou en forêt ? **Question**
3. Certains animaux, comme les tortues, pondent leurs œufs sur les plages. **Affirmation**
4. Quand est-ce que le tremblement de terre a détruit la ville ? **Question**
5. La catastrophe à la Martinique, c'était un tremblement de terre ? **Question**
6. Le loup vit en montagne ou en forêt. **Affirmation**
7. Certains animaux pondent leurs œufs sur les plages ? **Question**
8. Où se trouve la Montagne Pelée ? **Question**
9. Combien de victimes le tremblement de terre en Haïti a-t-il fait ? **Question**
10. La Grande Muraille Verte se trouve au nord du Sahara ? **Question**
11. Qui a visité les réserves naturelles en Guyane ? **Question**
12. La Grande Muraille Verte se trouve au sud du Sahara. **Affirmation**
13. La catastrophe à la Martinique, c'était l'éruption d'un volcan. **Affirmation**
14. Pourquoi fait-il très chaud en Guyane ? **Question**
15. Certains animaux pondent leurs œufs sur les plages. Lesquels ? **Affirmation et Question**

6.07 Le parfait linguiste

Comment préparer une présentation ?

Cette préparation d'une présentation de deux minutes maximum permet aux élèves de s'entraîner pour un examen de production orale.

Les conseils portent sur comment :

- choisir un sujet
- préparer le texte de la présentation
- s'exercer à faire la présentation à l'oral
- répondre aux questions.

1. Pour commencer, noter au tableau une liste de huit ou neuf sujets possibles, par exemple :
   - Pour ou contre la nourriture végétarienne ?
   - Mieux vaut vivre en ville ou à la campagne ?
   - Pour ou contre les chantiers de vacances ?

À deux ou en groupe, les élèves discutent des avantages et des inconvénients de chaque sujet.

2. Les élèves répondent aux quatre questions en indiquant le temps à utiliser pour chacune.

Réponse suggérée :
1. En général, je me promène à la campagne ou à la plage. (présent)
2. J'aime bien le bord de la mer, mais je préfère la campagne parce que l'air n'est pas pollué. (présent)
3. Quand je suis allé(e) dans les Alpes, j'ai aimé le paysage magnifique et j'ai adoré les animaux sauvages. (passé composé)
4. Pour apprendre à protéger la nature, je vais faire un stage dans une réserve naturelle. (futur)

Faites vos preuves !

3. Activité à deux :
   - L'élève A va parler de « la nature autour de moi ».
   - L'élève B va parler de « la nature dans un autre pays ou une autre région ».

1. En s'aidant de ses notes de la section 6.02, chaque élève prépare une présentation d'une ou deux minutes sur son sujet. S'assurer que les élèves utilisent plusieurs temps et une variété de vocabulaire spécifique à leur présentation.
2. Chaque élève prépare des questions à poser au sujet de la présentation de son partenaire. Les élèves doivent poser des questions variées sur le passé, sur l'avenir et sur les opinions de leur partenaire.
3. Chaque élève fait sa présentation et répond aux questions de son partenaire.
4. Les élèves changent de rôle.

5 et 6 Révisez bien !

Matériel :
- Fiche R3.01

Jeu : « Réponse à tout ! »

Cette unité a pour but de faire réviser le vocabulaire, les expressions et les structures grammaticales étudiés lors des Unités 5 et 6. Les élèves sont donc incités à relire régulièrement leurs notes et à réviser le nouveau vocabulaire et les nouvelles structures grammaticales.

Les activités de cette unité sont délibérément plus ludiques. Il est possible de réviser en s'amusant !

1   Les élèves lisent les questions et les associent aux réponses de Rachida. Ils comptent le nombre de points pour chaque réponse en essayant d'obtenir le plus de points possible.

    Cette activité peut se faire individuellement ou à deux. Le fait de donner des points aux élèves les encourage à donner des réponses détaillées, dans une langue sophistiquée.

    Cette activité donne aux élèves l'occasion d'améliorer leurs compétences en production orale, pour laquelle ils doivent être capables de maintenir une conversation en exprimant et en justifiant leurs idées au moyen d'une variété de vocabulaire, de structures grammaticales et de temps verbaux.

    Réponse :

    Ta ville, ton village : **1** A, **2** F, **3** C, **4** D, **5** E, **6** B

    Les loisirs : **1** B, **2** D, **3** C, **4** A

    Les services et les commerces : **1** C, **2** F, **3** A, **4** D, **5** B, **6** E

    Comparer ta ville : le passé et l'avenir de ta ville : **1** C, **2** A, **3** D, **4** E, **5** B, **6** G, **7** F

    Le temps et le climat : **1** G, **2** D, **3** B, **4** A, **5** F, **6** E, **7** C

    L'environnement : **1** C, **2** B, **3** A, **4** E, **5** D

2   Les élèves cachent les questions et regardent les réponses. Ils reformulent ensuite les questions.

    Il est important que les élèves soient familiarisés avec ce genre de questions afin de répondre correctement aux activités de compréhension écrite et de compréhension orale.

3   Les élèves donnent leurs réponses personnelles aux questions en se servant d'expressions trouvées dans les textes des Unités 5 et 6. Ils doivent utiliser le barème indiqué (Fiche R3.01) pour obtenir le plus de points possible.

    Cette activité peut se faire à deux. L'élève A pose les questions à l'élève B qui y répond. L'élève A accorde des points à B selon le barème. Les rôles sont ensuite inversés.

4   Les élèves ajoutent d'autres questions à chaque section et échangent leurs idées avec un partenaire.

Comment bien réviser ?

Ces activités s'effectuent à deux et ont pour but de faire réviser des expressions apprises précédemment mais dans des contextes différents.

1   Les élèves discutent du climat de leur région et utilisent les structures *moi aussi / pas moi / moi non plus / moi si* (voir la section 5.04). Ils justifient leurs réponses.

2   Les élèves décrivent une ville ou un village et emploient une expression de négation (voir la section 5.02) ou un adverbe (voir la section 6.02) dans chaque phrase. Celui / Celle qui s'arrête en premier a perdu.

Faites vos preuves !

3   Cette activité permet aux élèves de s'entraîner à la compréhension écrite.

    Après avoir lu le courriel de Marine, les élèves choisissent une réponse (A, B ou C) pour chaque question (1–5).

    Réponse :
    1 B, **2** A, **3** A, **4** B, **5** C

Un poème

4   Les élèves lisent le poème de Jacques Charpentreau et relèvent les mots appartenant aux trois catégories données.

    Avant de lire le poème, donner quelques mots de vocabulaire pour décrire la poésie : *le poème, la strophe, le vers, la rime…*

Cambridge IGCSE and O Level French as a Foreign Language

Réponse :
- Les logements : des tours, des maisons, du béton, des blocs, des quartiers
- Les rues et les transports : des boulevards, des avenues, des places, des ronds-points, des rues, des autos
- Les commerces : un grand magasin

5 📖 Après avoir lu la liste d'adjectifs dans l'encadré, les élèves définissent lesquels correspondent le mieux à la ville décrite dans le poème.

Encourager les élèves plus à l'aise à mettre l'ensemble de ces adjectifs au féminin singulier, au masculin pluriel et au féminin pluriel.

Réponse suggérée :
animé, bruyant, dangereux, horrible, moderne, pollué, sale, vivant

6 📖 Les élèves répondent aux questions sur les émotions du poète.

Réponse :
- mon cœur qui bat / Tout bas
- quatrième strophe : mon cœur qui bat / Est là

Dans la quatrième strophe, on comprend que l'atmosphère de l'école est différente de celle de la ville, plus calme et plus près de la nature. Le poète aime beaucoup l'école et elle lui donne une grande émotion.

APPROFONDISSEMENT

Discussion : Est-ce que les élèves ont des sentiments similaires par rapport à leur établissement scolaire ? Est-ce qu'eux aussi aimeraient que leur école soit un havre de paix dans l'environnement urbain ?

7 Bonjour de Francophonie !

Au sommaire

Unité étape : revoir les thèmes des Unités 1–6

Points lexicaux
- parler de soi, de sa famille et de ses origines
- parler de son cadre de vie
- parler de sa vie quotidienne et de sa culture
- présenter sa ville et des attractions

Grammaire
- la description
- le comparatif
- le superlatif

Stratégie
- reconnaître la nature des mots

1 💬 Les élèves observent les photos et définissent les lieux représentés. Ils justifient leurs réponses.

Réponse :
a le Vieux-Québec, quartier historique de Québec (voir la section 7.02)
b Sainte-Marie, l'île de La Réunion (voir 7.03)
c la Nouvelle-Calédonie (voir 7.04)
d la Grande Mosquée de Bobo-Dioulasso, Burkina Faso (voir 7.05)

2 💬 À deux, les élèves racontent leur séjour dans un pays francophone. Les encourager à expliquer aussi dans quels pays ils aimeraient voyager.

Afin de guider un peu plus les élèves, poser des questions plus spécifiques en leur donnant un exemple de début de réponse :

- Dans quel pays francophone êtes-vous allé(e)s ? *Je suis allé(e) en / au / aux…*
- Quand y êtes-vous allé(e)s ? … *l'année dernière / l'été dernier / il y a trois mois…*
- Avec qui ? … *avec mes parents / ma famille / mes amis…*
- C'était comment ? Pourquoi ? *C'était formidable / intéressant / nul… parce que…*
- Dans quel pays aimeriez-vous aller ? Pourquoi ? *J'aimerais aller en / au / aux… parce que…*

En fin d'unité, les élèves peuvent revenir sur cette page et refaire l'activité 1. Qu'est-ce qu'ils ont appris de ces endroits dans l'Unité 7 ?

7.01 La langue dans la poche !

À noter : Dans cette double page, les élèves réviseront les structures grammaticales étudiées lors des six unités précédentes. Le questionnaire de grammaire est donc basé sur ces structures grammaticales. Le vocabulaire utilisé est une préparation aux thèmes étudiés dans l'Unité 7.

Pour chaque section de ce questionnaire, encourager les élèves à créer et à préparer leurs propres questions.

Quiz

A Les élèves trouvent l'intrus dans chaque série de mots.

Réponse :
1 c (*sportif* devient *sportive* au féminin, les autres adjectifs ne changent pas), **2** c (*vieux* devient *vieille* au féminin, pas *-euse* comme les autres), **3** c (ce n'est pas un adverbe), **4** b (c'est un adjectif), **5** a (il s'agit d'une conjonction qui ajoute mais n'oppose pas)

B Les élèves complètent les blancs avec les mots qui manquent.

Réponse :
1 c (pronom démonstratif), **2** a (COD masculin), **3** c (*de* après la négation), **4** c (pronom indéfini), **5** a (pronom relatif complément d'objet)

C Les élèves choisissent le mot qui ne convient pas.

Réponse :

1 d (*frère* est masculin mais *grandes* est féminin), **2** b (*celle* est un pronom et ne peut pas être utilisé devant un nom), **3** c (*bien* est un adverbe), **4** d (*trop* n'est pas négatif), **5** c (*légumes* est au pluriel donc ne convient pas puisque le COD est *l'*)

D Les élèves retrouvent les paires pour faire des phrases.

Réponse :

1 d (*qui* = *deux frères* qui sont sujet de *sont*), **2** e (*que* = *des musées*, objet de *connais*), **3** a (*où* = *village*), **4** b (*y* = *France*), **5** c (*en* = *des oncles et des tantes*)

La course aux médailles

Cette section a pour but d'entraîner les élèves à répondre avec aisance à l'oral comme à l'écrit à des situations typiques de la vie quotidienne.

Les huit activités ont pour but de faire réviser aux élèves des thèmes étudiés lors des unités précédentes. Elles peuvent se faire individuellement ou en groupe.

Avant de répondre aux questions, les élèves révisent (à la maison ou en classe, sous forme de remue-méninges) les thèmes suivants : se présenter, la famille, la maison ou l'appartement, la ville, le climat, manger et boire, les passe-temps et les fêtes.

Chaque groupe de questions est présenté par ordre de difficulté, allant du bronze à l'or. Outre l'aspect compétitif, veiller à la précision des réponses, aux fautes de grammaire, d'orthographe, etc.

Les élèves doivent particulièrement prêter attention à l'utilisation des différents temps des verbes. Les fautes sont décomptées dans la course aux médailles.

Les élèves peuvent répondre aux trois questions d'une même section. Les encourager à commencer par les questions en bronze pour ensuite passer aux niveaux supérieurs si leurs réponses sont satisfaisantes.

Encourager les élèves qui en ont besoin à préparer les questions en or à la maison, à l'aide d'un dictionnaire. Encourager les élèves ayant plus de facilités à créer leurs propres questions sur d'autres thèmes déjà étudiés.

Réponse suggérée :

4 Bronze : Nommez deux endroits que vous aimez dans votre ville.

Dans ma ville, j'aime la piscine et le cinéma.

Argent : Dites ce qui manque dans votre ville (utilisez une négation).

Dans ma ville, il n'y a ni musée ni patinoire.

Or : Expliquez quels sont vos endroits préférés dans votre ville et pourquoi.

Dans ma ville, mon endroit préféré, c'est le restaurant italien parce que la nourriture est délicieuse. J'aime aussi aller au cinéma le samedi soir. Le cinéma, c'est ma passion !

7.02 Gros plan sur… une famille au Québec

Matériel :
- CD 02, Piste 07
- Cahier d'exercices 1–6

À noter : Le « Fleurdelisé » est le drapeau du Québec depuis 1948. On y voit une croix blanche, qui rappelle la croix catholique, et des fleurs de lys blanches pour symboliser la monarchie française, sur un fond bleu foncé.

Rencontre avec Rosalie Michaud

1 📖 📝 Les élèves lisent le paragraphe 1 et trouvent les mots pour chaque catégorie donnée.

Afin de faire cette activité, réviser la terminologie de chaque catégorie et donner des exemples aux élèves s'ils en ont besoin. Souligner l'importance de reconnaître la nature des mots : savoir s'il y a des accords ou pas (verbes, noms, adjectifs…).

Le cas échéant, discuter avec la classe de la nature des mots qui restent dans le texte : les conjonctions par exemple.

Réponse :

Verbes : me présente, m'appelle, ai, suis, habite, suis née, est, aime, parle, m'entends, écoutez, vais présenter

Pronoms sujet : je / j', c'

Noms : salut, Rosalie, Michaud, ans, Québec, lendemain, Noël, hiver, patin, glace, langue, français, anglais, famille

Articles (définis ou indéfinis) : le, l'

Adjectifs : québécoise, bonne, ma, maternelle, folle

Adverbes : sûrement, tellement, si, couramment, super, bien

Pronoms COD et COI : vous, la

2 💬 À deux, les élèves imaginent une conversation avec Rosalie. L'élève A parcourt le texte et pose les questions, l'élève B y répond de mémoire.

Lors de cette activité, les élèves réviseront les formules de politesse et de présentation. Leur rappeler l'usage du *tu* et du *vous*.

Réponse suggérée :

A   Salut ! Comment tu t'appelles ?
B   Salut ! Je m'appelle Rosalie Michaud.
A   Tu as quel âge ?
B   J'ai 16 ans.
A   Tu es de quelle nationalité ?
B   Je suis québécoise.
A   Tu habites où ?
B   J'habite à Québec.
A   Tu es née quand ? / C'est quand ton anniversaire ?
B   Je suis née le lendemain de Noël.
A   Quelle est ta saison préférée ?
B   J'aime l'hiver.
A   Quel sport fais-tu / aimes-tu ?
B   Je suis bonne en patin à glace.
A   Quelle(s) langues(s) parles-tu ?
B   Ma langue maternelle, c'est le français mais je parle aussi l'anglais couramment.
A   Est-ce que tu t'entends bien avec ta famille ?
B   Oui, on s'entend super bien !

VARIATION

À deux, les élèves créent des conversations similaires. Ils peuvent par exemple prendre l'identité d'une personnalité du monde du cinéma, de la chanson ou du sport.

3a 📖 Les élèves regardent la photo de famille et complètent les blancs dans le texte.

3b 🔊 📖 Les élèves écoutent et vérifient leurs réponses.

Il est conseillé de faire écouter l'enregistrement deux fois. Selon le niveau de compréhension de la classe, l'enregistrement peut être interrompu après chaque paragraphe.

Réponse :

1 grand-mère, **2** grand-père, **3** oncle, **4** cousin, **5** mère, **6** soeur, **7** soeur, **8** père

> 🔊 **CD 02, Piste 07**
>
> Voici donc une photo de ma famille. Au centre, la dame avec les cheveux gris et assez longs, habillée en bleu, c'est ma grand-mère, Mamie Lulu. Mamie Lulu est mince et très sportive. Regardez ses baskets blanches ! Elle a deux enfants, mon oncle Luc, qui est l'aîné, et Stéphanie, ma mère.
>
> À côté de Mamie Lulu, c'est mon grand-père, Papy François. Lui, il porte de belles baskets noires. Il est aussi très sportif !
>
> À côté de mon grand-père, il y a mon oncle Luc, avec le jean bleu foncé et la chemise blanche. Luc a les cheveux courts et bruns et il est très grand. Il porte mon cousin Zac, trois ans. Zac est très mignon avec ses cheveux bouclés et son jean bleu clair. De l'autre côté, on voit ma mère, Stéphanie, qui a de longs cheveux blonds. Moi, je la trouve très jolie.
>
> De chaque côté de ma mère, ce sont mes deux petites sœurs, Claire, qui a neuf ans, et Malika, qui en a sept. Elles ont toutes les deux de longs cheveux blonds, comme ma mère, mais Claire a les cheveux raides. Claire porte un pull jaune et Malika une petite robe verte.
>
> Et voilà ma famille ! Mon père n'est pas sur la photo, malheureusement. C'est dommage. En tout cas, on est tous très proches et on s'entend hyper bien.

VARIATION

Les élèves réécoutent l'enregistrement et répondent aux questions suivantes :

a Combien d'enfants la grand-mère de Rosalie a-t-elle eu ?
b Qui est le plus vieux ? Et le plus jeune ?
c Quel âge a le cousin ?
d Qui est la plus âgée des deux soeurs de Rosalie : Claire ou Malika ? Quel âge ont-elles ?

Réponse :
a deux : un garçon et une fille, b Luc est le plus vieux, Stéphanie (la mère de Rosalie) est la plus jeune, c Zac a trois ans, d Claire est la plus âgée, elle a neuf ans et Malika a sept ans

APPROFONDISSEMENT

Les élèves peuvent apporter en classe des photos de leur propre famille ou d'une autre famille.
Demander aux élèves de décrire les personnes (taille, cheveux, vêtements…) et de décrire ou d'imaginer les liens de parenté entre ces personnes.

4a Les élèves lisent le paragraphe 2 et retrouvent les synonymes des mots et expressions donnés.

Encourager l'apprentissage efficace du vocabulaire. Pour chaque mot appris, inciter les élèves à apprendre leurs synonymes et leurs antonymes.

Réponse :
1 leur généalogie, 2 pionniers, 3 la province,
4 un rassemblement, 5 rater

4b Les élèves relisent le paragraphe 2 et mentionnent *Vrai*, *Faux* ou *On ne sait pas* (V, F, NSP) pour les phrases données. Ils corrigent les phrases fausses.

Réponse :
1 V, 2 F (il venait de l'ouest de la France), 3 NSP, 4 V, 5 F (elle ne raterait surtout pas Noël et le Nouvel An)

5 Les élèves répondent aux questions données en prenant la place de Rosalie.

Réponse suggérée :
1 Il y a mon père et ma mère, mes deux soeurs Claire et Malika, et moi.
2 Il y a mon oncle Luc, et mon cousin Zac.
3 Ma grand-mère s'appelle Mamie Lulu.
4 Ma mère est très jolie et elle a de longs cheveux blonds.
5 Mon ancêtre, Pierre Michaud, venait de l'ouest de la France. Il est arrivé à Québec en 1656. Il s'est marié et a eu dix enfants qui se sont installés un peu partout dans la province.
6 Oui, j'adore toutes les réunions familiales.
7 Mes fêtes traditionnelles préférées sont Noël et le Nouvel An.

6 Les élèves lisent le paragraphe 3 et choisissent la bonne option dans chaque phrase donnée.

Réponse :
1 un explorateur célèbre, 2 a établi, 3 ont déporté,
4 Il y a des

VARIATION

- Demander aux élèves de parcourir les documents de Rosalie et de trouver où elle parle :
  a de l'importance de la famille
  b d'elle-même
  c de la Francophonie.
  Réponse :
  a paragraphe 2, b paragraphe 1, c paragraphe 3

- Souligner l'utilisation du présent historique (paragraphe 3) pour narrer des faits au passé. Demander aux élèves de mettre le paragraphe 3 au passé.

7 En utilisant les questions 1–7 de l'activité 5, les élèves se présentent brièvement.

LES ADJECTIFS

Voir aussi :
- Cahier d'exercices 1–6
- 2.06 Le français à la loupe
- 7.06 Le français à la loupe

7.03 Le blog de Gabriel

Matériel :
- CD 02, Piste 08
- Cahier d'exercices 7
- Fiche 7.01

1 Les élèves retrouvent le titre de chaque section (1–5) du blog de Gabriel.

Pour le titre de chaque section, les élèves retrouvent les mots-clés.

Réponse :
1. Le logement
   Mots-clés : appartement, chambre, salle de bains, séjour, balcon, habitation, jardin
2. Le cadre de vie
   Mots-clés : quartier, circulation, espaces verts, paysages, immeubles, rues, magasins, cinémas, gymnases, mer, plages, montagnes
3. Le climat
   Mots-clés : printemps, été, beau, chaud, automne, hiver, froid, neige, pleut, cyclone, doux, été tropical
4. Le coût de la vie
   Mots-clés : chère, loyers élevés, coûte cher, salaires, bon marché, hors de prix, chômage, pauvres
5. Les gens
   Mots-clés : Parisiens, froids, distants, stressés, origines diverses, chaleureux, accueillants

2 Les élèves lisent les affirmations données (1–5) et choisissent la réponse qui concorde avec le blog de Gabriel.

Réponse :
1 moins, plus, aussi, **2** moins de, autant de, plus de, **3** autant, **4** plus, moins, **5** moins, plus

---

LE COMPARATIF (1)

Voir aussi :
- Cahier d'exercices 7
- 7.06 Le français à la loupe

---

3 Les élèves comparent Paris ou La Réunion avec l'endroit où ils habitent en gagnant le plus de points possible selon le barème proposé.

4a Les élèves lisent les affirmations proposées au sujet de La Réunion et remplissent les blancs avec les mots de l'encadré.

4b Les élèves écoutent l'enregistrement et vérifient leurs réponses.

Il est conseillé de faire écouter l'enregistrement deux fois.

Réponse :
1 région, **2** capitale, **3** actifs, **4** métissée, **5** cultures, **6** créole

---

🔊 CD 02, Piste 08

L'île de La Réunion est un département et une région d'outre-mer, un DROM, qui se trouve à plus de neuf mille kilomètres de Paris. Il y a onze heures de vol entre Paris et la capitale de l'île, Saint-Denis dans le nord de l'île, où se trouve l'aéroport international.

On trouve ici, dans les montagnes du centre de l'île, le sommet le plus élevé de l'océan Indien (à plus de trois mille soixante-dix mètres) et aussi un des volcans les plus actifs au monde, le Piton de la Fournaise, qui entre en éruption presque tous les ans.

La population de l'île est très métissée et a des origines diverses : ici, les différentes cultures, langues, religions, gastronomies et musiques fusionnent en un mélange unique au monde. La langue officielle est le français mais on parle surtout le créole réunionnais.

L'industrie principale de l'île est le tourisme et il faut dire qu'elle offre aux visiteurs une expérience inoubliable !

APPROFONDISSEMENT

Les élèves réécoutent le reportage au sujet de La Réunion. En utilisant la Fiche 7.01, ils répondent aux questions.

Réponse :
1 département et région d'outre-mer, **2** dans le nord de l'île, **3** on y trouve le sommet le plus élevé de l'océan Indien et un des volcans les plus actifs au monde, **4** presque tous les ans, **5** le tourisme

5 Les élèves rédigent un texte d'environ 130–140 mots en répondant aux questions données.

Les encourager à répondre aux questions à l'aide d'opinions et de justifications. Attirer leur attention sur la dernière question, qui exige l'emploi du conditionnel.

Fixer une longueur minimum en fonction des capacités des élèves, en commençant par une cinquantaine de mots.

7.04 Lettre ouverte

> **Matériel :**
> - Cahier d'exercices 8, 9

1 Les élèves lisent la lettre de Nina et y trouvent des mots pour chaque catégorie grammaticale donnée.

Réponse :
1. autres, caldoches, métros, importantes, bonnes, kanak
2. similaire, libre, même, mauvais
3. m'appelle, me lève, se terminent, se ressemblent, m'occuper
4. va déjeuner, j'essaie de lire, dois suivre, veut dire, dois m'occuper, dois aider, j'aimerais pouvoir conserver
5. m'(y emmène), l'(aider)
6. où (j'essaie), où (nous cultivons)

2 À deux, les élèves relisent le premier paragraphe où Nina parle de sa vie scolaire. Ils rédigent ensuite 15 questions pour obtenir ces informations. Ils échangent leurs questions avec une autre paire qui y répond.

Encourager les élèves à relire leurs notes de l'Unité 6 au sujet de l'interrogation.

Ils peuvent aussi se poser les questions entre eux et donner des informations au sujet de leur école.

Réponse suggérée :

Tu te lèves à quelle heure ? / À quelle heure tu te lèves ?

Tu vas au collège où ? / Où vas-tu au collège ?

Tu vas au collège avec qui ? / Avec qui vas-tu au collège ?

Tu vas comment au collège ? / Comment vas-tu au collège ?

Tu portes un uniforme?

Les cours commencent à quelle heure le matin / l'après-midi ? / À quelle heure commencent les cours le matin / l'après-midi ?

Il y a une pause de quelle heure à quelle heure ? / Combien de temps dure la pause ?

Tu vas déjeuner à quelle heure ? / À quelle heure est le déjeuner ?

Tu vas déjeuner où ? / Où vas-tu déjeuner ?

Les cours finissent à quelle heure le matin / l'après-midi ? / À quelle heure finissent les cours le matin / l'après-midi ?

Qu'est-ce que tu fais / Que fais-tu après les cours ? / Où vas-tu après les cours ?

Quelle est ta matière préférée ?

Tu rentres à la maison à quelle heure ?

3 Les élèves relisent les deux derniers paragraphes et complètent les blancs avec *plus (de)*, *moins (de)*, *autant (de)* et *aussi*.

Avant de faire cette activité, suggérer aux élèves de relire leurs notes au sujet des comparatifs ainsi que la section 7.03.

Réponse :
1 moins de, **2** moins de, **3** plus, **4** moins d', **5** plus, **6** aussi

4 Les élèves relisent le dernier paragraphe et complètent les blancs avec *meilleur(e)(s)* et *pire*.

Réponse :
1 meilleures, **2** pire, **3** meilleure, **4** pire

> **LE COMPARATIF (2)**
>
> Voir aussi :
> - Cahier d'exercices 8, 9
> - 7.06 Le français à la loupe

5 👥 À deux, les élèves comparent leur journée typique pendant la semaine et pendant le week-end à celle de Nina. Les encourager à utiliser des comparatifs ainsi que les expressions de l'encadré *Vocabulaire*.

6 📖 💬 Les élèves relisent les lignes 4 et 5 de la lettre de Nina. Leur demander pourquoi, à leur avis, les élèves de troisième ne portent pas d'uniforme.

7 📖 💬 Les élèves relisent la lettre et répondent aux questions données.

Réponse :
1 Le week-end, Nina n'a aucun temps libre parce qu'elle doit aider sa grand-mère.
2 C'est une maison qu'on loue aux touristes.
3 Elle n'a pas le temps de faire ses devoirs.
4 Elles sont très importantes pour elle, c'est son identité.
5 Elle voudrait changer l'accès aux études pour les Kanak.
6 Pouvoir conserver ses traditions kanak et aller à l'université.

8 ✍️ Les élèves rédigent un texte d'environ 130–140 mots pour répondre à Nina. Ils doivent décrire une journée scolaire typique et un week-end typique et donner leurs opinions sur leurs traditions culturelles.

Fixer une longueur minimum en fonction des capacités des élèves, en commençant par une cinquantaine de mots.

À noter : La Nouvelle-Calédonie est à 17 000 km de la France. Elle devient colonie française en 1853.

Son drapeau est un symbole kanak aux couleurs symboliques :

- le vert = la terre, les ancêtres et l'espoir
- le rouge = la lutte et l'unité du peuple
- le bleu = le ciel et l'océan
- le jaune = le soleil, avec la flèche comme sur le toit des maisons traditionnelles.

7.05 Gros plan sur… Bobo-Dioulasso

Matériel :
- CD 02, Piste 09
- Cahier d'exercices 10, 11

1 📖 Les élèves relient les recommandations d'Antoine (A–E) aux questions (1–5). Ils notent les mots-clés pour chaque thème.

Réponse :
1 E (mots-clés : attraction, mosquée, visiter, musées)
2 C (mots-clés : un maquis, des sucreries)
3 A, B (mots-clés : boulangerie, viennoiseries, goût, brioches, croissants, pains au chocolat, petit déjeuner, nourriture, spécialités africaines et françaises, produits locaux frais, restau, restaurants)
4 D (mots-clés : salles de projection, salle en plein air, salle climatisée, cinéma, théâtre en plein air, concerts, spectacles)
5 C, D (mots-clés : maquis-dansant, musique traditionnelle ou plus moderne, ambiance, danser, théâtre en plein air, concerts)

2a 📖 💬 Les élèves lisent les phrases (1–10) et répondent par *Vrai* ou *Faux*. Ils justifient leurs réponses.

Réponse :
1 Faux (parce qu'elles sont les meilleures)
2 Faux (les viennoiseries au petit déjeuner, ce n'est pas sain)
3 Faux (un des meilleurs restaurants mais pas bon marché)
4 Vrai (produits locaux frais)
5 Faux (on peut prendre des sodas / sucreries)
6 Vrai (jamais fermé)
7 Faux (cinéma à l'Institut Français, bientôt le Guimbi)
8 Faux (une salle climatisée)
9 Vrai (sauf le vendredi)
10 Faux (il y a plusieurs musées)

2b Les élèves relisent les paragraphes A–E et relèvent au moins une information supplémentaire sur chaque endroit.

Réponse suggérée :

A « La Bonne Miche » est la plus ancienne boulangerie de Bobo.
B À « L'Eau Vive », la nourriture est servie par des religieuses.
C « L'Entente » est le plus connu des maquis de Bobo.
D À l'Institut Français, il y a des concerts et des spectacles intéressants presque tous les jours.
E Le musée Sogossira Sanou présente une collection d'objets traditionnels.

3 Après avoir lu l'encadré sur le superlatif, les élèves relèvent tous les superlatifs dans les textes.

Réponse :

A la plus ancienne boulangerie, la meilleure, coûtent le moins, ont le plus de goût, la meilleure option
B le plus surprenant, on mange le mieux, le moins cher, le pire
C le plus connu et le plus sympa, la meilleure ambiance
D la plus belle salle climatisée
E je recommande le plus, la plus grande et la plus vieille

4 Les élèves écoutent le témoignage d'autres jeunes de Bobo Dioulasso (1–5). Ils définissent si ces jeunes sont d'accord avec Antoine et justifient leurs réponses.

Avant d'écouter, il serait souhaitable de faire un remue-méninges sur les façons d'exprimer l'accord, le désaccord et les opinions : *je (ne) suis (pas) d'accord, avoir raison, je trouve / pense que, personnellement, pour moi, à mon avis…*

Il est conseillé de faire écouter l'enregistrement deux fois. Selon le niveau de compréhension de la classe, l'enregistrement peut être interrompu après chaque témoignage.

Réponse :

1 pas d'accord (les viennoiseries sont aussi bonnes et moins chères au Bon Yaourt)
2 pas d'accord (le meilleur restaurant est l'Hôtel Algouta, la viande y est délicieuse, moins cher qu'à l'Eau Vive)
3 pas d'accord (le meilleur maquis est l'Océan, super sympa, on peut danser le dimanche matin)
4 d'accord (des choses intéressantes, par exemple des films, des spectacles, des concerts, des débats, et il y a une bibliothèque)
5 d'accord / pas d'accord (il faut voir la mosquée et le musée Sogossira Sanou, mais il faut visiter aussi le Grand Marché – quelle ambiance)

CD 02, Piste 09

1 – À ton avis, « La Bonne Miche » est-elle la meilleure boulangerie de Bobo pour les viennoiseries ?
– Non, moi je ne suis pas d'accord avec ça. Personnellement, je trouve que les viennoiseries sont aussi bonnes dans une autre boulangerie, au « Bon Yaourt » , et en plus là, elles sont moins chères.
– D'accord, merci.

2 – Est-ce que vous pensez que « L'Eau Vive » soit le meilleur restaurant de Bobo-Dioulasso ?
– Ah non, je ne suis pas d'accord du tout ! Pour moi, le meilleur restaurant de la ville, c'est le restaurant de l'hôtel « Algouta » , A-L-G-O-U-T-A. La viande y est délicieuse et tout coûte beaucoup moins cher qu'à « L'Eau Vive » .

3 – Est-ce que « L'Entente » , c'est le meilleur maquis pour aller boire un verre entre copains et écouter de la musique traditionnelle burkinabé ?
– Je ne pense pas que ce soit *le* meilleur maquis. Pour moi, le meilleur endroit, c'est « L'Océan » , c'est super sympa là-bas – et en plus, on peut aller danser le dimanche matin !

4 – Est-ce que tu trouves le programme de l'Institut Français intéressant ?
– Je trouve en effet qu'il se passe des choses intéressantes à l'Institut, des films, des spectacles, des concerts, mais aussi des débats et il y a une bibliothèque. Ce qui est dommage, c'est qu'elle soit fermée le week-end.

5 – Est-ce que tu es d'accord avec les recommandations d'Antoine sur les choses à faire et à voir à Bobo-Dioulasso ?
– Effectivement, il a raison, il faut voir la mosquée et le musée Sogossira Sanou. Il a juste oublié de mentionner le Grand Marché, au centre-ville. On y trouve de tout et quelle ambiance ! C'est aussi un endroit très intéressant !

5 À deux, les élèves imaginent qu'ils passent une journée à Bobo-Dioulasso. Ils se demandent où aller mais ils ne sont jamais d'accord. Chacun doit expliquer son choix et essayer de convaincre son a partenaire.

Encourager les élèves à utiliser des comparatifs lors de cette discussion.

LE SUPERLATIF

Voir aussi :
- Cahier d'exercices 10, 11
- 7.06 Le français à la loupe

6 En utilisant les points 1–5 de l'activité 1, en groupe ou individuellement, les élèves font des recherches et rédigent une présentation des « huit meilleurs endroits » dans leur ville ou dans une ville francophone de leur choix. Les encourager à ajouter d'autres catégories, par exemple : Où peut-on faire du sport ?

La présentation se fait ensuite oralement devant le reste de la classe. Elle peut se faire sous forme de PowerPoint ou de posters.

7.06 Le français à la loupe

Matériel :
- CD 02, Piste 10
- Cahier d'exercices 12–17

Décrire

Cette section grammaticale traite des aspects suivants :
- Comment faire une description ?
- Décrire avec des adjectifs (et des adverbes)
- Certains adjectifs de couleur sont invariables
- La place des adjectifs
- Décrire avec un nom + un complément de nom
- Décrire avec un nom + une subordonnée relative

1 Les élèves remettent les phrases dans l'ordre.

Si besoin est, indiquer aux élèves que le premier mot commence par une lettre majuscule et que le dernier mot est suivi d'un point (.).

Réponse :
1 C'est un garçon vraiment très sympa.
2 Ma cousine est assez grande et mince. / Ma cousine est grande et assez mince.
3 J'habite dans un petit appartement confortable mais particulièrement bruyant.

2 Les élèves relisent les textes de l'unité (7.02–7.05) et repèrent des exemples de compléments de nom et de subordonnées relatives.

Comparer

Cette section grammaticale traite des aspects suivants :
- Comment faire une comparaison ?
  - On peut utiliser une expression
  - On peut utiliser la forme comparative
  - On peut utiliser la forme superlative

3 Les élèves écrivent des phrases selon le modèle et en utilisant les expressions données : *comme, le / la / les même(s) que, se ressemblent, similaire(s) à, différent(e)(s) de, par rapport à.*

4 Les élèves écrivent trois versions de chaque phrase en utilisant des comparatifs.

Réponse :
1 Il est plus / moins / aussi travailleur que moi.
2 Il travaille plus / moins / aussi vite que moi.
3 Il a plus / moins / autant de travail que moi.
4 Il travaille plus / moins / autant que moi.

5 🖉 Les élèves écrivent deux versions de chaque phrase en utilisant des superlatifs.

Réponse :

1. Il est le plus / le moins travailleur d'entre nous.
2. Il travaille le plus / le moins vite.
3. Il a le plus / le moins de travail.
4. Il travaille le plus / le moins.

Comment ça se dit ?

6 🔊 Les élèves écoutent les 13 phrases. Ils indiquent s'ils entendent :

a plus = [plu] ; **b** plus = [pluss] ; **c** plus = [pluz].

Il est conseillé de faire écouter l'enregistrement deux fois. Selon le niveau de compréhension de la classe, l'enregistrement peut être interrompu après chaque phrase.

Réponse :
1 b, **2** a, **3** a, **4** c, a, **5** c, **6** a, **7** a, **8** c, **9** b, **10** b, **11** c, c, **12** a, a, **13** c, b

> 🔊 **CD 02, Piste 10**
>
> 1. Nina aimerait avoir plus de temps libre le week-end.
> 2. Le soir, Nina n'a plus le temps de faire ses devoirs.
> 3. Mon frère ne veut plus jouer au football.
> 4. Il ne veut plus aller à la piscine non plus.
> 5. La maison est plus agréable en été qu'en hiver.
> 6. Prenez ma chambre, elle est plus confortable.
> 7. Tu peux marcher plus vite, s'il te plaît ?
> 8. Tu fais ça plus adroitement que moi.
> 9. Si tu travailles plus, tu réussiras mieux.
> 10. J'ai plus de temps que toi pour me reposer.
> 11. Plus elle dort, plus elle est fatiguée.
> 12. C'est vrai que plus nous travaillons, plus nous progressons.
> 13. Il faut de plus en plus de patience avec les enfants.

> **VARIATION**
> - Cette activité peut se faire sous forme de dictée.
> - À deux, les élèves peuvent aussi dicter les 13 phrases à leur partenaire.

7.07 Le parfait linguiste

Comment reconnaître les mots dans une phrase ?

1a 📖 Après avoir lu les explications, les élèves indiquent quelle sorte de mots il manque dans les blancs de chaque phrase (1–7).

Réponse :
1 adjectif, **2** verbe, **3** nom, **4** adverbe, **5** conjonction, **6** pronom, **7** déterminant

1b 🖉 Les élèves trouvent des mots pour remplir les blancs (1–7). Leur rappeler de faire attention à l'accord des noms, des adjectifs et des verbes.

Donner des exemples aux élèves s'ils en ont besoin :

Réponse suggérée :
1 heureux / soulagé / déçu…, **2** a passé / a eu, **3** hôtel / endroit, **4** vite / rapidement, **5** mais / par contre, **6** qui, **7** cet

Faites vos preuves !

Cette activité permet aux élèves de s'entraîner à la compréhension écrite.

1 📖 Les élèves lisent le texte.

2 🖉 Les élèves complètent les phrases (1–5) avec des mots de l'encadré. Les faire réfléchir sur la nature des mots manquants (adjectif, nom, verbe…) en prenant en compte le reste de la phrase.

Réponse :
1 campagne, **2** près, **3** tourisme, **4** repas préparés, **5** fermé

8 L'école, et après ?

Au sommaire

Thème : éducation et formation après 16 ans

Points lexicaux
- la scolarité après 16 ans
- les examens
- l'orientation
- l'université
- l'année sabbatique

Grammaire
- révision des temps (présent, passé, futur)
- révision du conditionnel présent
- le participe présent et le gérondif
- la voix passive au présent

Stratégie
- repérer les indices quand on écoute

1 Les élèves regardent la photo et lisent la légende sur le lycée Joseph-Savina en Bretagne. Ils expliquent s'ils aimeraient aller dans un tel lycée.

2 Les élèves mettent par ordre d'importance les propositions données et justifient leur choix. Cette activité peut se faire individuellement ou en groupe.

Pour plus d'informations, consulter le site web du lycée Joseph-Savina (www.lycee-savina.fr).

En fin d'unité, les élèves peuvent revenir sur cette page pour refaire les activités 1 et 2 et comparer leurs réponses.

8.01 La langue dans la poche !

Quiz

À noter : Dans cette section, les élèves réviseront les différents temps des verbes étudiés depuis le début du programme.

Pour chaque section de ce questionnaire, encourager les élèves à créer et à préparer leurs propres questions et exemples.

A Révision du présent (Unité 1).

Réponse :
1 c, **2** a, **3** b, **4** d

B Révision du passé composé et de l'accord du participe passé (Unité 3).

Réponse :
1 c, **2** b, **3** d, **4** c

C Révision du passé et du futur (Unités 3–4).

Réponse :
1 c, **2** b, **3** a, **4** d

D Révision du conditionnel (Unité 4).

Réponse :
1 d, **2** b, **3** a, **4** c

E Révision de la négation (Unité 5).

Réponse :
1 c, **2** b, **3** c, **4** c

La course aux médailles

Cette section a pour but d'entraîner les élèves à répondre avec aisance à l'oral comme à l'écrit à des situations typiques de la vie quotidienne.

Les six activités ont pour but de faire réviser aux élèves des thèmes étudiés lors des unités précédentes. Elle peuvent se faire individuellement ou en groupe.

Avant de répondre aux questions, les élèves révisent (à la maison ou en classe, sous forme de remue-méninges) les thèmes suivants : comment se rendre au collège, les matières, les devoirs, les équipements du collège et le collège idéal.

Chaque groupe de questions est présenté par ordre de difficulté, allant du bronze à l'or. Outre l'aspect compétitif, veiller à la précision des réponses, aux fautes de grammaire, d'orthographe, etc.

Les élèves doivent particulièrement prêter attention à l'utilisation des différents temps des verbes. Les fautes sont décomptées dans la course aux médailles.

Les élèves peuvent répondre aux trois questions d'une même section. Les encourager à commencer par les questions en bronze pour ensuite passer aux niveaux supérieurs si leurs réponses sont satisfaisantes.

Encourager les élèves qui en ont besoin à préparer les questions en or à la maison, à l'aide d'un dictionnaire. Encourager les élèves ayant plus de facilités à créer leurs propres questions sur d'autres thèmes déjà étudiés.

Réponse suggérée :

1 Bronze : Dites comment vous allez à l'école le matin.

Chaque matin, je vais à l'école à pied.

Argent : Dites comment vous allez à l'école et donnez une opinion.

Chaque matin, je vais à l'école à pied. C'est fatigant parce que j'habite assez loin. J'aime aller à l'école en voiture parce que je peux partir plus tard de chez moi.

Or : Dites comment vous allez à l'école et comment vous alliez à l'école primaire.

Chaque matin, je vais à l'école en bus. J'aime bien le bus parce que c'est rapide et je retrouve mes copains. Comme j'habitais très près de mon école primaire, j'y allais à pied.

8.02 Les choix à 16 ans

Matériel :
- CD 02, Piste 11
- Cahier d'exercices 1, 2

Continuer ses études ou se préparer à la vie active ?

Avant de commencer ces activités :

- se référer à l'infographie sur l'enseignement en France dans l'Unité 1 (section 1.04)
- faire réfléchir les élèves aux questions ou problèmes qui peuvent se présenter aux collégiens au moment de leur transition vers le lycée. Suggérer d'autres problématiques aux élèves : pression parentale, manque d'argent… Les élèves font une liste.

1a Les élèves lisent les messages de Najat, Félix et Omar et définissent qui parle des sujets donnés (1–12). Certains sujets peuvent s'appliquer à plus d'une personne.

Réponse :
1 Najat, Félix, **2** Najat, **3** Najat, Félix, **4** Najat, Félix, Omar, **5** Najat, Félix, Omar, **6** Félix, **7** Félix, **8** Félix, **9** Najat, Félix, Omar, **10** Félix, **11** Omar, **12** Omar

1b Avec la classe entière, les élèves comparent les problématiques de l'activité 1 avec celles qui sont ressorties de la discussion initiale.

Ils peuvent aussi mettre les thèmes en ordre d'importance en ce qui les concerne.

2 Les élèves classent les expressions soulignées dans le texte selon les catégories données.

Réponse :

Opinions négatives : je n'en ai pas du tout envie ; les profs sont toujours sur notre dos ; ils nous traitent comme des gamins

8 L'école, et après ?

Attitudes positives : j'ai hâte de ; je pourrai prendre un nouveau départ ; j'ai le projet d'aller ; les profs nous traitent comme des adultes ; je suis content d'y aller ; j'aurai plus de liberté ; il y a un grand choix de ; on a une plus grande ouverture sur le monde ; ça ne me dérange pas ; ce qui m'intéresse, c'est de ; obtenir des diplômes ; améliorer mes chances dans la vie ; ça ouvre des portes ; je suis impatient de

Exprimer l'inquiétude : je suis (un peu) inquiet ; je risque d'être perdu ; il faut apprendre à s'organiser

3 Activité à deux : Chaque élève rédige un petit texte avec au moins six expressions de l'activité 2. Il retire un mot de chaque expression et échange avec son partenaire qui complète les expressions.

L'objectif de cette activité est de permettre aux élèves de commencer à manipuler ces expressions en fonction de ce qu'ils veulent dire.

Exemple :
L'ambiance est mauvaise parce que les [profs] sont toujours sur notre dos. J'ai vraiment hâte de [partir]. Je voudrais des profs qui [traitent] les étudiants comme des adultes…

4 Les élèves écoutent quatre jeunes (Quentin, Aïssa, Mia et Cyril) qui parlent de leurs projets à 16 ans. Ils notent les six affirmations qui sont vraies.

Cette activité permet aux élèves de s'entraîner à la compréhension orale.

Il est conseillé de faire écouter l'enregistrement deux fois. Selon le niveau de compréhension de la classe, l'enregistrement peut être interrompu après chaque témoignage.

Réponse :
Les six affirmations vraies sont :

Quentin : a, b ; Aïssa : e ; Mia : h ; Cyril : j, k

🔊 **CD 02, Piste 11**

Quentin, France

Bonjour ! Je m'appelle Quentin et j'habite à Paris. L'année prochaine, je rentre en seconde mais je reste dans l'établissement où je suis depuis cinq ans, puisque c'est un collège-lycée. C'est pratique, parce que ce n'est pas loin de chez moi. Je suis content parce que la plupart de mes copains restent aussi. Par contre, j'espère que j'aurai de nouveaux profs en seconde. Les profs cette année, en troisième, ils nous traitent vraiment comme des gamins.

Aïssa, République démocratique du Congo

Salut ! Moi, c'est Aïssa, de Kinshasa. J'ai fini l'école et en septembre, je pars dans un centre de formation professionnelle. Mon projet, c'est de préparer un CAP, un certificat d'aptitude professionnelle, en informatique. Ça prend deux ans, ce n'est pas trop long. Je suis impatiente de commencer ! Si je restais chez moi, je devrais m'occuper de mes frères et sœurs et je n'ai pas du tout envie de faire ça.

Mia, Québec

Bonjour ! Je suis Mia, et j'habite à Montréal. L'année prochaine, je pars au cégep. C'est pratique, parce qu'il n'est pas très loin. Je peux y aller à pied, je n'aurai pas besoin de faire un long trajet en bus. J'ai hâte d'aller au cégep, c'est un environnement très différent. On a plus de liberté qu'à l'école secondaire. Pour moi, ce n'est pas un problème. Je suis déjà bien organisée et je suis contente d'avoir plus d'autonomie.

Cyril, Belgique

Salut ! Je m'appelle Cyril, de Bruxelles. L'année prochaine, les choses ne vont pas beaucoup changer pour moi. Je reste dans la même école. Je vais préparer le CESS, le certificat d'enseignement secondaire supérieur. C'est comme le bac en France. On a de bons profs à l'école, des profs sympa, donc je suis content de rester. Par contre, l'ambiance n'est pas très bonne dans la classe. Si je pouvais, je préférerais me faire de nouveaux copains !

5 🔊 Les élèves réécoutent les témoignages de Quentin, Aïssa, Mia et Cyril. Ils retrouvent les sujets 1–12 de l'activité 1.

Réponse :

Personne ne parle des sujets 7 et 11 :

1 Quentin, Mia, **2** Cyril, **3** Quentin, Cyril, **4** Cyril, **5** Aïssa, Mia, **6** Quentin, **8** Mia, **9** Mia, **10** Mia, **12** Aïssa

6 💬 En groupe, les élèves discutent de ce qui est le mieux : rester dans le même établissement ou changer. La classe peut être divisée en deux, un groupe étant favorable à rester dans le même établissement et l'autre favorable au changement.

7 📝 Les élèves rédigent un message et expliquent leurs projets pour l'année prochaine. Ils doivent justifier leurs opinions et donner des raisons.

Attirer leur attention sur le fait qu'une bonne réponse à la question utilisera le futur et le conditionnel.

Fixer une longueur minimum en fonction des capacités des élèves, en commençant par une cinquantaine de mots.

> **LES TEMPS**
>
> Petite récapitulation au sujet des temps. Voir aussi :
> - Cahier d'exercices 1, 2
> - 4.06 et 8.06 Le français à la loupe

8.03 Le bac et la fac

> **Matériel :**
> - CD 02, Piste 12
> - Cahier d'exercices 3–5
> - Fiches 8.01, 8.02

Étudier, oui, mais quoi ?

1 📖💬 Les élèves lisent les messages de Mathieu, Juliette, Hoang et Karima. Ils décident à qui correspondent les questions 1–9.

Pour chaque réponse, demander aux élèves de donner autant de justifications que possible.

À noter : Expliquer le sens de *fac (faculté)* : université.

Exemple : 1 Mathieu est sûr de sa voie. Justifications : « je choisis donc une voie scientifique et je vais étudier… » ; « en continuant dans cette voie, je pourrais devenir… » ; « c'est un rêve d'enfance »

Réponse :

1 Mathieu, Hoang, Karima, **2** Juliette, **3** Juliette, Karima, **4** Juliette, **5** Juliette, **6** Juliette, **7** Hoang, **8** Hoang, **9** Hoang, Karima

2 📖📝 Les élèves relisent les messages de Mathieu, Juliette, Hoang et Karima. Ils répondent aux questions d'une conseillère d'orientation pour les quatre jeunes, en utilisant la Fiche 8.01.

À noter : Les auteurs des messages ne répondent pas à toutes les questions. Expliquer aux élèves qu'ils peuvent laisser des cases vides, ou écrire *Pas mentionné* s'ils pensent que l'auteur du message ne s'exprime pas sur ce sujet.

Réponse :

Mathieu	
Que voudrais-tu étudier ?	les maths, la physique, la chimie
Pourquoi ?	les maths, je trouve ça passionnant, c'est mon point fort
Qu'est-ce que tu vas étudier à l'université ?	les maths, la physique, la chimie, l'astrophysique
Tu vas étudier dans une université près de chez toi ou loin de chez toi ?	pas mentionné
Juliette	
Que voudrais-tu étudier ?	je ne sais pas encore / je ne suis pas sûre
Pourquoi ?	je n'ai pas de point fort, je suis moyenne dans toutes les matières, c'est difficile de faire un choix aussi important à 16 ans
Qu'est-ce que tu vas étudier à l'université ?	pas mentionné
Tu vas étudier dans une université près de chez toi ou loin de chez toi ?	pas mentionné

8 L'école, et après ?

Hoang	
Que voudrais-tu étudier ?	les langues
Pourquoi ?	j'aime beaucoup voyager, j'aime bien les langues, on parle vietnamien à la maison, j'ai étudié l'espagnol et l'anglais à l'école, je suis bon en langues
Qu'est-ce que tu vas étudier à l'université ?	les langues
Tu vas étudier dans une université près de chez toi ou loin de chez toi ?	dans une université près de chez moi (Montréal), mais je voudrais passer un an à l'étranger pendant mes études (en Europe)
Karima	
Que voudrais-tu étudier ?	les sciences
Pourquoi ?	ce qui m'intéresse dans la vie, c'est l'écologie et la protection de l'environnement
Qu'est-ce que tu vas étudier à l'université ?	peut-être l'écologie et la protection de l'environnement
Tu vas étudier dans une université près de chez toi ou loin de chez toi ?	peut-être dans une université près de chez moi (la fac d'Aix-en-Provence)

3 Les élèves relisent les messages de Mathieu, Juliette, Hoang et Karima et notent les centres d'intérêt et les aptitudes. Ils comparent leur liste avec celle de leur partenaire.

Réponse :

Centres d'intérêt : les maths, je trouve ça passionnant ; l'astronomie, c'est un rêve d'enfance ; j'aime beaucoup voyager ; j'aime bien les langues ; ce que j'aimerais, c'est aller à l'université à Montréal ; si je peux, je passerai un an en Europe pendant mes études ; je sais ce qui me motive dans la vie : la protection de l'environnement ; c'est une formation qui me plairait beaucoup

Aptitudes : c'est mon point fort ; je n'ai pas vraiment de point fort ; je suis moyenne dans toutes les matières ; je suis plutôt bon en langues ; je dois améliorer mes notes en sciences

4 Les élèves répondent aux questions de Sophie en utilisant la Fiche 8.02.

Dans cette première activité de production écrite, les élèves écrivent des phrases courtes et simples, suivant le modèle des réponses qu'ils ont données (et vérifiées / corrigées avec le professeur) dans l'activité 2.

5 Après avoir étudié les explications au sujet du participe présent dans l'encadré *Grammaire*, les élèves relisent les messages de Juliette et Sophie et trouvent cinq manières de s'informer.

Réponse :

en lisant des fiches d'information sur Internet, en bavardant avec mes copains, en discutant avec mes parents, en consultant de bons sites web, en parlant aux conseillers d'orientation

---

LE PARTICIPE PRÉSENT

Voir aussi :
- Cahier d'exercices 3–5
- 8.06 Le français à la loupe

---

6 Les élèves relisent les cinq messages et trouvent d'autres exemples de participe présent.

Réponse :

en continuant dans cette voie, en étudiant à l'étranger, en regardant une émission

7a Les élèves écoutent Clara parler de ses projets. En utilisant la Fiche 8.02, ils répondent aux questions de l'activité 2 pour Clara.

Il est conseillé de faire écouter l'enregistrement deux fois. Selon le niveau de compréhension de la classe, l'enregistrement peut être interrompu après chaque réponse à chaque question.

Réponse :

Nom : Clara	
Que voudrais-tu étudier ?	la série scientifique : les sciences, les maths, la chimie
Pourquoi ?	je suis bonne en sciences ; j'aime les maths et la chimie
Qu'est-ce que tu vas étudier à l'université ?	la médecine
Tu vas étudier dans une université près de chez toi ou loin de chez toi ?	loin de chez moi, probablement Marseille ; pour étudier la médecine, il faut aller à la fac en France

🔊 **CD 02, Piste 12**

– Clara, tu es en quelle classe dans ton lycée à Nouméa ?
– Je suis en seconde, donc en septembre je vais rentrer en première.
– Qu'est-ce que tu voudrais étudier ?
– Le choix quand on rentre en première, c'est entre la série littéraire, la série scientifique ou la série économique et sociale. Je ne suis pas encore sûre, mais je pense que je vais choisir la série scientifique.
– La série scientifique ? Pourquoi ?
– Parce que je suis bonne en sciences. La série scientifique est plus difficile que les autres séries, c'est vrai, mais j'aime beaucoup les maths et la chimie.
– Et après le bac ? Tu vas à l'université ?
– Oui, je pense que oui.
– Tu iras à la fac ici, en Nouvelle-Calédonie ?
– Je pourrais étudier ici, en Nouvelle-Calédonie, et rester près de ma famille. Il y a une bonne université à Nouméa, où je pourrais étudier les sciences, ou l'informatique. Mais ce qui m'intéresse, c'est la médecine. Pour étudier la médecine, il faut aller à la fac en France.
– C'est loin, la France ! Cela ne t'inquiète pas ?
– Si j'allais en France, je serais loin de ma famille, c'est vrai, mais ce serait enrichissant. En partant en France, j'apprendrais à voler de mes propres ailes !
– Dans quelle université iras-tu, si tu vas en France ?
– Probablement Marseille. C'est très loin, la France, bien sûr, mais ce n'est pas un pays étranger. On y parle français, après tout !

7b 🔊 Les élèves réécoutent le témoignage de Clara et répondent aux questions données.

Il est conseillé de faire écouter l'enregistrement deux fois.

À noter : Préciser si nécessaire la location et le statut de la Nouvelle-Calédonie : cette collectivité (ancien territoire d'outre-mer) située en Mélanésie relève de la souveraineté française. Elle dispose maintenant d'un statut particulier de large autonomie, différent des collectivités d'outre-mer.

Réponse :
1. les sciences, l'informatique
2. la médecine
3. Non, pas vraiment : elle pense que ce serait enrichissant / elle apprendrait à voler de ses propres ailes / ce n'est pas un pays étranger et tout le monde parle français.

8 💬 En groupe, les élèves expliquent à quel(s) jeune(s) (Mathieu, Juliette, Hoang, Karima ou Clara) ils s'identifient. Ils justifient leur opinion.

9 📖💬 Après avoir relu les sections 8.02 et 8.03, les élèves préparent une présentation pour des étudiants francophones en visite dans leur école. Ils doivent parler du système et des choix possibles.

Les élèves peuvent faire cette présentation oralement devant le reste de la classe.

8.04 Gros plan sur… les examens

Matériel :
- CD 02, Piste 13
- Cahier d'exercices 6–9

L'examen : torture ou défi à relever ? Faites le quiz.

1 📖💬 Les élèves lisent le quiz. Puis, à deux, ils donnent et comparent leurs réponses.

VARIATION

Chaque élève devine d'abord la réponse de son / sa partenaire.

Exemple :
A *Pour la question 1, je pense que tu vas choisir c. Tu stresses toujours, toi !*
B *C'est vrai, tu as raison… Et je pense que tu vas choisir…*

L'avis du prof

2a 📖💬 Les élèves lisent *L'avis du prof*. À deux, ils font correspondre les conseils du prof avec les attitudes décrites dans le quiz.

2b 💬 À deux, les élèves ajoutent leurs propres conseils à ceux du prof.

Avant de faire les activités qui suivent, s'assurer que les élèves ont compris le vocabulaire présent dans les textes, par exemple : *notes, fiche de révision, à jour, examen blanc, passer un examen, réussir à un examen, échouer à un examen / rater un examen, remettre à plus tard, stresser…*

3a 🔊 Après avoir lu les questions posées à Lætitia (1–7), les élèves écoutent son témoignage et notent ses réponses.

Il est conseillé de faire écouter l'enregistrement deux fois. Selon le niveau de compréhension de la classe, l'enregistrement peut être interrompu après chaque réponse.

Réponse :
voir la transcription

> 🔊 **CD 02, Piste 13**
> – Bonjour Lætitia ! Je sais que tu es très occupée, mais j'ai quelques questions rapides pour toi.
> – OK !
> – Alors, en général, quelle est ton attitude vis-à-vis des examens ? Que penses-tu des examens ?
> – Je ne suis pas fan, bien sûr. Personne n'est fan des examens ! Mais si on veut avoir un diplôme, c'est indispensable. Comme plus tard je veux aller à l'université, j'ai besoin de diplômes.

> – Comment sont organisées les révisions dans ton lycée ?
> – Alors, les dates d'examens blancs sont données au début du trimestre. Après, les élèves s'organisent comme ils veulent. Moi, je suis plutôt bien organisée… Mon planning de révision pour le trimestre est préparé !
> – D'accord ! Alors, à ton avis, es-tu bien aidée à l'école ?
> – Oui, ça va. Par exemple, nous faisons nos propres plannings de révision, mais ensuite les plannings sont vérifiés par les profs.
> – Qu'est-ce qui t'inquiète le plus en période d'examen ?
> – Le jour de l'examen, c'est d'avoir un sujet que je n'ai pas préparé, ou que j'ai mal préparé.
> – Qu'est-ce qui t'aide le plus, en général ?
> – Ce qui m'aide le plus, c'est d'avoir des fiches de révision bien préparées. Mes fiches de révision sont plus utiles que les guides de révision qui sont vendus dans les librairies. Quelquefois, je fais mes fiches sur l'ordi, parce que j'aime avoir des fiches bien claires et faciles à lire. Si je pouvais, je les préparerais toutes sur l'ordi, mais je n'ai pas le temps.
> – Qu'est-ce qui t'encourage le plus ?
> – Ce qui m'encourage, c'est de réviser en groupe… mais avec un prof. Le prof de maths organise des groupes de révision, par exemple. Ce n'est pas obligatoire, mais les élèves dans le groupe sont tous sérieux et motivés.
> – Tu penses que tu es bien préparée pour l'université ? Comment ?
> – Oui, je pense que l'école m'a bien préparée pour l'université. J'ai appris à prendre des notes pendant les cours, à m'organiser pour faire mes devoirs et à réviser pour les examens. À la fac, on n'est pas encadré comme à l'école. C'est important de savoir s'organiser.
> – Merci d'avoir répondu à mes questions, et bonne chance pour les examens.
> – Merci !

3b 💬 Cette activité peut se faire à deux, en groupe ou en classe.

Donner le script de l'enregistrement aux élèves. Ils choisissent une des réponses de Lætitia et expliquent pourquoi c'est pareil ou différent pour eux.

> **APPROFONDISSEMENT**
>
> L'interview de Lætitia se prête aussi à des questions plus précises que le professeur peut préparer :
>
> 1. Lætitia aime-t-elle les examens ?
> 2. D'après elle, pourquoi a-t-on besoin de passer des examens ?
> 3. Quand sont données les dates d'examens blancs ?
> 4. Comment prépare-t-elle ses fiches de révision ?
> 5. Que fait le prof de maths pour aider ses élèves ?
> 6. Quelle différence Lætitia fait-elle entre l'école et l'université ?

4 Les élèves rédigent leurs propres réponses aux questions de l'activité 3a. Les réponses ne doivent pas forcément être aussi longues que celles de Lætitia.

Encourager les élèves à structurer leurs réponses en utilisant les mêmes expressions que Lætitia : *ce qui m'encourage…, ce qui m'aide le plus…*

> **LA VOIX PASSIVE**
>
> Voir aussi :
> - Cahier d'exercices 6–9
> - 8.06 Le français à la loupe

8.05 Enquête : l'année sabbatique

> **Matériel :**
> - CD 02, Piste 14
> - Cahier d'exercices 10–14

À noter :
Dans les pays anglo-saxons, beaucoup de jeunes prennent une année sabbatique entre le lycée et l'université.

En France, les jeunes sont encouragés à passer un an dans une université à l'étranger, par exemple dans le cadre d'Erasmus, le programme de l'Union européenne.

Le nom complet de Vivre Sans Frontière est : AFS (American Field Service) Vivre Sans Frontière.

Avant de commencer :

Discussion de classe : à faire éventuellement dans la langue d'apprentissage, à l'appréciation de l'enseignant, pour que les élèves comprennent le concept de l'année sabbatique avant de commencer à lire le texte et les témoignages.

Questions suggérées :
- Est-ce que vous connaissez des gens qui ont pris une année sabbatique ?
- Qu'est-ce qu'ils ont fait ?
- Est-ce qu'ils ont aimé l'expérience ?
- Aimeriez-vous prendre une année sabbatique ? Pourquoi ? Pourquoi pas ? Que feriez-vous ?

L'année sabbatique : nouveaux horizons ou année perdue ?

1 Après avoir lu l'article, les élèves font deux listes d'expressions utiles pour parler des thèmes a et b ci-dessous et soulignent les verbes.

Réponse :

a   les projets ou objectifs pour une année sabbatique réussie (paragraphes 2 et 4) :

partir en séjour linguistique, **faire** un stage en entreprise, **participer** à une action humanitaire, **voyager**, **se familiariser** avec d'autres cultures, **apprendre** une langue étrangère, **découvrir** un pays ou un métier, **faire** du bénévolat

b   les avantages d'une année sabbatique (paragraphe 6) :

on **élargit** ses horizons, on **obtient** de l'expérience, on **apprend** à se connaître, on se **donne** des objectifs précis, on **sera** plus mûr, on **pourra** prendre de meilleures décisions pour son avenir

> **APPROFONDISSEMENT**
>
> Cette activité s'adresse aux élèves plus à l'aise. Les élèves relisent le paragraphe 4 et définissent quels objectifs correspondent aux projets du paragraphe 2.
>
> S'assurer que les élèves repèrent et soulignent les verbes, à l'infinitif ou conjugués. Cela les aidera à manipuler et réutiliser ces expressions dans les activités de production écrite ou orale.
>
> **Réponse :**
> apprendre une langue étrangère – partir en séjour linguistique
>
> découvrir un pays – voyager, se familiariser avec d'autres cultures
>
> découvrir un métier – faire un stage en entreprise
>
> faire du bénévolat – participer à une action humanitaire

8 L'école, et après ?

2 Cette activité permet aux élèves de s'entraîner à la compréhension écrite.

Les élèves relisent le témoignage d'Emma et complètent les phrases (1–5) avec les mots de la grille.

Réponse :
1 sûre, **2** vivre, **3** la semaine, **4** bonne, **5** les sciences

3 Les élèves relisent les paragraphes 4 et 5 et définissent deux risques d'une année sabbatique. Ils trouvent des exemples dans l'histoire de Léo.

Cette activité peut se faire sous forme de discussion :

Exemple :
Il faut avoir un projet précis. Léo n'avait pas de projet précis et il a perdu son temps.

Il faut reprendre ses études. Léo n'a pas voulu. Maintenant, il n'a pas de diplôme et il est au chômage.

4a Les élèves écoutent les témoignages de Samia et Raphaël. Ils décident à qui correspondent les questions données (1–8).

Il est conseillé de faire écouter l'enregistrement deux fois. Selon le niveau de compréhension de la classe, l'enregistrement peut être interrompu après chaque témoignage.

À noter : Le nom complet de l'organisation est : Chantiers Internationaux Solidarités Jeunesses.

Réponse :
1 Samia, **2** Raphaël, **3** Raphaël, **4** Samia, **5** Samia, Raphaël, **6** Samia, **7** Raphaël, **8** Raphaël

4b Les élèves réécoutent les témoignages de Samia et Raphaël. Ils font correspondre leur année sabbatique avec les projets, les avantages et les objectifs de l'activité 1.

Réponse :
Samia : participer à une action humanitaire, voyager, se familiariser avec d'autres cultures ; on élargit ses horizons, on obtient de l'expérience, on apprend à se connaître, on se donne des objectifs précis, on sera plus mûr, on pourra prendre de meilleures décisions pour son avenir

Raphaël : faire un stage en entreprise ; on élargit ses horizons, on obtient de l'expérience, on apprend à se connaître, on se donne des objectifs précis, on sera plus mûr, on pourra prendre de meilleures décisions pour son avenir

4c Ils expliquent ce qui est surprenant dans la décision de Raphaël.

Réponse :
Ce qui est surprenant dans la décision de Raphaël, c'est qu'il aime la peinture et le dessin et il fait un stage intéressant dans un atelier d'artiste. Pourtant, il décide d'étudier les sciences de l'environnement à la fac.

CD 02, Piste 14

Samia

Je m'appelle Samia. Après le bac, je ne voulais pas enchaîner école – fac – premier emploi – famille… J'avais envie de découvrir le monde. Je me suis donc inscrite aux Chantiers Internationaux, qui sont destinés aux jeunes adultes comme moi. Je suis partie au Togo, en Afrique de l'Ouest.

Le chantier consistait à fabriquer et réparer l'équipement d'une école primaire, par exemple des tables, des chaises et des tableaux de classe. Surtout, nous avons rencontré la population du village. Nous avons appris à connaître les familles et nous avons beaucoup joué avec les enfants.

Le bilan de mon année sabbatique est vraiment positif. J'ai fait la connaissance de gens de pays et d'horizons différents, et j'ai découvert ce que j'étais capable de faire. Je suis maintenant inscrite en fac et en octobre, je vais reprendre mes études. Si je pouvais, j'aimerais retourner en Afrique. Peut-être pendant les vacances…

Raphaël

Moi, je suis Raphaël. Après l'école, je ne savais pas ce que je voulais faire parce que j'ai beaucoup de centres d'intérêt. À l'école, j'aimais bien les SVT, les sciences de la vie et de la terre, les questions d'environnement… Mais surtout je suis artiste. J'aime la musique, j'aime aussi peindre et dessiner.

Pour mon année sabbatique, j'ai trouvé un stage original, un stage dans un atelier d'artiste. C'était une bonne expérience. Comme c'était un petit atelier, je faisais un peu de tout : je nettoyais, je rangeais, je répondais au téléphone… Si j'avais du temps à la fin de la journée, je faisais aussi de la peinture. J'ai beaucoup parlé avec Louis, mon maître de stage, qui était très sympa, et j'ai rencontré de nombreux artistes.

À la fin de mon stage, j'ai compris que j'aimais beaucoup la création artistique… mais pas pour en faire mon métier. En fait, j'ai choisi d'étudier les sciences de l'environnement et je commence la fac en octobre. La peinture, ce sera pour le week-end !

LES TEMPS : PARLER DU PASSÉ, DU PRÉSENT, DE L'AVENIR, DE LA CONDITION

Voir aussi :
- Cahier d'exercices 10–14
- 8.06 Le français à la loupe

---

5 💬 📝 Les élèves discutent des années sabbatiques et écrivent ensuite un paragraphe pour expliquer leur point de vue.

À l'oral :
- Noter les avantages et les inconvénients qui ressortent de la discussion avec la classe entière, surtout s'ils sont différents ou plus originaux que ceux présentés dans le texte, pour que les élèves puissent se les approprier et les réutiliser dans le travail écrit.
- Noter les projets mentionnés par les élèves. Demander à la classe de voter pour les meilleurs / les moins bons / les plus originaux / les moins convaincants : *Pendant mon année sabbatique, je voudrais faire des recherches chez moi sur les jeux vidéo…*
- Encourager l'expression du passé, si les élèves ont des expériences passées en rapport avec le sujet.
- Encourager fortement l'expression du conditionnel : *Si je pouvais, je participerais à une expédition au Pôle Nord.*

À l'écrit :
Diriger les élèves vers un site de discussion francophone approprié pour ajouter contexte et motivation à leur travail écrit.

Les élèves peuvent consulter les sites suivants :
- le Centre d'Information et de Documentation Jeunesse (www.cidj.com / dossier / prendre-une-annee-sabbatique-vos-temoignages)
- Jeunes à l'étranger (www.jeunes-a-l-etranger.com / voyage / annee-sabbatique-etranger)

8.06 Le français à la loupe

Matériel :
- CD 02, Piste 15

Comment utiliser les temps ?

Cette section grammaticale traite des aspects suivants :
- le présent
- le passé composé
- l'imparfait
- l'imparfait et le passé composé dans la même phrase
- le futur simple et le futur avec *aller*
- Exprimer la condition

1 💬 L'élève A commence une phrase au conditionnel et l'élève B la termine, puis c'est au tour de l'élève C, et ainsi de suite.

Exemple :
A : *Si j'étais astronaute, …*
B : *… j'irais en vacances sur la lune. Si j'étais prof, …*
C : *… je donnerais des bonbons aux élèves. Si…*

La voix passive au présent

Cette section grammaticale traite des aspects suivants :
- Quand employer la voix passive ?
- Comment former la voix passive ?

Le participe présent

Cette section grammaticale traite des aspects suivants :
- Quand employer le participe présent ?
- Comment former le participe présent ?

2 💬 Les élèves font un jeu de mémoire et utilisent un participe présent pour expliquer comment réviser pour les examens.

Exemple : A : *On révise pour les examens en préparant des notes* ; B : *en préparant des notes et en lisant le livre* ; C : *en préparant des notes, en lisant le livre et en…*

Comment ça se dit ?

3 🔊 Les élèves écoutent les phrases (1–12) et définissent s'ils entendent un participe présent, un participe passé, les deux, ou aucun. Ils donnent l'infinitif du verbe pour chaque phrase.

Il est conseillé de faire écouter l'enregistrement deux fois. Selon le niveau de compréhension de la classe, l'enregistrement peut être interrompu après chaque phrase.

Réponse :
1 participe présent (écouter), **2** participe passé (sortir), **3** participe présent (bavarder), **4** participe passé (choisir), participe présent (passionner), **5** participe passé (parler), participe présent (attendre), **6** participe présent (discuter), **7** participe présent (entrer), participe passé (voir), **8** aucun, **9** participe présent (étudier), participe passé (apprendre), **10** participe passé (découvrir), **11** aucun, **12** participe passé (aider), participe présent (corriger)

🔊 **CD 02, Piste 15**

1 Je m'informe en écoutant la radio.
2 Ils sont vite sortis de la salle.
3 Elles rentrent chez elles en bavardant.
4 J'ai choisi l'écologie parce que c'est un sujet passionnant.
5 On a beaucoup parlé en attendant le bus.
6 C'est en discutant qu'on apprend le plus de choses.
7 En entrant dans la salle, j'ai vu mon prof de maths.
8 Les séjours linguistiques, c'est vraiment enrichissant.
9 En étudiant la géographie, j'ai appris beaucoup de choses sur mon pays.
10 J'ai découvert que j'aimais bien l'informatique.
11 On entend des informations très différentes sur les années sabbatiques.
12 Le prof m'a aidé en corrigeant mon devoir rapidement.

8.07 Le parfait linguiste

Matériel :
- CD 02, Pistes 16, 17

Comment repérer les indices quand on écoute ?

Il est conseillé aux élèves de repérer des indices à partir du contexte, des illustrations et des questions afin de mieux comprendre un enregistrement, et d'utiliser leurs connaissances générales pour imaginer et prédire des réponses possibles de même que le vocabulaire qu'ils vont entendre.

Encourager les élèves à mettre en pratique ces conseils lors des activités *Faites vos preuves !* de cette page.

Faites vos preuves !

Cette activité permet aux élèves de s'entraîner à la compréhension orale.

Donner aux élèves quelques secondes pour bien lire la consigne et les questions. Les élèves entendront l'enregistrement deux fois.

1a 🔊 **Première partie :** Les élèves écoutent l'interview avec Maeva et corrigent les détails qui ne correspondent pas à l'interview.

Réponse :
1 Maeva habite dans **la ville principale**.
2 En septembre, Maeva va rentrer **en seconde**.
3 Pour le bac, Maeva choisira peut-être **la série littéraire**.
4 Maeva espère aller à la fac **à Paris**.
5 L'année dernière, Maeva était dans **un club d'histoire (locale)**.

🔊 CD 02, Piste 16

– Bonjour Maeva ! Tu habites à Tahiti, c'est ça ?
– Oui. Je suis née dans un petit village du nord de l'île, mais j'habite à Papeete, la ville principale, depuis l'âge de dix ans.
– Où vas-tu à l'école ?
– J'ai fait mes études secondaires au collège à Papeete et je suis sur le point de passer mon brevet. Normalement, en septembre, je fais ma rentrée en seconde au lycée Paul-Gauguin.
– Tu as décidé ce que tu vas étudier au lycée ?
– En seconde, c'est bien, parce que les lycéens sont encouragés à explorer plusieurs options. Ensuite, je choisirai ma série de bac. Ce sera peut-être la série littéraire.
– Et après le bac, qu'est-ce que tu as l'intention de faire ?
– Je ne sais pas encore. Tahiti est très petit et il n'y a que deux universités. J'envisage d'aller étudier en France, parce qu'en restant à Tahiti, je limiterais mes possibilités.
– Si tu avais le choix, qu'est-ce que tu ferais à dix-huit ans ?
– Si je pouvais, j'irais étudier à l'université à Paris. Les universités là-bas sont beaucoup mieux équipées que les facs à Papeete.
– Pour étudier quoi ?
– L'année dernière, j'étais dans le club d'histoire locale au collège et ça me plaisait beaucoup. À l'université, je pourrais par exemple étudier l'histoire ou la géographie. Je pense que ça m'intéresserait.

1b 🔊 **Deuxième partie :** Les élèves écoutent l'interview avec Jules et répondent aux questions.

Réponse :

6   en France / à Strasbourg
7   les sports nautiques / le surf
8   sciences économiques / série économique et sociale
9   prendre une année sabbatique / voyager

🔊 CD 02, Piste 17

– Bonjour Jules ! Alors, tu n'es pas Tahitien, je crois ?
– Non, je ne suis pas né à Tahiti. Avant, nous étions en France et nous vivions à Strasbourg. Nous avons déménagé à cause du travail de mes parents, qui sont professeurs. Nous habitons ici depuis trois ans.
– Et ça te plaît ?
– Oui, beaucoup. Si on aime les sports nautiques, le surf, c'est le paradis, ici. Par contre, l'île est parfois menacée par les cyclones. Je n'en ai jamais vu, heureusement.
– Et tes études ici, ça se passe comment ?
– Très bien ! L'année dernière, en seconde, j'ai choisi l'option sciences économiques et ça m'a beaucoup plu. Je prépare maintenant le bac en série économique et sociale.
– Et après le bac, qu'est-ce que tu veux faire ?
– Je ne sais pas encore. Je pourrais rentrer en France, mais si je retournais à Strasbourg, je devrais arrêter le surf !
– Et qu'est-ce que tu étudierais ?
– Là encore, je ne suis pas sûr. Si je pouvais, je prendrais une année sabbatique et je voyagerais. En arrêtant mes études pendant un an, j'aurais le temps de réfléchir à mon avenir.

7 et 8 Révisez bien !

Matériel :

- Fiche R4.01

Jeu : « Réponse à tout ! »

Cette unité a pour but de faire réviser le vocabulaire, les expressions et les structures grammaticales étudiés lors des Unités 7 et 8. Les élèves sont donc incités à relire régulièrement leurs notes et à réviser le nouveau vocabulaire et les nouvelles structures grammaticales.

Les exercices de cette unité sont délibérément plus ludiques. Il est possible de réviser en s'amusant !

1   Les élèves lisent les questions et les associent aux réponses de Timéo. Ils comptent le nombre de points pour chaque réponse en essayant d'obtenir le plus de points possible.

Cette activité peut se faire individuellement ou à deux. Le fait de donner des points aux élèves les encourage à donner des réponses détaillées, dans une langue sophistiquée.

Cette activité donne aux élèves l'occasion d'améliorer leurs compétences en production orale, pour laquelle ils doivent être capables de maintenir une conversation en exprimant et en justifiant leurs idées au moyen d'une variété de vocabulaire, de structures grammaticales et de temps verbaux.

Réponse :

Ta vie familiale : **1** A, **2** D, **3** C, **4** B, **5** E

Ton cadre de vie : **1** C, **2** A, **3** D, **4** B

Ta ville ou ton village : **1** F, **2** C, **3** A, **4** E, **5** B, **6** D

Vie scolaire : **1** D, **2** C, **3** B, **4** E, **5** A

Tes projets : **1** D, **2** F, **3** A, **4** E, **5** G, **6** C, **7** B

2   Les élèves cachent les questions et regardent les réponses. Ils reformulent ensuite les questions.

Il est important que les élèves soient familiarisés avec ce genre de questions afin de répondre correctement aux activités de compréhension écrite et de compréhension orale.

3   Les élèves donnent leurs réponses personnelles aux questions en se servant d'expressions trouvées dans les textes des Unités 7 et 8. Ils doivent utiliser le barème indiqué (Fiche R4.01) pour obtenir le plus de points possible.

Cette activité peut se faire à deux. L'élève A pose les questions à l'élève B qui y répond. L'élève A accorde des points à B selon le barème. Les rôles sont ensuite inversés.

4   Les élèves ajoutent d'autres questions à chaque section et échangent leurs idées avec un partenaire.

Un poème

1   Les élèves lisent le poème *L'éducation fatale*. Ils choisissent la réponse A, B, C ou D.

Avant de lire le poème, faire rappeler aux élèves quelques mots de vocabulaire pour décrire la poésie : *le poème, la strophe, le vers, la rime...*

Réponse :

B

2   Les élèves trouvent dans le poème les mots ou expressions soulignés qui correspondent aux définitions 1–10.

Réponse :

1 le mantra, **2** chômeurs, **3** bachoter, **4** apprendre par cœur, **5** abrutir, **6** la panacée, **7** on craque, **8** le labeur, **9** une affaire dans l'sac, **10** bouché

3   Les élèves relisent le poème et font correspondre chaque strophe à la phrase (A–G) qui la résume.

Réponse :

1 C, **2** E, **3** G, **4** B, **5** D, **6** F, **7** A

4   Les élèves donnent leur opinion au sujet des affirmations de l'activité 3. Ils comparent leur réponse avec le reste de la classe.

Au préalable, réviser le vocabulaire pour exprimer les opinions : *je suis d'accord, je ne suis pas d'accord, à mon avis, je pense que, je ne pense pas que...*

Comprendre les questions

5 📖 Les élèves relisent les questions du *Jeu : « Réponse à tout ! »* et trouvent autant de mots interrogatifs que possible : *pourquoi, quand, où…*

6 💬 Activité à deux : L'élève A pose une question à l'élève B en utilisant un mot interrogatif trouvé dans l'activité 1. B répond aussi vite que possible. Les rôles sont ensuite inversés.

Faites vos preuves !

7 📖💬 Cette activité permet aux élèves de s'entraîner à la compréhension écrite.

Après avoir lu le message de Leïla à Céline, les élèves répondent aux questions 1–10.

Réponse :

1 du Maroc, **2** Essaouira, **3** en mai, **4** c'était super, très différent de Paris, **5** le marché, le moins cher de Paris, **6** au lycée, **7** elle ne sait pas, **8** voyager, **9** peut-être en travaillant au marché, **10** Leïla et Céline pourraient se parler sur Skype – c'est plus intéressant que par email

7 et 8 Révisez bien !

9 Au travail !

Au sommaire

Thème : le monde du travail

Points lexicaux
- le choix d'un futur métier
- le stage en entreprise
- un job d'été
- un premier emploi à l'étranger

Grammaire
- les verbes : bilan sur les modes et les temps
- le plus-que-parfait
- l'infinitif passé
- le subjonctif après certaines expressions
- le conditionnel passé

Stratégies
- adapter un texte
- rédiger une lettre

À noter :

Le subjonctif
- Bien que le subjonctif ne figure pas au programme officiel, voir *Defined Content Booklet*, List of Grammar and Structures, (1) Verbs, Note on the subjunctive (www.cie.org.uk), l'apprentissage de ce point de grammaire pourrait être bénéfique à certains élèves dont le niveau de langue est plus élevé et qui sont prêts à passer au stade supérieur d'apprentissage de la langue.
- Comme le montrent les activités du livre de l'élève ainsi que du cahier d'exercices, il n'est pas nécessaire à ce stade de faire étudier les règles du subjonctif de manière approfondie. Il s'agit simplement ici de reconnaître certaines formes irrégulières du subjonctif ainsi que son utilisation avec des structures simples.

Les activités 1 et 2 peuvent se faire à deux ou individuellement. Inciter les élèves à noter et à apprendre le vocabulaire nouveau qui pourra leur être utile lors des prochaines activités.

1 Après avoir observé la photo, les élèves répondent aux questions en utilisant les mots et expressions donnés :
- Aimeriez-vous faire les vendanges ou la cueillette de fruits ? Pourquoi (pas) ?
- Quelles qualités faut-il avoir ?

2 Les élèves répondent aux questions au sujet de leur job idéal. Ils créent leur propre nuage de mots-clés.

En fin d'unité, les élèves peuvent revenir sur cette page et :
- refaire les activités 1 et 2
- imaginer une interview avec un(e) des jeunes de la photo au sujet de son job d'été
- imaginer le CV d'un(e) des jeunes de la photo.

9.01 La langue dans la poche !

Quiz

À noter :
Dans cette section, les élèves réviseront les différents points de grammaire étudiés depuis le début du programme.

Pour chaque section de ce questionnaire, encourager les élèves à créer et à préparer leurs propres questions et exemples.

A Les élèves trouvent l'intrus dans chaque série de mots.

Réponse :
1 b (seul nom qui peut être féminin et masculin),
2 c (seul verbe à l'imparfait et pas au conditionnel),
3 b (seul adjectif qui ne soit pas un adjectif verbal),
4 d (seul adjectif qui se place après le nom),
5 c (seul verbe qui ne réfère pas au passé)

B Les élèves complètent les blancs avec les pronoms sujets manquants.

Réponse :
1. je vais, il / elle / on veut, tu peux, vous êtes, ils / elles font, nous sommes
2. il / elle / on a écrit, vous avez mangé, ils / elles étaient, nous allions, tu as appelé, j'allais
3. j'irai, il / elle / on fera, nous viendrons, vous ferez, tu vas venir, ils / elles vont partir
4. elle est sortie, ils sont arrivés, j'aimerais, tu rêves, vous iriez, nous voudrions
5. tu as appris, vous faites, nous serions, ils sont devenus, elle est née, je pourrai

C Les élèves choisissent les deux réponses possibles aux questions données.

Réponse :
1 a, b, 2 c, d, 3 a, c, 4 a, d, 5 c, d

D Les élèves remettent les phrases dans le bon ordre.

Pour les élèves qui en ont besoin, attirer leur attention sur la ponctuation : le premier mot de la phrase commence par une lettre majuscule et le dernier est suivi d'un point.

À noter : Cette activité présente du vocabulaire nouveau au sujet du monde du travail qui pourra être utile lors des prochaines activités.

Réponse :
a. Faire du babysitting est mieux payé que laver des voitures.
b. L'expérience a autant d'importance que les diplômes.
c. Ce travail ne me semble pas particulièrement intéressant.
d. J'ai l'intention de faire un métier utile pour aider les gens.
e. Je suis sur le point de commencer un job d'été.

La course aux médailles

Cette section a pour but d'entraîner les élèves à répondre avec aisance à l'oral comme à l'écrit à des situations typiques de la vie quotidienne.

Les huit activités ont pour but de faire réviser aux élèves des thèmes étudiés lors des unités précédentes. Elles peuvent se faire individuellement ou en groupe.

Avant de répondre aux questions, les élèves révisent (à la maison ou en classe, sous forme de remue-méninges) les thèmes suivants : les petits boulots, les tâches ménagères, l'argent de poche, le bénévolat, les métiers, les études supérieures, l'année sabbatique, ses propres qualités et défauts.

Chaque groupe de questions est présenté par ordre de difficulté, allant du bronze à l'or. Outre l'aspect compétitif, veiller à la précision des réponses, aux fautes de grammaire, d'orthographe, etc.

Les élèves doivent particulièrement prêter attention à l'utilisation des différents temps des verbes. Les fautes sont décomptées dans la course aux médailles.

Les élèves peuvent répondre aux trois questions d'une même section. Les encourager à commencer par les questions en bronze pour ensuite passer aux niveaux supérieurs si leurs réponses sont satisfaisantes.

Encourager les élèves qui en ont besoin à préparer les questions en or à la maison, à l'aide d'un dictionnaire. Encourager ceux qui sont plus à l'aise à créer leurs propres questions sur d'autres thèmes déjà étudiés.

Réponse suggérée :

6 **Bronze :** Dites quelles matières vous allez étudier l'année prochaine. (Utilisez des verbes au futur proche.)

L'année prochaine, je vais étudier les mathématiques, l'économie, la géographie et aussi le français bien sûr !

Argent : Dites quelles études vous ferez après le lycée. Expliquez pourquoi. (Utilisez des verbes au futur simple.)

Après le lycée, j'étudierai le droit à l'université parce que je voudrais être avocat(e).

Or : Est-il important d'aller à l'université ? Donnez votre avis. (Utilisez *pour* + infinitif, *afin de* + infinitif.)

Je pense qu'il est vraiment important d'aller à l'université pour acquérir de nouvelles connaissances et afin d'obtenir un bon emploi.

9.02 Enquête : le métier idéal

> **Matériel :**
> - CD 02, Piste 18
> - Cahier d'exercices 12, 13
> - Fiche 9.01

Choisir un métier

1 📖 💬 Les élèves lisent les listes A et B et définissent lesquels des critères cités sont les trois plus importants pour eux.

Encourager les élèves à utiliser des expressions de séquence : *d'abord, ensuite, premièrement, deuxièmement…*

2 ✏️ 💬 Activité à deux : les élèves ajoutent d'autres idées aux listes A et B et en discutent avec leur partenaire.

Avant de faire cette activité, il est conseillé de se référer à l'encadré *Grammaire* au sujet de l'infinitif. Voir aussi la section 9.05.

Exemple :

J'aimerais travailler avec les animaux / les enfants / les personnes âgées.

J'aimerais travailler dans un cadre agréable / chez moi / à l'étranger.

J'aimerais faire partie d'une équipe / travailler dans une grande entreprise / être à mon compte.

J'aimerais bien avoir inventé un vaccin contre toutes les maladies / avoir rendu service aux autres / être devenu(e) une star.

3 ✏️ En utilisant l'infinitif passé et le vocabulaire étudié lors des activités précédentes, les élèves postent un message expliquant le métier qu'ils aimeraient faire, pourquoi, et ce qu'ils aimeraient avoir fait dans 50 ans.

À noter : Certains élèves trouveront peut-être cette activité difficile.

Encourager les élèves à aussi utiliser le conditionnel.

Exemple : Dans 50 ans, j'aimerais être allé(e) dans l'espace et donc j'aimerais vraiment devenir astronaute.

> **L'INFINITIF**
> Voir aussi :
> - Cahier d'exercices 12, 13
> - 9.06 Le français à la loupe

4 ✏️ Les élèves écrivent un paragraphe sur la jeune femme de la photo.

Encourager les élèves à utiliser une variété de temps en répondant aux questions suivantes :

- Que fait-elle ? (présent)
- Quelles études a-t-elle faites ? (passé)
- Que fera-t-elle plus tard ? (futur)
- Qu'aimerait-elle faire ? Quel serait son rêve ? (conditionnel)

Un métier de rêve

5 📖 Les élèves lisent la fiche sur le métier de concepteur / trice de jeux vidéo et complètent le résumé en remplissant les blancs (1–6) avec les mots donnés.

Attirer l'attention des élèves sur le genre des mots et sur l'article utilisé. Par exemple, les mots commençant par une voyelle nécessitent l'emploi de *l'* ou *d'*.

Réponse :
1 études, **2** université, **3** expérience, **4** créatif, **5** connaissance, **6** collègues

6a 🔊 Les élèves lisent et écoutent les messages de Lise, Quentin, Zahir et Zara et remplissent les blancs (1–9) en utilisant les expressions de l'encadré *Vocabulaire*.

Il est conseillé de faire écouter l'enregistrement deux fois. Selon le niveau de compréhension de la classe, l'enregistrement peut être interrompu après chaque message.

Réponse :
1 n'ai pas envie de, **2** préférerais, **3** voudrais, **4** espère, **5** n'ai pas l'intention de, **6** veux, **7** Ce qui m'attire le plus, c'est, **8** aimerais, **9** Mon rêve serait de

---

Cambridge IGCSE and O Level French as a Foreign Language

🔊 CD 02, Piste 18

Lise

Je suis artiste et je n'ai pas envie de faire des études longues, ce n'est pas très utile à mon avis. Alors, je préférerais trouver un apprentissage dans le graphisme et apprendre le métier tout en travaillant.

Quentin

Moi, je voudrais travailler dans l'informatique, mais j'espère faire un métier où les déplacements sont importants : je n'ai pas l'intention de travailler dans un bureau.

Zahir

J'adore les maths et les sciences et j'ai envie de faire des études à l'université. Ce qui m'attire, c'est de faire un métier où je pourrai créer et inventer des choses nouvelles.

Zara

J'adore écrire et inventer des mondes et des personnages ! J'aimerais faire des études et me spécialiser dans l'écriture de scénario. Mon rêve, c'est de travailler seule, chez moi.

6b Les élèves décident à qui ils conseilleraient le métier de concepteur / trice de jeux vidéo et justifient leur réponse.

Réponse :

Zahir (il adore les maths et les sciences, il veut faire des études à l'université, il voudrait créer et inventer des choses nouvelles)

7 En utilisant les expressions de l'encadré *Vocabulaire*, les élèves rédigent un message d'environ 50 mots sur leurs projets d'avenir.

Encourager les élèves à utiliser les expressions et le vocabulaire étudiés à l'Unité 8, par exemple *Ce qui m'intéresse, c'est de…*, *Ce que j'aimerais faire, c'est…*

8 Les élèves font des recherches sur le métier de leurs rêves et font une présentation à la classe. Ils peuvent se servir de la Fiche 9.01 ou l'activité 5 comme modèle.

Suggérer aux élèves de faire des recherches sur les sites de l'Onisep (www.onisep.fr) et du CIDJ (www.cidj.com).

Voir aussi la section « Des métiers selon mes goûts » sur le site Onisep (www.onisep.fr / Decouvrir-les-metiers#Des-metiers-selon-mes-gouts).

9.03 Le blog de Joseph

Matériel :
- CD 02, Piste 19
- Cahier d'exercices 1, 2 ; 3–8

1 Les élèves lisent le blog de Joseph puis décident si les phrases 1–7 sont vraies ou fausses. Si la phrase est fausse, ils la corrigent en utilisant des détails du texte.

Cette activité permet aux élèves de s'entraîner à la compréhension écrite.

Réponse :

1 Vrai, **2** Faux (Il a d'abord contacté des docteurs), **3** Faux (Il avait abandonné l'idée de faire un stage dans le domaine médical puis un copain lui a parlé d'AMK), **4** Faux (Joseph a d'abord aidé l'infirmière puis il a accompagné les docteurs), **5** Vrai, **6** Faux (L'équipe d'AMK n'avait pas encore visité le village de Siganar), **7** Vrai

2 Les élèves trouvent dans le blog de Joseph les réponses aux questions données (1–9).

Réponse :

voir dans le blog de Joseph

3 À deux, les élèves imaginent l'interview de Joseph. L'élève A est le reporter, l'élève B est Joseph.

Inciter les élèves à utiliser le nouveau vocabulaire et les nouvelles expressions utilisés dans le blog.

LE PLUS-QUE-PARFAIT

Après avoir lu les notes, les élèves relèvent tous les verbes au plus-que-parfait dans le blog de Joseph.

Réponse :

comme j'avais toujours rêvé ; j'avais contacté des docteurs ; tous m'avaient dit non ; j'avais abandonné l'idée ; j'avais commencé à chercher ; j'avais aidé l'infirmière

Voir aussi :
- Cahier d'exercices 1, 2
- 9.06 Le français à la loupe

4 🔊 📄 Les élèves écoutent le témoignage de Clémence et notent ses réponses aux questions 1–9 de l'activité 2. Ils comparent leurs réponses avec un partenaire.

Rappeler aux élèves les stratégies à adopter lors d'activités de compréhension orale. Les encourager à relire les notes des Unités 4, 5 et 8.

Il est conseillé de faire écouter l'enregistrement deux fois. Selon le niveau de compréhension de la classe, l'enregistrement peut être interrompu après chaque réponse à chaque question.

Les élèves qui ont besoin de plus de structure trouveront l'activité moins difficile s'ils peuvent lire la transcription de l'interview de Clémence.

Réponse :
voir la transcription

🔊 **CD 02, Piste 19**

– Salut Clémence. Je fais une enquête sur les stages d'observation professionnelle. Tu veux bien répondre à quelques questions ?
– Oui, bien sûr.
– Alors, où et quand as-tu fait ton stage d'observation professionnelle ?
– Eh bien j'ai fait mon stage dans une entreprise d'électronique, au mois de mai dernier.
– Pourquoi as-tu choisi ce domaine, l'électronique ?
– Bien, parce que je voudrais travailler dans l'électronique plus tard. Moi, mon rêve, c'est de travailler comme ingénieure dans l'aérospatiale, sur les fusées pour les astronautes, même si traditionnellement, c'est un domaine où on trouve surtout des hommes.
– Ah d'accord, intéressant. Et comment as-tu trouvé le stage dans cette entreprise ?
– J'avais déjà contacté cette entreprise d'électronique l'été dernier pour un boulot d'été. Ils ont dit que j'étais trop jeune pour travailler mais ils m'ont acceptée pour un stage d'observation.

– Qu'est-ce que tu as fait pendant le stage ?
– Alors, j'ai observé tous les services différents. En général, c'était intéressant mais je me suis quand même un peu ennuyée parce qu'avec certaines personnes, je ne pouvais rien toucher !
– Quels étaient tes horaires ?
– Ils étaient faciles : je commençais à neuf heures le matin, j'avais une heure de pause pour déjeuner le midi, et je finissais à dix-sept heures.
– Comment était l'ambiance au travail ?
– Hmmm… Les employés étaient gentils et patients avec moi. Pourtant, ils avaient tous trop de travail et étaient tous un peu stressés.
– Quels étaient les côtés positifs et négatifs du stage ?
– Ce que j'ai bien aimé, c'est quand je pouvais manipuler les circuits. Par contre, ce que je n'ai pas aimé, c'est que l'ambiance n'était pas très agréable dans l'entreprise en général.
– Qu'as-tu appris pendant ce stage ?
– J'ai découvert la réalité du monde du travail, les avantages et les inconvénients de travailler dans une grosse entreprise, et j'ai réalisé que je dois être très déterminée pour réussir.
– Le stage t'a-t-il donné envie de faire ce métier plus tard ? Pourquoi ou pourquoi pas ?
– Oui, j'aimerais vraiment être ingénieure plus tard même si j'ai réalisé que ce n'est pas toujours un métier facile, surtout pour les femmes.

5 📖 Après avoir lu l'encadré *Grammaire*, les élèves relient les deux parties de phrase (1–6 et a–f) pour faire des phrases vraies pour Clémence.

Réponse :
1 e, **2** b, **3** d, **4** c, **5** f, **6** a

> **LE SUBJONCTIF**
>
> *À noter :* À ce stade d'apprentissage de la langue, il n'est pas nécessaire de faire étudier les règles du subjonctif. Il s'agit simplement ici de reconnaître certaines formes irrégulières du subjonctif ainsi que son utilisation avec des structures simples. (Voir les conseils à la page d'introduction de l'Unité 9 dans ce livre du professeur.)
>
> Les élèves retrouvent les exemples de *bien que* et d'*il faut que* + subjonctif dans le blog de Joseph.
>
> **Réponse** : bien que les horaires soient très longs et qu'on fasse de longs trajets en brousse ; bien que les conditions de travail soient très dures ; il faut que je sois sérieux et bien motivé ; il faut que j'aie le sens de l'initiative et que je sache m'adapter à des situations parfois très difficiles
>
> Voir aussi :
> - Cahier d'exercices 3–8
> - 9.06 Le français à la loupe

6 En utilisant le plus-que-parfait et *bien que* + le subjonctif présent, les élèves décrivent un stage ou un petit boulot qu'ils ont fait.

Encourager les élèves à utiliser les différents temps du passé. Adapter l'activité au futur, si les élèves vont prochainement faire un stage.

Si les élèves n'ont jamais fait de stage ou de petit boulot, ils peuvent inventer une situation. Ils peuvent aussi décrire le stage ou le petit boulot qu'ils aimeraient faire et justifier leur réponse.

9.04 Vie pratique

> **Matériel :**
> - CD 02, Piste 20
> - Fiche 9.02

Trouver un job d'été dans un pays francophone

1 Les élèves font correspondre les trois annonces d'*Emplois Jeunes* et les phrases données (1–6).

Signaler que la phrase 5 correspond à deux annonces.

Réponse :

Camping Au bord du Lac : 5

Hôtel–restaurant Europe : 3, 5

Club de plage Les Minots : 1, 2, 4, 6

2a Les élèves lisent le CV de Louis et décident avec leur partenaire lequel des trois jobs (d'*Emploi Jeunes*) lui conviendrait le mieux.

À noter : BAFA : Brevet d'Aptitude Aux Fonctions d'Animateur.

Réponse :

Camping Au bord du Lac : possible (il parle trois langues)

Hôtel–restaurant Europe : possible (il a de l'expérience comme serveur et parle trois langues)

Club de plage Les Minots : ne lui conviendrait pas (il n'a pas 17 ans et pas de BAFA)

2b À deux ou individuellement, les élèves définissent quel serait le meilleur job pour eux et justifient leur réponse.

3 Les élèves lisent la lettre de motivation de Malika et trouvent l'équivalent des expressions données (a–h).

Réponse :

a poser ma candidature, **b** le poste, **c** je joins, **d** les qualités requises, **e** ayant déjà travaillé, **f** j'ai un bon niveau en, **g** ma candidature, **h** favorablement

4 Les élèves écrivent le CV de Malika en utilisant celui de Louis comme modèle.

Réponse :

Nom :	Hassan
Prénom :	Malika
Âge :	16 ans
Nationalité :	française
Adresse :	11 rue de Malte, 75011 Paris
Adresse mail :	malikahassan@hotmail.com
Téléphone :	06 87 45 21 34
Formation :	*(pas mentionnée)*
Qualification :	Brevet des Collèges
Expérience :	réceptionniste ; stage dans un hôtel
Langues parlées :	français, anglais, arabe
Centres d'intérêt :	sport (handball), voyages (séjours linguistiques)
Projet d'avenir :	travailler dans le tourisme

5 Les élèves imaginent la lettre de motivation de Louis en utilisant les informations sur son CV. Ils réutilisent le vocabulaire et les expressions de la lettre de Malika.

> **VARIATION**
>
> Distribuer aux élèves qui ont besoin d'une activité plus structurée le format de la lettre à écrire (Fiche 9.02).
>
> **Réponse suggérée :**
> **1** réceptionniste, **2** serveur à McDonald, **3** Brevet des Collèges, **4** un stage d'observation professionnelle, **5** ressources humaines, **6** français, anglais et espagnol, **7** énergique, sérieux et sociable, **8** le sport (je joue dans une équipe de football) et la musique (je suis batteur dans un groupe), **9** favorablement, **10** Je vous prie

6a Les élèves écoutent l'entretien sur Skype de Julien Darriet avec Hakim Mahmoud du club *Les Minots*. Ils notent les questions de M. Mahmoud (1–7) dans l'ordre où ils les entendent.

Il est conseillé de faire écouter l'enregistrement deux fois. Selon le niveau de compréhension de la classe, l'enregistrement peut être interrompu après chaque question / réponse.

Réponse :
voir la transcription

6b Les élèves réécoutent l'interview et notent les réponses de Julien.

Réponse :
voir la transcription

> 🔊 **CD 02, Piste 20**
>
> – Bonjour Monsieur, je suis Julien Gonzales.
> – Ah, bonjour Julien. Ça va ? On peut commencer l'entretien ?
> – Oui oui, d'accord.
> – Très bien. Alors, vous vous appelez Julien Gonzales, vous avez dix-sept ans, vous habitez treize rue de la République, soixante-quinze, zéro, onze, Paris, votre adresse mail c'est juliengonzales arobase hotmail point com et votre numéro de portable, c'est zéro, six - soixante-dix-huit - cinquante-quatre - vingt-cinq - douze. Vous êtes en première au lycée Victor Hugo. C'est bien ça, n'est-ce pas ?
> – Oui, c'est ça.

– Alors, dites-moi, quelles qualifications avez-vous ? Avez-vous le BAFA ?
– Oui, j'ai passé le BAFA cette année. J'ai aussi passé le brevet de secourisme, et bien sûr, j'ai le Brevet des Collèges.
– Excellent. Quelle expérience professionnelle avez-vous ?
– J'ai fait un stage d'observation dans une école primaire l'année dernière et je fais beaucoup de babysitting depuis trois ans.
– Parfait. Quelles langues étrangères parlez-vous ?
– Je parle français et anglais et comme je suis d'origine espagnole, j'ai un bon niveau en espagnol.
– D'accord, c'est utile. Pourquoi voulez-vous ce poste ?
– J'ai envie de travailler avec des enfants et j'aime beaucoup les jeux de plage. En plus j'adore la ville de Marseille parce qu'il y fait toujours beau !
– Quelles sont vos qualités pour ce poste ?
– Je suis très patient avec les enfants, que j'aime beaucoup, mais je sais aussi être autoritaire, et j'ai beaucoup d'énergie !
– Fantastique ! Que faites-vous pendant votre temps libre ?
– Je suis très sportif. Je fais de la natation, du basketball et je joue aussi au football.
– Parfait. Quels sont vos projets d'avenir ?
– J'ai l'intention de devenir professeur de sport.
– Eh bien, parfait. Je vous remercie Julien, je vous recontacte dans l'après-midi…

> **APPROFONDISSEMENT**
>
> Les élèves écrivent le CV et la lettre de motivation de Julien selon le modèle des activités 4 et 5.

7 À deux, en utilisant les informations des CV et des lettres de motivation, les élèves imaginent l'entretien de Louis et celui de Malika.

Les élèves peuvent aussi se servir de la transcription de l'entretien de Julien.

8a En utilisant les modèles des activités précédentes et les conseils de la section 9.07, les élèves rédigent leur propre CV et leur propre lettre de motivation.

8b À deux, les élèves imaginent leur entretien d'embauche. L'élève A joue le rôle de l'employeur, l'élève B est le candidat, puis ils changent de rôle.

9.05 Le Babillard

> **Matériel :**
> - Cahier d'exercices 9–11 ; 12, 13

De jeunes Français parlent de leur première expérience professionnelle à l'étranger.

Cette section offre une variété d'activités de compréhension écrite. C'est une bonne occasion pour les professeurs de faire réviser les techniques pour mieux comprendre les textes écrits. (Voir aussi la section 10.07.)

1 Les élèves lisent le message de Sonia. Pour chaque phrase (1–5), ils choisissent la bonne option (a ou b) et justifient leur réponse.

Réponse :
1. b (j'avais choisi cette filière parce que je voulais voyager)
2. a (…à Madagascar, où j'étais en vacances chez ma mère)
3. a (j'ai décidé de rester travailler à Madagascar / j'ai trouvé un emploi intéressant à l'office de tourisme)
4. b (le salaire local est si bas)
5. a (je ne peux plus financer mon voyage retour !)

2 Les élèves lisent le message de Mathieu et complètent les phrases (1–4) avec un des mots de l'encadré.

Réponse :
1 études, 2 difficilement, 3 des qualifications, 4 a dû

3 Les élèves lisent le message d'Adia puis décident si les phrases (1–5) sont vraies ou fausses. Si la phrase est fausse, ils la corrigent en utilisant des détails du texte.

Réponse :
1 Faux (elle est française d'origine sénégalaise mais elle n'est pas née au Sénégal), **2** Faux (elle a travaillé dans une compagnie parisienne avant de partir dans leur agence de Dakar), **3** Vrai, **4** Vrai, **5** Faux (elle arrive à communiquer)

4 Les élèves lisent le message d'Antoine puis répondent aux questions (1–6).

Réponse :
1. Il vient de rentrer chez lui, à Paris.
2. Il a fait un stage dans une ONG.
3. Il a étudié la logistique humanitaire.
4. Il y a beaucoup de chômage et il n'a pas d'expérience.
5. Il ne savait pas s'il allait aimer.
6. Il voudrait retourner parce qu'il aurait aimé rester / voulait rester plus longtemps.

5 Les élèves lisent les encadrés de grammaire et relèvent tous les exemples de ces structures dans les quatre messages du Babillard.

Réponse :

Conditionnel passé : si j'avais su, j'aurais postulé pour une entreprise française ; le salaire aurait été plus élevé et les conditions auraient été meilleures ; si j'avais fait un master, j'aurais eu plus de chance ; j'aurais dû faire un job dans une compagnie locale, ça aurait été une expérience culturelle plus riche ; si j'avais pu, j'y serais resté plus longtemps

Infinitif présent : avant de rentrer en France ; avant de partir à Madagascar ; avant de partir dans leur agence de Dakar

Infinitif passé : après avoir eu le bac ; après avoir fait un stage ; après avoir fini ma formation ; après avoir passé trois mois en stage

> **LE CONDITIONNEL PASSÉ**
>
> *avoir* au conditionnel + participe passé : *j'aurais su*
> *être* au conditionnel + participe passé : *je serais resté*
> Voir aussi :
> - Cahier d'exercices 9–11
> - 9.06 Le français à la loupe

> **L'INFINITIF PRÉSENT**
>
> *avant de* + infinitif présent : *avant de partir, avant de finir*
>
> **L'INFINITIF PASSÉ**
>
> *après* + infinitif passé : *après être parti, après avoir fini*
>
> **Voir aussi :**
> - Cahier d'exercices 12, 13
> - 9.06 Le français à la loupe

9.06 Le français à la loupe

Les verbes : la pyramide des modes et des temps

Cette section grammaticale traite des aspects suivants :

- C'est quoi un mode ? C'est quoi un temps ?
- Les modes personnels : l'indicatif, le conditionnel, l'impératif, le subjonctif
- Les modes impersonnels : l'infinitif, le participe, le gérondif
- Récapitulatif des temps des verbes

À noter : À ce stade d'apprentissage de la langue, il n'est pas nécessaire de faire étudier les règles du subjonctif. Il s'agit simplement ici de reconnaître certaines formes irrégulières du subjonctif ainsi que son utilisation avec des structures simples. (Voir les conseils à la page d'introduction de l'Unité 9 dans ce livre du professeur.)

1 Avant de commencer cette activité, s'assurer que les élèves comprennent que sont un temps et un mode. Leur faire remarquer que certains temps apparaissent en gris sur la pyramide (le subjonctif et l'impératif passé) parce qu'ils sont d'un niveau plus avancé et ne seront donc pas étudiés. Demander aux élèves de trouver des exemples dans leur langue d'apprentissage.

Après avoir regardé les verbes en rouge, les élèves numérotent les phrases (a–t) pour les replacer au bon endroit sur la pyramide.

Réponse :

a 1, **b** 6, **c** 8, **d** 1, **e** 11, **f** 2, **g** 10, **h** 13, **i** 4, **j** 6, **k** 1, **l** 7, **m** 14, **n** 1, **o** 3, **p** 5, **q** 12, **r** 4, **s** 9, **t** 7

2 Les élèves lisent les phrases (1–4) et définissent à quelle lettre (a–d) sur la pyramide elles correspondent.

Réponse :

1 c, **2** b, **3** a, **4** d

3 Les élèves rédigent une phrase pour chaque numéro (1–14) et chaque lettre (a–d) de la pyramide.

Donner aux élèves qui ont besoin d'une activité plus structurée un nombre limité de phrases à rédiger et leur indiquer quels numéros ils doivent utiliser, les plus courants et les plus usités étant par exemple : 1, 2, 3, 5 et 6.

9.07 Le parfait linguiste

> **Matériel :**
> - Cahier d'exercices 14, 15

Comment bien écrire ?

Cette section se concentre sur :

- l'utilisation des formules de politesse dans les lettres et les mails
- des conseils pour écrire un article ou une narration.

Faites vos preuves !

1 Après avoir lu les conseils donnés dans la section *Comment bien écrire ?*, les élèves répondent à un des trois sujets proposés (a–c).

Cette activité permet aux élèves de s'entraîner à la production écrite.

Quelques conseils avant de commencer :

- Après avoir choisi leur sujet, les élèves doivent répondre à toutes les questions dans l'ordre où elles sont données, si possible en rédigeant un (court) paragraphe par question.

- Encourager les élèves à répondre aux questions en développant et en justifiant leurs idées et en utilisant des mots de liaison pour structurer leurs idées.
- Indiquer aux élèves qu'ils doivent répondre aux questions avec le même temps utilisé dans la question. Par exemple, si la question est au passé composé, la réponse doit être rédigée au passé composé.
- Encourager les élèves à utiliser la formule IOJRE (Information, Opinion, Justification, Restriction, Exemple). Voir aussi la section Mieux apprendre dans le cahier d'exercices (14, 15).
- Quel que soit le sujet qu'ils choisissent, les élèves doivent exprimer leurs idées simplement. Plus les idées sont compliquées et moins le message est clair, puisque les compétences linguistiques de certains élèves sont parfois limitées.

Pour les sujets qui demandent plus d'imagination, encourager les élèves à ne pas raconter une histoire trop compliquée ou invraisemblable.

- Veiller à ce que les élèves utilisent une grande variété de verbes. Pour cela, ils peuvent se référer à la pyramide des modes et des temps (section 9.06). Un même verbe peut être utilisé plusieurs fois mais à un temps et à un mode différent. Un verbe peut être utilisé plusieurs fois au même temps et au même mode seulement s'il est conjugué avec un sujet différent : *je vais / nous allons*.
- Encourager les élèves à utiliser les différents points de grammaire déjà étudiés depuis le début du programme.

VARIATION

Les élèves ayant besoin d'une activité plus structurée peuvent rédiger un des trois sujets avec la classe entière ou en groupe.

Leur indiquer des mots-clés à utiliser et leur fournir des débuts de phrases qu'ils doivent ensuite compléter.

10 À l'écoute du monde

Au sommaire

Thème : communiquer

Points lexicaux
- les usages du portable
- l'informatique à l'école
- regard critique sur l'information
- les dangers d'Internet
- la netiquette
- communiquer au travail

Grammaire
- l'accord du participe passé avec le complément d'objet direct
- les pronoms relatifs après une préposition
- bilan sur les pronoms personnels et relatifs

Stratégies
- comprendre les abréviations
- se servir d'un dictionnaire bilingue

1 💬 Discussion en classe ou en groupe. Les élèves observent les photos, lisent le texte au sujet du téléphone portable et répondent aux questions.

Autres questions suggérées :
- Avec qui avez-vous communiqué aujourd'hui ?
- En quelle langue ?
- Pour dire / entendre quoi ?
- Est-ce que vous avez communiqué en personne ou grâce à la technologie (avec l'ordinateur, le portable) ? Quelle technologie ?
- Comment la technologie change-t-elle votre façon de communiquer ?

En fin d'unité, demander aux élèves de revenir sur cette page et de regarder la liste des thèmes (*communiquer, les usages du portable, l'informatique à l'école…*) :

- Les élèves plus à l'aise discutent de chaque thème en utilisant les connaissances acquises dans l'Unité 10.

  Exemple :
  A Le premier thème : communiquer… J'utilise mon portable tous les jours pour communiquer avec mes copains…
  B Oui, il est facile de rester en contact sur Facebook – j'y passe beaucoup de temps…
  B Deuxième thème : les usages du portable… Au Sénégal, les jeunes utilisent leurs smartphones pour faire des vidéos qu'ils postent sur YouTube ! Tu as vu le film « Sandale Man » ?
  A Oui, je l'ai vu ! C'est très amusant…

- Les élèves qui sont moins en confiance notent du vocabulaire et des expressions au sujet de chaque thème, ou le professeur leur fournit une liste de mots-clés et d'expressions-clés. À deux, les élèves s'en servent pour faire des phrases.

10.01 La langue dans la poche !

Quiz

À noter : Dans cette double page, les élèves réviseront les différents points de grammaire étudiés dans les Unités 8 et 9.

Pour chaque section de ce questionnaire, encourager les élèves à créer et à préparer leurs propres questions et exemples.

A Révision de l'imparfait et du passé composé (Unité 8).
   Réponse :
   1 b, **2** a, **3** c, **4** a, **5** b

B Révision du futur et du conditionnel (Unité 8).
   Réponse :
   1 b, **2** e, **3** d, **4** c, **5** a

C   Révision de la voix active et de la voix passive (Unité 8).

    Réponse :

    1 b, **2** c, **3** c, **4** c, **5** a

D   Révision du plus-que-parfait et du conditionnel passé (Unité 9).

    Réponse :

    1 a, **2** c, **3** b, **4** d, **5** a

E   Révision de l'infinitif présent, de l'infinitif passé et du subjonctif (Unité 9).

    Réponse :

    1 d, **2** d, **3** b, **4** c

La course aux médailles

Cette section a pour but d'entraîner les élèves à répondre avec aisance à l'oral comme à l'écrit à des situations typiques de la vie quotidienne.

Les huit activités ont pour but de faire réviser aux élèves des thèmes étudiés lors des unités précédentes. Elles peuvent se faire individuellement ou en groupe.

Avant de répondre aux questions, les élèves révisent (à la maison ou en classe, sous forme de remue-méninges) les thèmes suivants : les contacts avec les amis, la musique, les films, les activités en ligne et au téléphone, le monde du travail.

Chaque groupe de questions est présenté par ordre de difficulté, allant du bronze à l'or. Outre l'aspect compétitif, veiller à la précision des réponses, aux fautes de grammaire, d'orthographe, etc.

Les élèves doivent particulièrement prêter attention à l'utilisation des différents temps des verbes. Les fautes sont décomptées dans la course aux médailles.

Les élèves peuvent répondre aux trois questions d'une même section. Les encourager à commencer par les questions en bronze pour ensuite passer aux niveaux supérieurs si leurs réponses sont satisfaisantes.

Encourager les élèves qui en ont besoin à préparer les questions en or à la maison, à l'aide d'un dictionnaire. Encourager les élèves ayant plus de facilités à créer leurs propres questions sur d'autres thèmes déjà étudiés.

Réponse suggérée :

4   Bronze :   Dites ce que vous faites le plus souvent en ligne (une activité).

                      Quand je suis en ligne, je suis souvent sur les réseaux sociaux.

      Argent :   Dites ce que vous avez fait en ligne le week-end dernier (au moins deux activités ; employez un connecteur).

                      Le week-end dernier, j'ai passé beaucoup de temps en ligne : j'ai bavardé avec mes amis sur les réseaux sociaux. Cependant, j'ai aussi dû faire des recherches pour mes devoirs d'histoire.

      Or :   Si vous passiez le week-end sur une île déserte sans réseau, qu'est-ce que vous ne pourriez pas faire ?

                      Si je passais le week-end sur une île déserte sans réseau, ce serait la catastrophe ! Je ne pourrais pas contacter mes amis et je ne pourrais pas regarder mes séries préférées.

10.02   Le Babillard

Matériel :

- CD 02, Piste 21
- Cahier d'exercices 1, 2

Le portable, porte ouverte sur le monde

1   Les élèves lisent les bulles et trouvent autant d'usages du portable que possible. Ils recopient les expressions correspondantes dans l'ordre qu'ils préfèrent (avec le verbe à l'infinitif).

Cette activité peut se faire sous forme compétitive : les groupes rivalisent pour trouver le plus grand nombre d'usages en un temps donné.

Il est important qu'ils notent les verbes à l'infinitif, pour les réutiliser ensuite plus facilement dans leur travail de production écrite ou orale.

Demander aux élèves ce qu'ils font d'autre avec leur portable et qui n'est pas mentionné dans les textes. Par exemple, chercher des informations, faire sonner le réveil le matin, parler sur Skype avec leur grand-mère… Les élèves répertorient le vocabulaire utile.

Réponse :

William : écouter de la musique en streaming, télécharger des applis, avoir une liste de lecture personnalisée

Oscar : faire des jeux, envoyer des textos, laisser des messages sur la boîte vocale

Flore : téléphoner à mes copines, passer du temps sur Facebook, poster des photos et des vidéos, mettre des petits mots amusants

Yasmine : prendre des photos, filmer des vidéos, poster sur des sites de partage de photos ou de vidéos, (regarder des films – sur la tablette)

Émile : jouer au géocaching

Olivia : faire du shopping, acheter en deux clics

2 Les élèves relisent les messages de William, d'Oscar et de Flore. Ils identifient la catégorie à laquelle appartiennent les pronoms en gras et quels mots ils remplacent.

À noter : La différence entre *me plaît* (COI) et *me laisse tranquille* (COD) sera expliquée dans la section 10.06 (*Le français à la loupe*). Cette distinction est nécessaire pour ensuite expliquer l'accord du participe passé quand le COD est placé devant le verbe.

Réponse :
William :

- pronom personnel sujet : je (William)
- pronom complément d'objet direct : l' (mon portable)
- pronom complément d'objet indirect : me (William)
- pronom relatif : que (l'appli), qui (la musique)
- autre pronom complément : en (des écouteurs)

Oscar :

- pronom personnel sujet : elle (ma mère)
- pronom complément d'objet direct : la (ma mère), me (Oscar)
- pronom complément d'objet indirect : me (Oscar), lui (ma mère)
- autre pronom complément : en (mon portable)

Flore :

- pronom complément d'objet direct : l' (mon premier portable), les (des petits mots amusants)
- pronom complément d'objet indirect : me (Flore)
- autre pronom complément : en (mon premier portable), y (Facebook), en (Facebook)

3 Activité à deux : l'élève A invente deux phrases courtes avec un ou plusieurs pronoms. L'élève B identifie le(s) pronom(s). Les rôles sont ensuite inversés.

Les élèves peuvent écrire leurs phrases, afin de surmonter la difficulté qu'il y a à reconnaître à l'oral les pronoms élidés comme *m'* ou *l'*.

Proposer des phrases déjà faites pour les élèves ayant besoin d'activités plus structurées.

Exemple :
Ton nouveau vélo, il est super ! Tu me le prêtes ?

Arthur, tu lui téléphones souvent ? Je l'appelle une fois par semaine et je lui envoie un mail tous les jours.

Je viens d'acheter un nouveau portable. Je l'utilise pour prendre des photos et je les envoie à mes amis.

Au Sénégal, les jeunes créent des vidéos sur YouTube

Discussion de classe avant de lire l'article :

- Quelles sortes de vidéos est-ce que vous regardez sur les plateformes de vidéos en ligne comme YouTube ou Vimeo ?
- Est-ce que vous avez déjà posté des vidéos ?

4 Après avoir lu l'article, les élèves répondent aux questions (1–4).

Inviter les élèves à visionner le film *Sandale Man* de Charles Koné, de même que les vidéos de Mouhamadou Ndiaye (« Dudu »), qu'ils peuvent facilement trouver en ligne, par exemple sur YouTube.

Réponse :
1. avec un smartphone
2. un film court, *Sandale Man*, l'histoire d'un superman africain
3. de petits films humoristiques
4. Ils voudraient se faire connaître / devenir célèbres. Une vidéo qui est beaucoup regardée, cela permet de gagner de l'argent

---

L'ACCORD DU PARTICIPE PASSÉ AVEC *AVOIR*

Voir aussi :
- Cahier d'exercices 1, 2
- 10.06 Le français à la loupe

5 🔊 Les élèves écoutent les témoignages de trois jeunes (Romane, Malia et Alexis) qui parlent de leurs applis préférées. Ils complètent les phrases.

Il est conseillé de faire écouter l'enregistrement deux fois. Selon le niveau de compréhension de la classe, l'enregistrement peut être interrompu après chaque témoignage.

Après avoir fait l'activité 5, les élèves peuvent réécouter les trois témoignages pour trouver des détails supplémentaires.

À noter : Expliquer *une gratte*, terme familier pour *une guitare*.

Réponse :
1   **a** de la guitare, **b** apprendre à jouer de la guitare, **c** beaucoup d'exercices, l'appli donne des conseils et corrige les erreurs, **d** professeur de guitare
2   **a** ses vêtements, **b** poser des questions à un groupe de personnes
3   **a** marcher, courir, faire du vélo, **b** calcule le nombre de kilomètres qu'il fait, **c** donne de l'argent à des associations humanitaires

---

🔊 **CD 02, Piste 21**

1 Romane

Mon appli préférée s'appelle *Ma Gratte*. C'est une appli pour apprendre à jouer de la guitare. J'adore la guitare et j'en joue depuis deux ans. Avec *Ma Gratte*, je peux faire des centaines d'exercices. Grâce au micro du téléphone, l'appli m'écoute jouer, me donne des conseils et corrige mes erreurs. C'est comme un vrai professeur de guitare.

2 Malia

Je me sers beaucoup d'une appli qui s'appelle *Kestendi*. Quand je fais du shopping, quand j'achète des vêtements, je trouve très difficile de faire mon choix. Avec cette appli, je peux poser la question à un groupe de personnes. Alors, pantalon bleu ou pantalon gris ? Gros pull ou chemise ? Sandales ou tennis ? Les utilisateurs de *Kestendi* me donnent leur opinion et m'aident à choisir.

---

3 Alexis

Pour moi, l'appli la plus utile, c'est *Solid'Air*. C'est une appli qui permet de gagner de l'argent pour des associations humanitaires. Comment ? Eh bien, en faisant des activités sportives. Je suis très sportif et j'adore le plein air. Chaque fois que je marche, que je cours ou que je fais du vélo, l'appli calcule le nombre de kilomètres que je fais et l'organisation *Solid'Air* donne de l'argent aux associations humanitaires. Tout le monde y gagne, tout le monde est content.

---

6 💬 À deux ou en groupe, les élèves discutent de leurs applis préférées parmi les six mentionnées. Les encourager à utiliser le vocabulaire des activités précédentes pour donner des raisons. Puis ils votent pour établir l'appli préférée de la classe.

Autres questions possibles :

Quelle appli utilisez-vous le plus ? Décrivez-la. À quoi sert-elle ?

7 💬 À deux ou en groupe, les élèves définissent ce qui serait différent dans leur propre vie sans téléphone portable. Les encourager à utiliser le conditionnel présent dans leurs réponses.

Exemple :
Mes copains / copines m'appelleraient seulement sur le téléphone fixe. S'il sonnait, je répondrais très vite.

Si j'avais besoin d'informations, j'irais sur l'ordi, ou même je chercherais dans un livre.

8 💬 En groupe, les élèves relisent la bulle de Pierre et discutent de la télévision.

9 📝 Les élèves rédigent un message au sujet de leur utilisation du téléphone portable.

Ils doivent répondre aux questions dans l'ordre où elles sont posées en donnant des détails et en utilisant le vocabulaire appris aux activités précédentes. Les encourager à utiliser des pronoms et une diversité de verbes et de temps.

Fixer une longueur minimum en fonction des capacités des élèves, en commençant par une cinquantaine de mots.

10 À l'écoute du monde

10.03 Enquête : l'ordi dans nos vies

Matériel :
- CD 02, Piste 22
- Cahier d'exercices 3

À la maison, en vacances… et au collège : l'ordinateur, outil incontournable

1a 📖 Après avoir lu la section A de l'article, les élèves notent les expressions qui correspondent à leur usage de l'ordinateur et les numérotent par ordre de préférence.

Réponse :
Toutes les réponses possibles :

se connecter sur les réseaux sociaux, écouter de la musique, faire des jeux, rédiger les devoirs, créer des graphiques, se servir du logiciel PowerPoint, préparer un diaporama, faire une présentation, créer des cartes (de géographie), faire des exercices de grammaire, travailler en réseau, finir à la maison des devoirs commencés en classe, recevoir les corrections du professeur en ligne

1b 💬 À deux, les élèves comparent leurs réponses avec celles d'un partenaire.

2 📖 Après avoir lu la section B de l'article, les élèves corrigent les phrases données (1–8).

Réponse suggérée :
(il peut y avoir des variations)

1. **Le journal télévisé**, c'est très utile pour s'informer.
2. **Tout le monde peut** publier en ligne.
3. Un canular, c'est une information **fausse**.
4. Hoaxbuster permet de **vérifier** les informations.
5. Une information périmée **n'est plus** valide.
6. S'il n'y a pas de date sur un site web, il faut **vérifier** l'information sur d'autres sites web.
7. L'auteur du site, c'est la personne qui **publie** l'information.
8. Si l'auteur du site vend un produit, ses informations **ne sont pas neutres**.

3 📖 Les élèves relèvent six expressions impersonnelles dans le texte.

Réponse :
il est indispensable de les filtrer, il est important de reconnaître, il faut la vérifier, s'il n'y a pas de date, il faut vérifier, il est utile de savoir

Demander aux élèves quelles autres expressions impersonnelles ils connaissent : *il est possible / impossible de, il est permis de, il est intéressant de…*

En fonction du niveau des élèves, leur demander de faire des phrases en réemployant les expressions du texte, ou avec les autres expressions impersonnelles qu'ils connaissent.

Exemple : il existe des logiciels interactifs

4 🔊 Les élèves font correspondre les commentaires 1–10 avec les usages notés dans l'activité 1.

À la deuxième écoute, ils définissent si ces usages sont faits régulièrement, parfois ou jamais.

Demander ensuite aux élèves de faire correspondre les enregistrements 1–10 avec leur propre numérotation dans l'activité 1. S'il y a des usages qu'ils n'ont pas mentionnés et qui ne sont donc pas numérotés, ils les notent en quelques mots.

Réponse :
1. se connecter sur les réseaux sociaux – souvent / **régulièrement**
2. rédiger les devoirs – **parfois**
3. créer des graphiques – j'ai l'habitude de faire ça / **régulièrement**
4. se servir du logiciel PowerPoint – **jamais**
5. préparer un diaporama – de temps en temps / **parfois**
6. faire une présentation – à intervalles réguliers / **régulièrement**
7. créer des cartes (de géographie) – **jamais**
8. faire des exercices de grammaire – **régulièrement**
9. travailler en réseau – toujours / **régulièrement**

10   recevoir les corrections du professeur en ligne – de temps en temps / pas très régulièrement / **parfois**

PRONOMS RELATIFS *QUI* ET *QUE* / *QU'*

Encourager les élèves à relire les textes pour trouver d'autres exemples de *qui*, *que* et *qu'*.

Voir aussi :
- Cahier d'exercices 3
- 10.06 Le français à la loupe

🔊 CD 02, Piste 22

1   Comme tout le monde, je me connecte souvent sur Facebook et Twitter.
2   Je me sers parfois de l'ordi pour écrire un devoir, mais pas très souvent.
3   Ah oui, créer des graphiques avec Word, j'ai l'habitude de faire ça.
4   PowerPoint ? Non. Je sais que c'est pratique, mais je ne m'en suis jamais servi.
5   Oui, ça m'arrive de préparer des diaporamas pour le collège. De temps en temps.
6   Bien sûr que je fais des présentations. J'en fais à intervalles réguliers.
7   Créer une carte de géographie avec un logiciel ? Ça a l'air intéressant, mais je dois dire que je n'ai jamais fait ça. Pas encore, en tout cas.
8   Des exercices de grammaire avec un logiciel interactif, j'en fais régulièrement. J'aime bien ça.
9   Oui, on travaille toujours en réseau ici au collège. C'est bien pratique.
10 Alors, recevoir les corrections du prof en ligne quand j'ai fait un devoir, ça arrive de temps en temps… mais pas très régulièrement. Je crois que les profs sont trop occupés !

---

5 💬 À deux, les élèves dialoguent au sujet de leur utilisation de l'ordinateur en se servant des questions données.

Ils peuvent, entre autres, se reporter à la liste d'expressions qu'ils ont faite dans l'activité 1.

VARIATION

L'activité 5 pourrait aussi se faire sous forme de sondage : les élèves circulent dans la classe, notent les usages de l'ordinateur, la fréquence, les opinions, puis font un rapport.

Exemple : Trois personnes ont utilisé l'ordi plusieurs fois comme traitement de texte. Deux personnes trouvent ça pratique. Une personne trouve ça ennuyeux.

---

6 📝 Les élèves rédigent un message sur la manière dont ils s'informent.

Ils doivent répondre aux questions dans l'ordre où elles sont posées en donnant leur opinion et en utilisant au moins une expression impersonnelle (comme dans l'activité 3).

Fixer une longueur minimum en fonction des capacités des élèves, en commençant par une cinquantaine de mots.

Exemple :

Pour m'informer, je regarde parfois le journal télévisé…

Par contre, j'utilise Twitter plusieurs fois par jour, parce que les informations sont plus récentes. Hier, par exemple, j'ai lu…

En fait, je préfère… parce que…

Bien sûr, il est important de vérifier la validité des informations, alors je vais aussi sur…

Au CDI, il est impossible de trouver des magazines de langue française. J'aimerais lire…

7 💬 En groupe, les élèves discutent au sujet de la télévision et donnent leurs raisons.

10.04   Gros plan sur… les réseaux sociaux

Matériel :
- CD 02, Piste 23
- Cahier d'exercices 4, 5 ; 6–8

---

10   À l'écoute du monde

Beaucoup de contacts, mais de quelle qualité ?

1 📖 Après avoir lu les messages des quatre jeunes sur le forum, les élèves les font correspondre aux phrases données (1–4).

Réponse :
1 Noah, **2** Lou, **3** Agathe, **4** Ethan

2a 📖 Après avoir relu les messages, les élèves relèvent les pronoms relatifs soulignés et définissent quels mots ils reprennent.

Réponse :

Agathe : avec **qui** je peux bavarder (des copines)

Ethan : **qui** passent tout leur temps (des copains), **auquel** ils veulent répondre (un message), à **laquelle** ils veulent réagir (une photo), **dont** le contenu est plus amusant (une vidéo)

Lou : avec **qui** ils communiquent (les gens), **qu'**on n'a jamais rencontrées (des personnes)

Noah : à **qui** on parle (la personne), avec **lesquelles** on se construit un profil (des informations)

2b 📖 Les élèves font correspondre les débuts et les fins de phrases.

Réponse :
1 c, **2** a, **3** b, **4** f, **5** e, **6** d

> **PRONOMS RELATIFS APRÈS UNE PRÉPOSITION**
>
> Voir aussi :
> - Cahier d'exercices 4, 5
> - 10.06 Le français à la loupe

3 💬 Les élèves lisent le message du modérateur sur le forum. En l'utilisant comme modèle, ils donnent des conseils à Agathe et aux personnes dont parlent Ethan, Lou et Noah. Les élèves donnent aussi leurs propres conseils.

Exemple : Agathe, la nuit, c'est fait pour dormir ! Déconnectez-vous le soir et ne placez pas votre smartphone à côté de votre lit…

Le cyber-harcèlement : une violence bien réelle

4 📖 Après avoir lu le texte, les élèves remettent les phrases données (a–h) dans le bon ordre.

Réponse :
g, e, d, h, b, f, a, c

5 🔊 📖 Les élèves écoutent les six jeunes qui donnent leur opinion. Dans chaque phrase (1–6), ils choisissent les bons mots pour compléter le résumé.

Il est conseillé de faire écouter l'enregistrement deux fois. Selon le niveau de compréhension de la classe, l'enregistrement peut être interrompu après chaque opinion.

Réponse :
en caractères gras dans la transcription

> 🔊 **CD 02, Piste 23**
>
> 1. Tami **n'aurait pas dû** poster ce message sur Oumar et Vicky. Ils n'ont rien fait de mal, après tout.
> 2. Si j'étais Tami, **j'aurais** téléphoné à mes amis pour avoir une explication. Cela aurait été plus simple, et plus gentil.
> 3. Poster une photo trafiquée d'une copine, c'est une réaction vraiment horrible. Oumar et Vicky **n'auraient pas** dû poster cette photo trafiquée. Ils **auraient** dû parler directement à Tami.
> 4. Si Tami en **avait** parlé plus tôt, sa mère aurait peut-être compris et elle **aurait** pu lui donner des conseils.
> 5. Si **je voyais** des choses comme ça sur un forum, je n'y **répondrais** pas. La meilleure chose à faire, c'est de quitter le forum.
> 6. Comme c'est sur le forum du collège, Tami **devrait** en parler à un adulte.

6 💬 À deux ou en groupe, les élèves donnent leur avis sur ce qu'auraient dû faire Tami, Vicky, Oumar mais aussi les autres membres du forum, le modérateur et la mère de Tami.

Autre question suggérée : « Que feriez-vous si vous voyiez des commentaires comme cela sur un forum ? »

Les élèves qui en sont capables peuvent manipuler le conditionnel passé (*Je n'aurais pas réagi au message…*) ou présent (*Je parlerais à un prof…*). Les autres peuvent exprimer leurs opinions plus simplement (*Je pense qu'il faut réfléchir avant de publier… Dans les forums, il ne faut pas écrire de bêtises…*).

Voir aussi :
- Cahier d'exercices 6-8

7 Les élèves rédigent un paragraphe à poster sur un forum où les règles de bon comportement ne sont pas respectées.

Exemple : Moi, je viens sur le forum pour bavarder et rigoler, mais vous racontez des bêtises. Je trouve ça nul. Vous devriez réfléchir avant de poster des insultes et des menaces. Lancer des rumeurs, c'est horrible…

> **APPROFONDISSEMENT**
>
> À l'oral, les élèves peuvent aussi s'entraîner à répondre à ces questions :
> - Quels sont les avantages et les inconvénients des téléphones portables / d'Internet ?
> - Quel est ton mode de communication préféré ?

10.05 Vie pratique

> **Matériel :**
> - CD 02, Piste 24
> - Cahier d'exercices 9–11, 14

L'informatique au travail et la netiquette

1a Après avoir lu l'article, les élèves imaginent qu'il ne respectent pas les règles 1–7 de la « netiquette ». Ils font la liste des erreurs qu'ils commettent.

Réponse suggérée :
1. J'écris toujours en majuscules.
2. Je me sers constamment des émoticônes et des abréviations.
3. Je ne fais pas attention à l'orthographe et à la ponctuation.
4. Je ne donne pas de titre clair aux mails.
5. J'écris des messages trop longs.
6. Je ne demande jamais la permission à l'auteur avant de transférer un mail à d'autres personnes.
7. Si j'adresse un mail à plusieurs personnes qui ne se connaissent pas, je ne le leur envoie pas en copie aveugle.

1b Les élèves réécrivent les règles 1–7 pour leur partenaire.

Réponse suggérée :
1. N'écris pas / jamais en majuscules.
2. Ne te sers pas / N'utilise pas constamment des émoticônes / abréviations.
3. Fais attention à l'orthographe et à la ponctuation.
4. Donne à tes mails un titre clair et précis.
5. Écris des messages courts.
6. Quand tu reçois un courriel / mail, ne le transfère pas à une autre personne sans demander la permission à l'auteur.
7. Si tu adresses un courriel / mail à plusieurs personnes qui ne se connaissent pas, envoie-le leur en copie aveugle.

> **VARIATION**
>
> Activité à deux : l'élève A écrit un petit extrait de message qui ne respecte pas la netiquette. L'élève B donne le numéro de l'erreur et la corrige. Les rôles sont ensuite inversés.

> **POSITION DES PRONOMS COMPLÉMENTS D'OBJET**
>
> Voir aussi :
> - Cahier d'exercices 9–11, 14
> - 10.06 Le français à la loupe

2 Après avoir relu l'article, les élèves relèvent les différents pronoms dans le texte.

Réponse :

Cinq pronoms compléments d'objet direct : il est important de **les** connaître (ces règles) ; les correcteurs… **vous** y aident (le lecteur) ; le destinataire ne **le** lira pas (le message) ; ne **le** transférez pas (le courriel) ; envoyez-**le** (le courriel)

Quatre pronoms compléments d'objet indirect : il ne faut pas s'**en** servir (les émoticônes) ; les correcteurs vous **y** aident (faire attention à l'orthographe et à la ponctuation) ; donnez-**lui** un titre clair (le courriel) ; envoyez-le **leur** (à plusieurs personnes)

Un pronom complément de lieu : on **y** applique (Internet)

APPROFONDISSEMENT

Scénarios simples pour que les élèves s'exercent à envoyer un courriel court mais approprié :
- remercier les parents de leur correspondant pour leur accueil (voir l'Unité 3)
- écrire aux parents de plusieurs amis pour proposer ses services de babysitting (voir l'Unité 9).

Communiquer en français, langue d'avenir

3 📖 Les élèves trouvent dans l'article trois raisons d'apprendre le français. Ils classent ces raisons par ordre d'importance et peuvent ajouter leurs propres raisons.

Réponse :

En 2050, il y aura peut-être plus de francophones que d'anglophones dans le monde.

Internet n'est plus seulement anglophone ; le français est entre la quatrième et la huitième place.

Le français est souvent la langue préférée pour les relations commerciales en Afrique.

Autres raisons possibles :

Je suis obligé(e) d'apprendre le français au collège.

Le français est utile pour voyager.

Le français permet de découvrir la culture des pays francophones.

Le français est une des langues officielles des jeux Olympiques.

C'est une belle langue et c'est un plaisir de l'apprendre.

S'assurer que les élèves peuvent nommer quelques pays francophones d'Afrique. En ordre d'importance démographique :

le Congo RDC	le Burundi
Madagascar	le Bénin
le Cameroun	le Togo
la Côte d'Ivoire	la République centrafricaine
le Niger	le Congo RC
le Burkina Faso	le Gabon
le Mali	Djibouti
le Sénégal	la Guinée équatoriale
le Tchad	les Comores
la Guinée	les Seychelles
le Rwanda	

4 🔊 Les élèves écoutent l'interview et répondent aux questions en choisissant la bonne réponse, A, B, C ou D. Encourager les élèves à bien lire les questions avant d'écouter et, si besoin, expliquer le vocabulaire qui leur est inconnu.

Cette activité permet aux élèves de s'entraîner à la compréhension orale. Il est conseillé de faire écouter l'enregistrement deux fois. Faire une pause à l'endroit indiqué dans la transcription.

Réponse :
1 C, **2** B, **3** D, **4** D, **5** A, **6** C

> 🔊 **CD 02, Piste 24**
>
> **Asma** Allô, Entreprise *Fabrico*, j'écoute.
>
> **A Villier** Bonjour ! Ici Antoine Villier. Je voudrais parler à Madame Berton, s'il vous plaît.
>
> **Asma** Je regrette, Madame Berton est absente. Elle est en déplacement.
>
> **A Villier** Absente ! C'est très ennuyeux. Quand doit-elle rentrer ?
>
> **Asma** En principe, elle sera de retour au bureau lundi prochain.
>
> **A Villier** Lundi ! Mais c'est urgent… Pouvez-vous me donner son numéro de portable, s'il vous plaît ?
>
> **Asma** Non, je regrette, je ne suis pas autorisée à vous le donner. Laissez-moi un message, et je le lui transmettrai.
>
> *[Pause]*
>
> **A Villier** D'accord. Il s'agit de notre rendez-vous à Paris le mois prochain. J'avais réservé une salle dans un hôtel, une salle équipée pour la vidéoconférence, mais l'hôtel vient d'appeler ce matin pour annuler la réservation.
>
> **Asma** Bon, c'est noté.
>
> **A Villier** L'hôtel m'a proposé une autre date en juin, mais ils veulent que je confirme rapidement. Cette réunion est très importante. J'ai vraiment besoin de la réponse de Madame Berton tout de suite.
>
> **Asma** Si vous lui envoyiez un mail ? Je peux vous donner son adresse mail, si vous voulez. Vous avez de quoi noter ?

A Villier	Bonne idée, allez-y.
Asma	Alors, c'est mberton, en un seul mot…
A Villier	nberton ?
Asma	Non, M comme Marie, M, B, E, R, T, O, N arobase fabrico point F, R.
A Villier	Je vous remercie. Je lui envoie un courriel tout de suite.
Asma	Je vous en prie. Au revoir !
A Villier	Au revoir !

VARIATION

- Les élèves écoutent encore une fois l'interview et répondent aux questions. Donner la transcription à lire aux élèves qui en auraient besoin.
    1. Que dit Asma pour commencer quand elle répond au téléphone ?
    2. Comment Asma dit-elle qu'elle est désolée ?
    3. Que dit Asma à propos du numéro de portable de Madame Berton ?
    4. Comment dit-elle qu'elle a noté quelque chose ?
    5. Comment Asma demande-t-elle si Antoine Villier peut noter quelque chose ?
    6. Comment Asma finit-elle la conversation ?

    Réponse :
    1 Allô, Entreprise Fabrico, j'écoute. 2 Je regrette. 3 Je ne suis pas autorisée à vous le donner. 4 C'est noté. 5 Vous avez de quoi noter ? 6 Je vous en prie. Au revoir !

- Les élèves conçoivent et font de simples jeux de rôle (demande de renseignements comme l'adresse mail ou les heures d'ouverture de l'entreprise, prise de rendez-vous, etc.) en réutilisant ces expressions pour les conversations au téléphone.

5 En groupe, les élèves discutent des nouvelles technologies et de leur impact dans le monde du travail.

Ils rédigent ensuite un message de 120 mots environ en répondant aux questions données.

Pour les idées et le vocabulaire, les élèves s'appuient sur la totalité de l'Unité 10, ainsi que sur l'Unité 9.

VARIATION

Autres sujets de discussion suggérés :
- Pensez-vous que les langues étrangères sont importantes pour trouver un bon travail ? Pourquoi ?
- Dans quels métiers, à votre avis, est-ce qu'il est important d'apprendre une langue étrangère ? Pourquoi ?
- Pourquoi les compétences linguistiques sont-elles plus importantes qu'il y a trente ans dans le monde du travail ?

10.06 Le français à la loupe

Matériel :
- CD 02, Piste 25
- Cahier d'exercices 12, 13 ; 15

Les pronoms

Cette section grammaticale traite des aspects suivants :

- Qu'est-ce qu'un pronom sujet ?
- Qu'est-ce qu'un pronom réfléchi ?
- Qu'est-ce qu'un pronom complément ?
    - le pronom complément d'objet direct (COD)
    - le pronom complément d'objet indirect (COI)
    - *Y* et *en*
- Où placer les pronoms compléments ?
- Qu'est-ce qu'un pronom emphatique ?
- Qu'est-ce qu'un pronom relatif ?

Comment ça se dit ?

1 🔊 Tout en faisant attention aux pronoms élidés, les élèves écoutent et écrivent les phrases.

Il est conseillé de faire écouter l'enregistrement deux fois et d'interrompre l'enregistrement après chaque phrase.

🔊 CD 02, Piste 25
1. La voiture ? Non, il ne l'a pas lavée.
2. Je vois le chanteur mais je ne l'entends pas.
3. Ma copine m'a dit qu'elle m'a vu dans le magasin.
4. Sa nouvelle appli s'appelle *Kestendi*.
5. Si tu détestes cette appli, ne t'en sers pas.
6. Elle s'est connectée avec ses amies.
7. Voici le mail qu'elle a envoyé.
8. Comment s'est passée cette réunion ?
9. Ta nouvelle télé, elle t'a coûté cher ?
10. As-tu vu les messages qu'elle poste quelquefois ?
11. Ma page Facebook m'amuse beaucoup.
12. Tu connais le film qu'ils ont regardé ?

10.07 Le parfait linguiste

Comment se servir d'un dictionnaire bilingue ?

1 📖 Les élèves trouvent dans les pages de l'Unité 10 les abréviations données et réécrivent le mot entier.

Demander aux élèves s'ils connaissent d'autres abréviations et les ajouter à la liste : *un ciné (cinéma), un restau (un restaurant), la pub (la publicité), une appli (une application)*…

Réponse :
accro (accroché), l'ado (l'adolescent), l'info (l'information), l'ordi (l'ordinateur), le prof (le professeur)

2 📖 Les élèves cherchent les mots donnés dans un dictionnaire bilingue.

Montrer aux élèves que *prometteuse* et *fournissant* ne se trouvent pas en tant que tels dans un dictionnaire.

Faites vos preuves !

3 📖 Cette activité permet aux élèves de s'entraîner à la compréhension écrite.

Après avoir lu le texte, les élèves répondent aux questions par *Vrai* ou *Faux*. Ils corrigent la phrase si elle est fausse. Ils peuvent copier des passages du texte ou reformuler leur réponse.

Réponse :
1 Vrai, **2** Faux (D'abord, un jury composé de professionnels a évalué de nombreux critères), **3** Vrai, **4** Faux (Les téléviseurs solaires sont destinés aux habitants des régions rurales et isolées), **5** Faux (Les utilisateurs paient 50 shillings par jour pour leur téléviseur ; au bout d'un an, ils en deviennent propriétaires)

9 et 10 Révisez bien !

> **Matériel :**
> - Fiche R5.01

Jeu : « Réponse à tout ! »

Cette unité a pour but de faire réviser le vocabulaire, les expressions et les structures grammaticales étudiés lors des Unités 9 et 10. Les élèves sont donc incités à relire régulièrement leurs notes et à réviser le nouveau vocabulaire et les nouvelles structures grammaticales.

Les activités de cette unité sont délibérément plus ludiques. Il est possible de réviser en s'amusant !

1   Les élèves lisent les questions et les associent aux réponses de Bintou. Ils comptent le nombre de points pour chaque réponse en essayant d'obtenir le plus de points possible.

Cette activité peut se faire individuellement ou à deux. Le fait de donner des points aux élèves les encourage à donner des réponses détaillées, dans une langue sophistiquée.

Cette activité donne aux élèves l'occasion d'améliorer leurs compétences en production orale, pour laquelle ils doivent être capables de maintenir une conversation en exprimant et en justifiant leurs idées au moyen d'une variété de vocabulaire, de structures grammaticales et de temps verbaux.

Réponse :

Le choix d'un futur métier : **1** D, **2** A, **3** B, **4** E, **5** C

Un stage en entreprise : **1** D, **2** B, **3** A, **4** C

Un entretien pour un job d'été : **1** D, **2** B, **3** C, **4** A

L'internet et les réseaux sociaux : **1** B, **2** A, **3** D, **4** C

Les nouvelles technologies : **1** B, **2** C, **3** A, **4** D

Les langues étrangères : **1** B, **2** D, **3** C, **4** A

2   Les élèves cachent les questions et regardent les réponses. Ils reformulent ensuite les questions.

Il est important que les élèves soient familiarisés avec ce genre de questions afin de répondre correctement aux activités de compréhension écrite et de compréhension orale.

3   Les élèves donnent leurs réponses personnelles aux questions en se servant d'expressions trouvées dans les textes des Unités 9 et 10. Ils doivent utiliser le barème indiqué (Fiche R5.01) pour obtenir le plus de points possible.

Cette activité peut se faire à deux. L'élève A pose les questions à l'élève B qui y répond. L'élève A accorde des points à B selon le barème. Les rôles sont ensuite inversés.

4   Les élèves ajoutent d'autres questions à chaque section et échangent leurs idées avec un partenaire.

Roman

À noter :

Ce texte peut sembler difficile pour certains élèves. À un stade aussi avancé du programme et après quelques explications de la part du professeur avant la lecture du texte, il ne devrait pas y avoir de problèmes de compréhension.

Expliquer aux élèves qu'il n'est pas nécessaire qu'ils comprennent chaque mot mais le sens général du texte.

Leur expliquer certains mots avant la lecture du texte, par exemple *singer quelqu'un*.

Leur faire remarquer que les verbes sont au passé simple. Se référer à l'encadré *Grammaire* à ce sujet. Sans connaître la manière dont le passé simple est formé, les élèves pourront facilement en deviner le sens.

1   📖 🔊 Les élèves lisent l'extrait de *Maïté Coiffure* de Marie-Aude Murail. Ils répondent aux questions en justifiant leurs réponses avec des mots du texte.

Réponse :

1   cinq personnages : Louis + M. Feyrières (le père de Louis : *Il s'adressait à son fils à l'autre bout de la table / il y avait quatre autres personnes à table*) + Mme Feyrières (la mère de Louis) + Floriane (probablement la sœur de Louis) + Bonne-Maman (la grand-mère de Louis / la belle-mère de M. Feyrières : *M. Feyrières adressa à sa belle-mère…*)

2   chirurgien (*il était chirurgien*)

3   Elle suggère de faire un stage dans un salon de coiffure. (*J'ai ma coiffeuse qui prend des apprenties… Un stagiaire, c'est pas très différent. / Bonne-Maman promit d'en parler à Maïté, la patronne du salon.*)

4   coiffeuse (*Moi, je veux faire coiffeuse quand je serai grande.*)

5   non (*M'est égal, grogna Louis.*)

6   Il pense que c'est bien. (*Ce n'est pas une mauvaise chose, ce stage. Louis va apprendre ce qu'est le travail, balayer, ranger, rester des heures debout… / Il est temps qu'il découvre le principe de réalité !*)

2 📖 Les élèves retrouvent dans le texte des verbes aux temps indiqués.

Réponse :

- un verbe au subjonctif : il faut qu'ils fassent des stages ; Il est temps qu'il découvre…
- un verbe au futur simple : tu trouveras ; quand je serai grande
- un verbe au conditionnel : je pourrais peut-être lui dégoter quelque chose
- un gérondif : en desserrant sa cravate
- un verbe au futur proche : Louis va apprendre ce qu'est le travail

3 💬 À deux, les élèves imaginent la suite de l'histoire.

Encourager les élèves à utiliser des expressions telles que *je pense que, je crois que, à mon avis…* et à justifier leurs réponses en utilisant des connecteurs : *parce que, puisque, car…* Inciter les élèves à utiliser le futur et le conditionnel.

Chaque groupe lit son texte au reste de la classe. Le texte de chaque groupe peut être mis en commun de manière à former une fin modèle.

> **APPROFONDISSEMENT**
>
> Les élèves relisent l'extrait et en relèvent les mots qui indiquent l'attitude des personnages :
>
> **Exemple :** M. Feyrières : bel homme, voix forte… ; Louis : mauvaise humeur – grommeler, grogner ; Mme Feyrières : anxieuse, s'inquiéta, redouta
>
> Ils décrivent ensuite la personnalité du père, de Bonne-Maman, de Mme Feyrières, de Louis.

> **LE PASSÉ SIMPLE**
>
> C'est l'équivalent du passé composé, utilisé seulement dans les récits.
> On ne l'utilise pas quand on parle.
> Il s'exclama (s'exclamer), il grommela (grommeler)

Comment bien répondre aux questions sur un texte ?

Les élèves lisent d'abord les conseils pour bien répondre aux questions sur un texte. Il leur est suggéré de :

- regarder attentivement les mots interrogatifs, le temps des verbes et les mots-clés utilisés dans les questions
- repérer les réponses dans le texte en cherchant des mots-clés.

Faites vos preuves !

4 📖 💬 Cette activité permet aux élèves de s'entraîner à la compréhension écrite.

Après avoir lu les conseils de *Comment bien répondre aux questions sur un texte ?*, les élèves lisent le mail d'Hugo à M. Solène et répondent aux questions 1–9.

Réponse :
1   son père lui avait donné les coordonnées de M. Solène
2   pour faire un stage dans son entreprise
3   de le recontacter cette année
4   (il aimerait devenir) programmeur
5   maths et informatique
6   pour apprendre les réalités du métier en observant les employés
7   très fort en informatique, extrêmement sérieux
8   pendant un mois
9   il a aidé des enfants avec leur travail scolaire

11 En voyage

Au sommaire

Thème : les voyages

Points lexicaux
- récit de voyage
- l'importance des voyages
- l'hébergement en voyage
- accidents de la route

Grammaire
- adjectifs et pronoms indéfinis
- la durée : *pendant*, *pour*
- la voix passive : le passé composé
- bilan sur les connecteurs

Stratégies
- préparer et donner une courte présentation
- parler avec plus d'assurance

Les trois activités de cette page peuvent se faire à deux ou en groupe.

1 💬 Les élèves donnent trois faits qui les surprennent sur l'image.

2 💬 Les élèves font des recherches sur Henriette d'Angeville.

À l'aide de tous les renseignements trouvés par chaque groupe, dresser un portrait plus complet d'Henriette d'Angeville.

Exemple :
Elle est née en 1794 et morte en 1871.

Elle était surnommée « Mademoiselle d'Angeville, la fiancée du mont Blanc » parce qu'elle était la deuxième femme à gravir le mont Blanc.

Elle a raconté son aventure dans un album de voyage, « Le Carnet vert », écrit en 1839.

3 💬 Les élèves répondent aux questions données au sujet de leur voyage idéal. Les inciter à utiliser le conditionnel.

En fin d'unité, revenir sur cette page et demander aux élèves d'imaginer qu'ils ont fait leur voyage idéal de l'activité 3. L'élève A pose les questions à l'élève B, qui raconte son voyage en donnant le plus de détails possible. Les rôles sont ensuite inversés.

Les inciter à utiliser une variété de connecteurs de la grille de la section 11.06 (*Le français à la loupe*).

11.01 La langue dans la poche !

Quiz

À noter : Pour chaque section de ce questionnaire, encourager les élèves à créer et à préparer leurs propres questions et exemples.

A Révision des pronoms relatifs (Unité 10).

Réponse :
1 c, **2** e, **3** a, **4** d, **5** b

B Révision des pronoms personnels (Unité 10).
Encourager les élèves à réécrire chaque phrase en prenant soin de placer le pronom au bon endroit.

Réponse :
1 b, **2** b, **3** a, **4** c, **5** b

1. Je voudrais **y** aller pour faire un tour à vélo.
2. Je **leur** ai envoyé un e-mail.
3. On parle avec **lui** sur Skype : il fait un grand voyage en Australie.
4. Mon copain **y** met toujours ses photos de voyage.
5. Mon copain **les** met toujours sur Facebook.

C Révision de l'accord du participe passé avec le complément d'objet direct placé avant le verbe (Unité 10).

Encourager les élèves à bien noter les terminaisons des participes passés qui doivent s'accorder avec les noms qu'ils choisissent pour remplir les blancs.

Réponse :
1 le CV, **2** des notes, **3** le stage, **4** les infirmières, **5** les conseils

D Révision des pronoms personnels (Unité 10).

Réponse :
1   je leur en envoie tous les étés.
2   ne me la raconte pas !
3   je les y retrouve le dimanche matin.
4   je ne lui en ai pas parlé.
5   je ne la lui prêterai jamais !

La course aux médailles

Cette section a pour but d'entraîner les élèves à répondre avec aisance à l'oral comme à l'écrit à des situations typiques de la vie quotidienne.

Les huit activités ont pour but de faire réviser aux élèves des thèmes étudiés lors des unités précédentes. Elles peuvent se faire individuellement ou en groupe.

Avant de répondre aux questions, les élèves révisent (à la maison ou en classe, sous forme de remue-méninges) les thèmes suivants : le temps, les moyens de transport, l'hébergement en vacances, les attractions touristiques, la nourriture, les passe-temps et les pays étrangers.

Chaque groupe de questions est présenté par ordre de difficulté, allant du bronze à l'or. Outre l'aspect compétitif, veiller à la précision des réponses, aux fautes de grammaire, d'orthographe, etc.

Les élèves doivent particulièrement prêter attention à l'utilisation des différents temps des verbes. Les fautes sont décomptées dans la course aux médailles.

Les élèves peuvent répondre aux trois questions d'une même section. Les encourager à commencer par les questions en bronze pour ensuite passer aux niveaux supérieurs si leurs réponses sont satisfaisantes.

Encourager les élèves qui en ont besoin à préparer les questions en or à la maison, à l'aide d'un dictionnaire. Encourager les élèves ayant plus de facilités à créer leurs propres questions sur d'autres thèmes déjà étudiés.

Réponse suggérée :
8   Bronze : Dites si vous avez déjà habité à l'étranger (dites où et quand).

Je suis né en Belgique parce que mes parents y travaillaient. J'y ai habité jusqu'à l'âge de sept ans.

Argent :   Si vous pouviez, dans quel pays étranger aimeriez-vous habiter ? Pourquoi ? (Utilisez des verbes au conditionnel et un verbe au futur après *quand*.)

Quand je serai à l'université, j'aimerais étudier les langues étrangères. J'aimerais beaucoup passer du temps à l'étranger pour apprendre de nouvelles langues mais aussi pour rencontrer de nouvelles personnes. Mon rêve serait de vivre au Canada !

Or :   À votre avis, quels sont les avantages / les inconvénients d'avoir habité dans plusieurs pays ? (Utilisez *bien que* + subjonctif et *d'un côté… de l'autre côté…*)

Bien que je reste toujours très attaché(e) à ma propre culture, je pense que c'est vraiment formidable d'avoir habité dans plusieurs pays mais il y a aussi des inconvénients. D'un côté, on peut rencontrer beaucoup de personnes différentes mais, de l'autre côté, je pense que la nourriture de mon pays me manquerait.

11.02 Le blog de Nina

Matériel :
- CD 02, Piste 26
- Cahier d'exercices 7 ; 1, 2 ; 3

Le Burkina Faso : voyage scolaire, rencontres extraordinaires

1 Après avoir observé les photos (mais avant de lire le blog), les élèves décrivent ce qui se passe en complétant les phrases.

Un des buts de cette activité est d'introduire un peu de vocabulaire pour la description de photos, ce qui peut être utile pour un examen de production orale.

2 Les élèves lisent le blog de Nina et indiquent dans quels paragraphes se trouve la réponse aux questions données (1–8).

Réponse : **1** A, **2** A, **3** A, **4** E, **5** C, **6** D, **7** B, **8** F

> **LA DURÉE**
>
> Les élèves trouvent dans le blog les exemples de *pendant* + durée réelle et *pour* + durée prévue.
>
> **Réponse :**
> Paragraphe A : Nous sommes allées pendant deux semaines ; nous avons voyagé en car pendant quatre heures
> Paragraphe B : Nous avions correspondu avec les jeunes du village pendant un an
> Paragraphe F : l'été prochain, je vais à nouveau aller au Burkina Faso, cette fois pour un mois entier ; Nous irons à Songrétenga pour une semaine
>
> Voir aussi :
> - Cahier d'exercices 7

3 📖 📝 Les élèves relisent le blog de Nina et complètent les phrases (1–7).

Encourager les élèves à faire particulièrement attention aux connecteurs. (Consulter le bilan de grammaire sur les connecteurs dans la section 11.06, *Le français à la loupe*.)

Réponse :

1 épuisant / fatigant, **2** nous avons correspondu avec eux pendant un an, **3** il y a du vent / l'harmattan / des tempêtes de sable, **4** le dégué, **5** les hippopotames, **6** j'ai persuadé ma famille d'y aller / je vais à nouveau voyager au Burkina Faso, **7** retrouver mes amis / retrouver les amis que je me suis faits

4 📖 Après avoir lu l'encadré au sujet de *La voix passive*, les élèves retrouvent les cinq autres phrases à la voix passive au passé composé dans le blog de Nina.

Réponse :

Exemple : Paragraphe A : nous avons été transportés

Paragraphe B : Nous avons été très bien accueillis

Paragraphe C : j'ai été surprise par l'harmattan

Paragraphe D : une sorte de yaourt à la semoule qui a été servi en dessert

Paragraphe E : J'ai été fascinée par les hippopotames

Paragraphe F : J'ai été tellement impressionnée par ce pays

> **LA VOIX PASSIVE AU PASSÉ COMPOSÉ**
>
> Voir aussi :
> - Cahier d'exercices 1, 2
> - 8.06 Le français à la loupe

> **APPROFONDISSEMENT**
>
> Demander aussi aux élèves de trouver les verbes à la voix passive au présent.
>
> **Réponse :**
> Paragraphe B : la langue qui est parlée là-bas
> Paragraphe D : une pâte de farine de maïs, qui est servie avec…

5a 📖 Après avoir lu l'encadré *Adjectifs indéfinis*, les élèves retrouvent les neuf exemples d'articles indéfinis dans le blog de Nina.

Réponse :

Paragraphe A : plusieurs profs

Paragraphe B : chaque jour, quelques mots

Paragraphe C : les mêmes saisons, toute l'année, certains jours

Paragraphe D : une autre grande différence, aucun aliment, différents animaux sauvages

5b 📝 Les élèves rédigent neuf phrases sur un voyage qu'ils ont fait. Chaque phrase doit contenir un adjectif indéfini différent.

> **ADJECTIFS INDÉFINIS**
>
> Voir aussi :
> - Cahier d'exercices 3

6a 🔊 📝 Les élèves écoutent la conversation avec Maxime et notent ses réponses aux questions 1–8 de l'activité 2.

Il est conseillé de faire écouter l'enregistrement deux fois. Selon le niveau de compréhension de la classe, l'enregistrement peut être interrompu après chaque réponse à chaque question.

Réponse :
voir la transcription

6b 🔊 Les élèves réécoutent la conversation et relèvent les neuf adjectifs indéfinis.

Réponse :
en caractères gras dans la transcription

> 🔊 **CD 02, Piste 26**
>
> – Où as-tu voyagé la dernière fois, Maxime ?
> – Mon dernier voyage, c'était à Carnac, en Bretagne, dans le nord-ouest de la France.
> – Quand y es-tu allé ? Pendant combien de temps ?
> – J'y suis allé l'été dernier pendant trois semaines. Je vais **tous** les ans au **même** endroit parce que mes parents ont une villa là-bas.
> – Comment as-tu voyagé ? Avec qui ?
> – J'ai voyagé en voiture avec mes parents. Le voyage était long alors on a fait **quelques** arrêts sur l'autoroute.
> – Qu'as-tu visité pendant ton séjour ?
> – Nous avons visité **différentes** villes au bord de la mer, comme La Trinité et Vannes.
> – Quel temps faisait-il ?
> – En général, il faisait beau mais **certains** jours, il a plu. **Chaque** fois qu'il pleuvait, on a visité un musée. C'était très ennuyeux !
> – Comment était la nourriture ?
> – Excellente comme toujours ! J'ai mangé **plusieurs** fois à la crêperie près de la maison, hmmm, c'était délicieux.
> – Quelle était ton activité favorite ?
> – Cette année, j'ai adoré faire des promenades à cheval. L'**autre** activité qui m'a plu, c'était le kitesurf, mais attention, pour le kitesurf, il faut être en super forme !
> – Que feras-tu les vacances prochaines ?
> – Je n'ai encore **aucun** projet. Mes parents voudront sans doute retourner à Carnac mais moi, je voudrais partir en vacances avec mes amis !

7 ✏️ En 130–140 mots, les élèves rédigent un message pour le blog de Nina dans lequel ils racontent un voyage qu'ils ont fait.

Indiquer aux élèves qu'ils doivent utiliser des verbes aux temps du passé. Les encourager à employer des adjectifs indéfinis.

Fixer une longueur minimum en fonction des capacités des élèves, en commençant par une cinquantaine de mots.

8 💬 À deux, les élèves discutent de leur voyage en se servant des questions 1–8 de l'activité 2.

> **VARIATION**
>
> Les élèves décrivent leurs propres photos de vacances et en font une présentation au reste de la classe sous forme de PowerPoint.

11.03 Le Babillard

> **Matériel :**
> - Cahier d'exercices 4–6 ; 8

Un proverbe dit : « Les voyages forment la jeunesse. » Êtes-vous d'accord ?

Avant de commencer les activités suivantes, expliquer ce que signifie le proverbe : « Les voyages forment la jeunesse ».

> **LA DURÉE**
>
> Les élèves trouvent dans les textes des quatre jeunes les exemples de *depuis* (action commencée dans le passé et qui continue), *il y a* (point de départ d'une action dans le passé) et *dans* (point de départ d'une action dans le futur).
>
> **Réponse :**
> Tarek : depuis des années ; Chloé : il y a un an, depuis ce voyage, dans un an ; Moussa : il y a deux ans
>
> Voir aussi :
> - Cahier d'exercices 8

1a Les élèves lisent les messages des quatre jeunes et décident qui est d'accord avec le proverbe « Les voyages forment la jeunesse ».

Réponse :
Tarek, Chloé, Moussa

1b Les élèves font correspondre les questions avec les témoignages des quatre jeunes. Ils justifient leurs réponses en employant des mots du texte.

Réponse :
1 Anya (Quelqu'un qui ne voyage nulle part, comme c'est mon cas…)
2 Tarek (Des pays, j'en visite plusieurs, sur tous les continents, depuis des années puisque mes parents se déplacent beaucoup.)
3 Chloé (Il y a un an, avec des amies, on a trouvé un vol très bon marché et on est allées aux Antilles.)
4 Moussa (Je suis allé par moi-même en France il y a deux ans et j'y suis resté pendant six mois. J'ai appris à me débrouiller et à prendre confiance en moi.)

2 Les élèves relisent les témoignages des quatre jeunes et répondent aux questions.

Réponse :
1 On découvre des façons de vivre complètement différentes. Ça peut changer sa façon de penser. Ça ouvre l'esprit et on apprend à accepter les différences.
2 Elle est beaucoup plus curieuse depuis ce voyage.
3 Même sans voyager on peut être ouvert et tolérant. Il n'est pas essentiel de voyager pour être intelligent.
4 On apprend à se débrouiller seul et à prendre confiance en soi.

3 Après avoir relu les témoignages des quatre jeunes, les élèves complètent les phrases.
Les encourager à faire particulièrement attention aux connecteurs. (Consulter le bilan de grammaire sur les connecteurs dans la section 11.06, *Le français à la loupe*.)

Réponse :
1 ses parents se déplacent beaucoup, **2** vols à bas prix, **3** on ne voyage pas, **4** il a eu des moments difficiles

4a Après avoir lu l'encadré *Pronoms indéfinis*, les élèves retrouvent des exemples de pronoms indéfinis dans les témoignages des quatre jeunes.

Réponse :
Tarek : plusieurs, tous, quelques-uns, d'autres, aucun
Chloé : n'importe qui, tout le monde
Anya : quelqu'un
Moussa : chacun

4b Les élèves écrivent des phrases contenant chacune un pronom indéfini différent, si possible sur le thème des voyages.

> **PRONOMS INDÉFINIS**
>
> Voir aussi :
> - Cahier d'exercices 4–6

5 Avant de faire cette activité, les élèves doivent relire le vocabulaire pour la description de photos donné dans l'activité 1 de la section 11.02 (*Le blog de Nina*). Ils décrivent ensuite les dessins et expliquent de quoi il s'agit, en utilisant les expressions de l'encadré *Vocabulaire*.

6 Les élèves lisent la citation d'Alexandra David-Néel : « Voyager sans rencontrer l'autre, ce n'est pas voyager, c'est se déplacer. » À deux ou en groupe, ils font leurs commentaires.

À noter : Certains élèves trouveront peut-être cette activité difficile.

7 Les élèves préparent et présentent oralement un message de 1 à 2 minutes dans lequel ils donnent leur opinion sur les voyages.

Encourager les élèves à utiliser des expressions et du vocabulaire utilisés dans les témoignages de Tarek, Chloé, Anya et Moussa.

11.04 Vie pratique

> **Matériel :**
> - CD 02, Pistes 27–32
> - Cahier d'exercices 18–20
> - Fiche 11.01

Réserver un hébergement

1a 📖 Les élèves lisent les expressions utiles au sujet des réservations d'hébergement pendant les vacances et s'assurent qu'ils les comprennent bien.

1b 📝 Les élèves notent les expressions au bon endroit du diagramme de Venn (Fiche 11.01).

1c 📝 Les élèves ajoutent d'autres idées et expressions à la liste.

Vérifier que le vocabulaire requis pour réserver un hébergement soit bien couvert.

2 🔊 📝 Les élèves écoutent et complètent la conversation.

Il est conseillé de faire écouter l'enregistrement deux fois. Selon le niveau de compréhension de la classe, l'enregistrement peut être interrompu après la réponse à chaque question.

Réponse :
en caractères gras dans la transcription

> 🔊 **CD 02, Piste 27**
> - *Hôtel de la Mer*, j'écoute ?
> - Bonjour ! Je **voudrais réserver deux chambres, s'il vous plaît**.
> - À quelles dates et pour combien de nuits ?
> - **C'est du sept au onze** août, donc **quatre nuits**.
> - Et pour combien de personnes ?
> - Alors, **deux chambres pour deux personnes**.
> - Avec grands lits ou lits jumeaux ?
> - Une chambre **avec un grand lit** et une **avec des lits jumeaux**.
> - D'accord, alors, j'ai deux chambres libres au premier étage, à quatre-vingt-dix euros la chambre.
> - **D'accord. Le petit déjeuner est compris** ?
> - Non, il y a un supplément.
> - Est-ce que les chambres **ont un balcon avec vue sur la mer** ?
> - Oui, bien sûr.
> - Il y a **un garage dans l'hôtel** ?
> - Non, mais il y a un parking public juste en face.

> - Entendu. Est-ce que **je dois confirmer par mail** ?
> - Oui, s'il vous plaît. L'adresse c'est hoteldelamer arobase point F, R.
> - D'accord. Merci. Au revoir.
> - Au revoir. À bientôt.

3 💬 À deux, les élèves adaptent la conversation. L'élève A est le client, l'élève B est le réceptionniste. Les rôles sont ensuite inversés.

Cette conversation peut s'adapter à une situation similaire dans un camping ou dans une auberge de jeunesse.

Les élèves peuvent aussi faire preuve de plus d'imagination : ils peuvent, par exemple, inventer une conversation avec une célébrité dans un hôtel de luxe, ou une conversation avec un client exigeant…

Quand il y a des problèmes

4a 📖 📝 Les élèves lisent les instructions de la conversation A et complètent les blancs, avec les expressions de leur choix.

4b 🔊 Les élèves écoutent la conversation et comparent ce qu'ils entendent avec leurs réponses.

Il est conseillé de faire écouter l'enregistrement deux fois. Selon le niveau de compréhension de la classe, l'enregistrement peut être interrompu après chaque réponse à chaque question.

Réponse :
voir la transcription

> 🔊 **CD 02, Piste 28**
> **Conversation A**
> - Bonsoir, monsieur.
> - Bonsoir. Je peux vous aider ?
> - J'ai un problème. La climatisation ne marche pas.
> - Ah effectivement, c'est en panne.
> - Vous pouvez la réparer, s'il vous plaît ?
> - Ah non, désolé, ça ne va pas être possible ce soir.
> - Je peux parler au directeur ? Je voudrais me plaindre.

- Euh, oui bien sûr.
- Je voudrais une autre chambre ou alors je voudrais être remboursée.
- D'accord, nous allons voir ce que nous pouvons faire.

5a 🔊 💬 Les élèves lisent et écoutent la conversation B. Ils suivent les instructions et parlent après le bip sonore.

🔊 **CD 02, Piste 29**

Conversation B
1. – Bonsoir. Vous vouliez me parler ?
   [bip]
2. – Je vous en apporte immédiatement.
   [bip]
3. – Ne vous inquiétez pas, mon mari va s'en occuper.
   [bip]
4. – Ah d'accord. Je suis désolée. On va réparer ça tout de suite.
   [bip]

5b 🔊 Les élèves écoutent la conversation B en entier et comparent avec leurs réponses.

🔊 **CD 02, Piste 30**

Conversation B
1. – Bonsoir. Vous vouliez me parler ?
   – Oui, bonsoir madame. Vous pouvez m'apporter du savon et du shampooing, s'il vous plaît ?
2. – Je vous en apporte immédiatement.
   – Aussi, une des lampes ne marche pas.
3. – Ne vous inquiétez pas, mon mari va s'en occuper.
   – En plus, le chauffage de la salle de bains est en panne.
4. – Ah d'accord. Je suis désolée. On va réparer ça tout de suite.
   – Merci. Bonsoir, madame.

6a 🔊 💬 Les élèves écoutent la conversation C. Ils suivent les instructions et parlent après le bip sonore.

🔊 **CD 02, Piste 31**

Conversation C
1. – Bonjour. Je peux vous aider ?
   [bip]
2. – Ah bon ? Il y a un problème ?
   [bip]
3. – Je peux vous changer de dortoir si vous voulez.
   [bip]
4. – Ah je suis vraiment désolé. Vous voulez changer d'auberge de jeunesse ? Ou bien je peux vous donner une chambre individuelle avec salle de bains privée mais c'est plus cher.
   [bip]
5. – Entendu, alors c'est la chambre douze, au premier étage. Elle fait trente-cinq euros.
   [bip]

6b 🔊 Les élèves écoutent la conversation C en entier et comparent avec leurs réponses.

🔊 **CD 02, Piste 32**

Conversation C
1. – Bonjour. Je peux vous aider ?
   – Oui, bonjour, je voudrais me plaindre.
2. – Ah bon ? Il y a un problème ?
   – Oui, le dortoir est vraiment très bruyant et les draps sont très sales.
3. – Je peux vous changer de dortoir si vous voulez.
   – Non, je ne veux pas changer de dortoir parce qu'il y a aussi un problème dans la salle de bains. Elle est très sale et la douche est cassée.
4. – Ah je suis vraiment désolé. Vous voulez changer d'auberge de jeunesse ? Ou bien je peux vous donner une chambre individuelle avec salle de bains privée mais c'est plus cher.
   – Je vais prendre la chambre individuelle avec salle de bains privée, s'il vous plaît.
5. – Entendu, alors c'est la chambre douze, au premier étage. Elle fait trente-cinq euros.
   – D'accord, merci. Au revoir.

11 En voyage

7 À deux, en utilisant les expressions de l'encadré *Vocabulaire* et les conversations A–C comme modèle, les élèves imaginent d'autres conversations.

Donner la transcription des conversations aux élèves qui en ont besoin.

11.05 Vie pratique : Les dangers de la route

> **Matériel :**
> - CD 02, Pistes 33, 34
> - Cahier d'exercices 21

Vous êtes témoin d'un accident. Quoi dire, quoi faire?

1 Les élèves lisent les expressions utiles au sujet des accidents de la route et s'assurent qu'ils les comprennent bien.

2a Les élèves regardent le schéma sur la déclaration d'accident. Ils écoutent le témoin A et classent les expressions de l'encadré *Vocabulaire* dans l'ordre où ils les entendent pour résumer ce qu'il dit.

Il est conseillé de faire écouter l'enregistrement deux fois. Selon le niveau de compréhension de la classe, l'enregistrement peut être interrompu comme indiqué dans la transcription.

Réponse :
a, b, e, b, h, c, g, d, m, j, i, k, n

> **CD 02, Piste 33**
>
> **Témoin A**
> J'ai bien vu l'accident. Je marchais sur la rue Zola et j'ai vu le camion : il roulait lentement. La voiture sortait du parking et roulait assez vite.
>
> *[Pause]*
>
> La voiture ne s'est pas arrêtée au stop. Le camion a freiné brusquement mais il n'a pas pu s'arrêter et il est entré en collision avec la voiture.
>
> *[Pause]*
>
> Puis le camion a heurté et renversé un vélo qui passait. Le cycliste a été blessé. La police a été avertie et on a appelé une ambulance.
>
> *[Pause]*
>
> Le blessé a été emmené à l'hôpital. À mon avis, l'accident, c'est de la faute de la voiture qui roulait trop vite.

2b Les élèves écoutent le témoin B et relèvent les différences entre les deux témoignages. Ils décident lequel des deux témoins a raison.

Il est conseillé de faire écouter l'enregistrement deux fois. Selon le niveau de compréhension de la classe, l'enregistrement peut être interrompu comme indiqué dans la transcription.

Réponse :

la voiture rouge qui ne roulait pas très vite ; elle a ralenti au stop ; le camion roulait beaucoup trop vite ; c'est de la faute du chauffeur de camion, il n'a pas fait assez attention

Le témoin A a raison : la voiture rouge devait s'arrêter au stop.

> **CD 02, Piste 34**
>
> **Témoin B**
> Quand l'accident s'est passé, j'allais chercher ma voiture au parking. J'ai vu la voiture rouge qui ne roulait pas très vite puisqu'elle sortait du parking. Elle a ralenti au stop et elle a tourné à droite.
>
> *[Pause]*
>
> Puis tout à coup, j'ai entendu un grand bruit. C'était le camion qui heurtait la voiture dans la rue Zola. À mon avis, le camion roulait beaucoup trop vite. Il a freiné et il a ralenti mais il ne s'est pas arrêté alors il a aussi renversé un vélo qui arrivait en face.
>
> *[Pause]*
>
> La police a été avertie et le cycliste blessé est parti à l'hôpital en ambulance. Pour moi, c'est de la faute du chauffeur du camion, il n'a pas fait assez attention.

3 À deux ou individuellement, les élèves imaginent qu'ils sont le témoin C. En utilisant les expressions de l'encadré *Vocabulaire*, ils font leur propre témoignage.

Les encourager à utiliser la voix passive ainsi que des phrases avec *on* et à faire attention aux verbes au passé composé et à l'imparfait (comme mentionné dans l'encadré *Grammaire*).

ÉVITER LA VOIX PASSIVE

- Demander aux élèves d'écrire l'expression k de l'encadré *Vocabulaire* en utilisant *on* : *Le blessé a été emmené à l'hôpital – On a emmené le blessé à l'hôpital.*

IMPARFAIT OU PASSÉ COMPOSÉ ?

- Rappel sur le passé composé et l'imparfait utilisés dans la même phrase :
  - 3.06 et 8.06 Le français à la loupe

VARIATION

Avant de faire l'activité 4, faire décrire aux élèves la photo de l'accident en utilisant les expressions pour décrire une photo (section 11.02, activité 1) ainsi que les expressions pour décrire un accident de la route.

---

4 Les élèves rédigent un témoignage écrit au sujet d'un accident de la route. Ils doivent répondre aux questions dans l'ordre où elles sont posées en utilisant des verbes au passé et des expressions spécifiques à la description d'un accident.

Fixer une longueur minimum en fonction des capacités des élèves, en commençant par une cinquantaine de mots.

5 À deux, les élèves observent l'affiche A et répondent aux questions posées. Il s'agit d'une campagne de la Sécurité routière pour rappeler aux conducteurs les dangers de parler au téléphone (même « mains libres ») en conduisant.

À noter : Depuis 2015, l'usage de l'oreillette (soit pour téléphoner, soit pour écouter de la musique) pour tout conducteur est interdit en France ; l'usage d'un téléphone tenu en main en conduisant est interdit depuis 2003.

6 À deux, les élèves observent l'affiche B et répondent aux questions posées. Il s'agit des statistiques sur les tendances et les dangers du texting au volant.

Les élèves écrivent ensuite un message à un(e) ami(e) qui utilise souvent son portable en conduisant afin de le / la dissuader de cette pratique.

11.06 Le français à la loupe

Matériel :
- CD 02, Piste 35
- Cahier d'exercices 9–11
- Fiche 11.02

Les mots connecteurs

Cette section grammaticale traite des aspects suivants :

Comment bien articuler ses idées pour :

- indiquer une séquence
- ajouter une nouvelle information
- donner une alternative
- donner un exemple
- indiquer une opposition
- donner une explication ou expliquer une cause
- indiquer une conséquence
- indiquer un but
- indiquer une condition
- indiquer une comparaison
- indiquer une restriction.

1 Après qu'ils ont lu la grille modèle dans le livre de l'élève, demander aux élèves de remplir la Fiche 11.02 avec leurs propres exemples. Les exemples peuvent être liés aux thèmes des voyages et des vacances mais aussi à d'autres thèmes, au choix du professeur ou des élèves.

2 À deux ou individuellement, les élèves décrivent la photo et marquent un point par connecteur utilisé correctement.

3 Les élèves écoutent les débuts de phrases (1–12) en faisant bien attention aux connecteurs. Ils choisissent une fin de phrase (a ou b) dans la liste de fins de phrases données.

Il est conseillé de faire écouter l'enregistrement deux fois. Selon le niveau de compréhension de la classe, l'enregistrement peut être interrompu après chaque début de phrase.

Réponse :
1 b, **2** b, **3** a, **4** a, **5** b, **6** a, **7** b, **8** b, **9** a, **10** a, **11** b, **12** a

11 En voyage

🔊 CD 02, Piste 35

1. J'aime bien prendre le train, par contre…
2. Plus tard, je voudrais beaucoup voyager. D'abord,…
3. Après avoir voyagé dans le monde entier,…
4. La voiture n'a pas freiné et par conséquent,…
5. J'ai vu l'accident, cependant…
6. Grâce aux vols à bas prix,…
7. À cause des vols à bas prix,…
8. Moi, j'adore voyager en voiture, parce que…
9. Moi, je préfère voyager en avion. Ceci dit,…
10. Je connais la France. En effet,…
11. Bien que je sois allé en France,…
12. Il a voyagé dans tous les pays d'Europe, sauf…

11.07 Le parfait linguiste

Matériel :
- CD 02, Piste 36

Comment bien présenter un exposé ?

1 💬 Après avoir lu les conseils, les élèves décrivent la photo en complétant les phrases 1–4.

2 📖 🔊 Les élèves lisent le texte et indiquent où ils pourraient faire des pauses lors de leur lecture. Ils écoutent ensuite l'enregistrement pour vérifier leurs réponses.

(Dans la transcription : les pauses sont indiquées par une barre oblique / ; les connecteurs sont en caractères gras ; les adjectifs et les adverbes sont en italique.)

🔊 CD 02, Piste 36

Avant, / l'été, / j'allais chez mes grands-parents / et je ne visitais rien. / **D'un côté**, / c'était *sympa*, / mais **de l'autre**, / c'était *très calme*, / *trop calme* ! / **Par contre**, / l'été *dernier*, / j'ai fait un voyage / *ab-so-lu-ment fa-bu-leux* ! / Je suis *allé* au Sénégal / pendant deux semaines. / J'ai visité la Casamance / avec un groupe de jeunes *très sympa* / qui m'ont *aidé* à construire une école / dans un village. / Nous avons défriché le terrain, / coupé du bois, / préparé le ciment / et aidé à faire les murs. / J'ai *a-do-ré* ! / **Alors**, / l'année *prochaine*, / je retournerai avec eux / au Sénégal / et je visiterai une *autre* région. / J'ai *vraiment* hâte !

3 💬 🔊 Les élèves s'enregistrent en train de lire le texte en respectant les pauses. Ils comparent leur enregistrement avec l'enregistrement original.

Les inciter à mettre beaucoup d'emphase sur les adjectifs et les adverbes et à souligner avec la voix les mots connecteurs. (Voir la transcription.)

> **VARIATION**
>
> Comme une dictée, faire écouter l'enregistrement aux élèves et leur demander de réécrire ce qu'ils entendent.

Faites vos preuves !

4 💬 Cette préparation d'une présentation permet aux élèves de s'entraîner pour un examen de production orale.

Les élèves préparent une présentation orale de 1–2 minutes au sujet d'une des deux photos liées au thème des vacances. Ils peuvent se référer aux conseils de l'Unité 6 (6.07 *Le parfait linguiste*).

Inciter les élèves à bien structurer les idées de leur présentation en utilisant des connecteurs. Les encourager aussi à utiliser une variété de temps et du vocabulaire spécifique au thème des vacances.

Les élèves peuvent faire leur présentation orale devant le reste de la classe. Veiller à ce qu'ils ne lisent pas trop leurs notes et s'expriment avec la bonne intonation.

12 Jeune au XXIe siècle

Au sommaire

Thème : être jeune, les défis d'aujourd'hui

Points lexicaux
- pression des adultes, pression du groupe
- la peur du chômage
- initiatives de jeunes
- l'huile de palme
- discrimination, inégalité, injustice
- les jeunes face aux conflits

Grammaire – les pronoms possessifs
- les pronoms possessifs
- bilan : améliorer ses résultats grâce à la grammaire

Stratégie
- enrichir son travail écrit

1 À deux ou individuellement, les élèves regardent la photo et répondent aux questions posées.

2 Les élèves discutent de la question posée : « Est-ce qu'il y a des réfugiés dans votre pays ? »

12.01 La langue dans la poche

Quiz

À noter : Pour chaque section de ce questionnaire, encourager les élèves à créer et à préparer leurs propres questions et exemples.

A Révision des pronoms personnels (Unité 10).
Réponse :
1 b, **2** c, **3** a, **4** c, **5** d

B Révision de la voix passive au présent et au passé (Unité 11).
Réponse :
1 b, **2** d, **3** b, **4** b, **5** b

C Révision des pronoms et adjectifs indéfinis (Unité 11).
Réponse :
1 a, **2** d, **3** b, **4** c, **5** b

D Révision des pronoms indéfinis (Unité 11).
Réponse :
1 b, **2** a, **3** b, **4** c, **5** d

La course aux médailles

Cette section a pour but d'entraîner les élèves à répondre avec aisance à l'oral comme à l'écrit à des situations typiques de la vie quotidienne.

Les six activités ont pour but de faire réviser aux élèves des thèmes étudiés lors des unités précédentes. Elles peuvent se faire individuellement ou en groupe.

Avant de répondre aux questions, les élèves révisent (à la maison ou en classe, sous forme de remue-méninges) les thèmes suivants : les relations avec les adultes et avec les amis, les réseaux sociaux, le monde du travail et l'environnement.

Chaque groupe de questions est présenté par ordre de difficulté, allant du bronze à l'or. Outre l'aspect compétitif, veiller à la précision des réponses, aux fautes de grammaire, d'orthographe, etc.

Les élèves doivent particulièrement prêter attention à l'utilisation des différents temps des verbes, des connecteurs et des pronoms. Les fautes sont décomptées dans la course aux médailles.

Les élèves peuvent répondre aux trois questions d'une même section. Les encourager à commencer par les questions en bronze pour ensuite passer aux niveaux supérieurs si leurs réponses sont satisfaisantes.

Encourager les élèves qui en ont besoin à préparer les questions en or à la maison, à l'aide d'un dictionnaire. Encourager les élèves ayant plus de facilités à créer leurs propres questions sur d'autres thèmes déjà étudiés.

Réponse suggérée :
1   Bronze :   Qu'est-ce qui est difficile dans vos relations avec les profs ? Donnez un exemple.
                Je ne m'entends pas bien avec… parce que…
    Argent :   Qu'est-ce qui est difficile dans vos relations avec vos parents ? Donnez un exemple (utilisez un connecteur).
                Mes parents pensent que je ne travaille pas assez. Par conséquent, ils ne me laissent pas sortir avec mes amis.
    Or :   Donnez un autre exemple de problème avec vos profs ou vos parents (utilisez un pronom complément d'objet direct ou indirect).
                Le problème au collège, c'est les devoirs. Les profs nous en donnent trop.

12.02 Le Babillard

Matériel :
- CD 02, Piste 37
- Cahier d'exercices 1, 2 ; 3, 4 ; 5–8

Inquiétudes et espoirs des jeunes

1 📖💬 Les élèves lisent les témoignages de Corentin, Karima, Elsa et Youssouf. Ils font correspondre les thèmes donnés avec les inquiétudes de ces quatre ados.

Réponse :
1 Karima, Elsa, **2** Youssouf, **3** Elsa, **4** Karima, Elsa, **5** Corentin, **6** Youssouf, **7** Corentin, **8** Karima, Elsa

2 📖 Les élèves relisent les textes et trouvent quatre expressions pour présenter ce qu'il y a de plus inquiétant.

Réponse :
le plus pénible, c'est… ; ce qui m'inquiète le plus,… ; pour moi, le pire, c'est… ; la plus grande inquiétude des jeunes, c'est…

APPROFONDISSEMENT

Remue-méninges : « Quels sont les autres sujets d'inquiétude des jeunes ? » Encourager les élèves à employer les formules de l'activité 2.

3 📖💬 Les élèves lisent les bulles (A–F), définissent à quel texte chacune correspond (celui de Karima, de Corentin, d'Elsa ou de Youssouf) et justifient leurs réponses.

Réponse :
A Youssouf (ils parlent tous les deux des difficultés de gagner sa vie)
B Karima (elle n'a pas envie de faire la fête toute la nuit avec ses copines)
C Corentin (quelquefois, il veut se détendre et ne rien faire)
D Elsa (on raconte des bêtises sur elle sur Facebook)
E Corentin (il y a d'autres choses qui comptent dans la vie ; les parents oublient qu'ils ont été jeunes, eux aussi)
F Youssouf (je suis resté à l'école jusqu'à 16 ans, j'étais bon élève et j'ai obtenu mon brevet ; j'aurais voulu travailler dans l'informatique)

4 📖 Les élèves lisent le message d'Awa et répondent aux questions données (1–6).

Cette activité permet aux élèves de s'entraîner à la compréhension écrite.

Réponse :
1   Il n'y avait pas d'eau potable.
2   L'eau de la rivière était sale et les enfants tombaient malades.
3   Des élèves d'une école d'ingénieurs au Maroc.
4   Ils ont inventé un filtre à base de matériaux simples comme le bois et l'argile.
5   Les femmes des villages fabriquent et vendent le filtre, et gagnent ainsi de l'argent.
6   Elle voudrait devenir ingénieure.

5 🔊 Les élèves écoutent Clémence, Dylan, Louise et Adrien et font correspondre ce qu'ils disent avec un ou plusieurs thèmes de l'activité 1 (1–8).

Les élèves doivent aussi définir lequel des quatre jeunes parle d'un thème différent et de quel thème il s'agit.

Il est conseillé de faire écouter l'enregistrement deux fois. Selon le niveau de compréhension de la classe, l'enregistrement peut être interrompu après chaque témoignage.

Réponse :
1. l'attitude des copains – Adrien
2. gagner de l'argent – Clémence
3. la méchanceté en ligne – Adrien
4. ne pas être accepté(e) – Adrien
5. l'attitude des profs et des parents – Louise
6. l'avenir professionnel – Clémence
7. les résultats scolaires – Clémence, Louise
8. se retrouver seul(e) – Adrien (le copain d'Adrien)

C'est Dylan qui parle d'un thème différent : l'accès à l'école. Il doit faire 20 kilomètres pour aller au collège.

Les élèves réécoutent les témoignages des quatre jeunes. Ils trouvent l'expression que chacun emploie pour présenter ce qui les inquiète.

Réponse :
Clémence : La plus grande inquiétude des jeunes, c'est…
Louise : Le plus pénible pour moi, c'est…
Dylan : le problème principal, c'est…
Adrien : Ce qui m'inquiète, c'est…

> 🔊 **CD 02, Piste 37**
>
> **1 Clémence**
> La plus grande inquiétude des jeunes en France, c'est le travail. Il y a beaucoup de jeunes au chômage. Je travaille dur au collège pour réussir aux examens, mais même avec un bon diplôme, c'est difficile de trouver un emploi stable.
>
> **2 Louise**
> Le plus pénible pour moi, c'est le travail scolaire en ce moment. Je veux rentrer en première scientifique pour préparer un bac scientifique. Je sais qu'il faut travailler, mais mes parents me mettent beaucoup la pression, et les profs aussi. C'est fatigant.
>
> **3 Dylan**
> J'habite à Madagascar, et le problème principal, c'est l'accès à l'école. Mon frère Florent et moi, on doit faire 20 kilomètres à pied tous les dimanches pour rejoindre notre collège. Mais je ne veux pas abandonner. J'ai une place au collège, c'est déjà une grande chance.

> **4 Adrien**
> Ce qui m'inquiète, c'est ce que je vois sur les réseaux sociaux. J'ai un copain, Antoine, qui est nouveau au collège et qui est victime de harcèlement en ligne. On se moque de lui, on lui dit qu'il n'est pas cool. Il est malheureux et il ne sait pas quoi faire.

> **RAPPEL**
>
> Les élèves relisent les cinq textes du Babillard et repèrent des verbes au conditionnel, un verbe au subjonctif ainsi que des adverbes et leur position dans la phrase.
>
> **Réponse :**
> - **les verbes au conditionnel :** elles ne s'amuseraient pas autant ; je ne verrais plus ça ; j'aurais l'impression d'être complètement isolée ; j'aurais voulu travailler dans l'informatique ; je deviendrais ingénieure
> - **un verbe au subjonctif :** nos parents veulent qu'on ait de bonnes notes
> - **les adverbes et leur position :** les miens disent toujours… ; passe ton bac d'abord ; quelquefois…j'ai aussi besoin de ne rien faire ; j'ai souvent l'impression que ; elle ne vient pas seulement des adultes, malheureusement ; ce qu'inquiète le plus, parfois, c'est… ; je n'ai pas très envie de rester tard ; maintenant, elle… ; complètement isolée ; le problème principal, c'est souvent… ; c'est aussi la moins chère ; il y aura bientôt…
>
> Voir aussi :
> - 12.06 Le français à la loupe
> - Cahier d'exercices 3, 4 ; 5–8

> **LES PRONOMS POSSESSIFS**
>
> Inciter les élèves à trouver d'autres exemples de pronoms possessifs dans les textes du Babillard.
>
> **Réponse :**
> les miens (les parents de Corentin) ; les miennes (les copines de Karima) ; les nôtres (les rêves de Youssouf / des jeunes au Sénégal) ; le mien (le village d'Awa) ; le leur (le filtre inventé par les élèves d'une école d'ingénieurs)
>
> Voir aussi :
> - 12.06 Le français à la loupe
> - Cahier d'exercices 1, 2

6 💬 À deux, parmi les cinq sortes de problèmes mentionnés sur le Babillard, les élèves choisissent celui qui les concerne le plus et justifient leur réponse.

7 Les élèves rédigent un billet et proposent une solution pour le Babillard sur le problème qui les concerne le plus. Ils utilisent des expressions pour présenter ce qui les inquiète comme aux activités 2 et 5.

12.03 Enquête : l'huile de palme

Matériel :
- CD 02, Piste 38

L'huile de palme : mauvaise pour la santé, mauvaise pour la planète ?

1 Les élèves lisent le dossier sur l'huile de palme et relient chaque section du texte (A–E) aux différentes phrases données (1–8).

Réponse :
1 C, **2** B, **3** A, **4** E, **5** E, **6** B, **7** D, **8** A

2 Les élèves lisent les mots soulignés dans le dossier et repèrent différentes expressions.

Réponse :
- des expressions de contraste : quand même, bien que / qu'
- des expressions de temps : autrefois, au XXe siècle, en 2016
- des expressions de séquence : d'abord, ensuite, d'une part… d'autre part
- des expressions de conséquence : donc, par conséquent, alors
- une expression de cause : car
- une expression négative : malheureusement
- une expression positive : grâce à

3 Les élèves relisent les paragraphes C, D et E et répondent aux questions (1–5) en choisissant *Vrai* ou *Faux* et en corrigeant les phrases qui sont fausses.

Cette activité permet aux élèves de s'entraîner à la compréhension écrite.

Réponse :
1. Faux (il y en avait des dizaines de milliers au XXe siècle mais en 2016, il n'en restait que 14 000)
2. Vrai
3. Faux (il y a des centaines d'espèces d'animaux, mais aussi des milliers d'espèces végétales)
4. Vrai
5. Faux (même une petite augmentation perturberait l'agriculture, l'industrie et la société)

RAPPEL

Les élèves notent les connecteurs logiques (*d'abord…*) et les adverbes (*malheureusement…*) dans le texte sur l'huile de palme.

Voir aussi :
- 12.06 Le français à la loupe

4 À deux ou en groupe, en moins de 10 secondes, les élèves font une phrase sur le problème de l'huile de palme (ou sur une autre question d'environnement) en réutilisant un connecteur de l'activité 2 dans chaque phrase.

L'élève A compte à rebours (10, 9, 8, 7, 6…), l'élève B doit dire (ou commencer) sa phrase d'ici la fin du compte à rebours. Les rôles sont ensuite inversés.

5a Avant d'écouter le micro-trottoir, les élèves devinent de quel nom d'aliment, de quel moyen de transport et de quel insecte les trois personnes interviewées vont parler. Ils écoutent ensuite l'enregistrement et vérifient leur réponse.

Réponse :
Un aliment : le sucre ; Un moyen de transport : la voiture ; Un insecte : l'abeille

5b Les élèves réécoutent le micro-trottoir. Ils réécrivent la liste (1–8) de l'activité 1 en l'adaptant aux sujets du micro-trottoir.

Il est conseillé de faire écouter l'enregistrement deux fois. Selon le niveau de compréhension de la classe, l'enregistrement peut être interrompu après chaque réponse à chaque question.

Pour les élèves qui ont besoin d'une activité plus structurée, commencer par leur demander d'identifier juste un problème soulevé par chacune des trois personnes interviewées.

Réponse :

1.
1. la destruction de la forêt en **Amazonie**
2. les risques du **sucre** pour la santé
3. la fabrication **du sucre**
4. l'impact de **la canne à sucre** sur l'environnement
6. le manque d'information sur **la culture de la canne à sucre**
8. les dangers possibles du **sucre**

2.
2. les risques de **la pollution** pour la santé
4. l'impact **des gaz à effet de serre** sur **le réchauffement climatique**
5. le rapport entre **l'essence / les combustibles fossiles** et **le réchauffement climatique**
8. les dangers possibles **de la pollution**

3.
1. la destruction **des abeilles**
2. les risques **des pesticides / produits chimiques / méthodes modernes d'agriculture** pour **les abeilles**
4. l'impact **des pesticides / produits chimiques / méthodes modernes d'agriculture** sur **les abeilles**
5. le rapport entre **les abeilles** et **l'équilibre écologique / les fruits et légumes**
7. le nombre d'**abeilles**
8. les dangers possibles **des pesticides / produits chimiques / méthodes modernes d'agriculture**

🔊 **CD 02, Piste 38**

1. – Excusez-moi, s'il vous plaît. Selon vous, qu'est-ce qui est le plus dangereux pour l'environnement ?
   – Euh… pour moi, c'est le sucre. D'abord, pour cultiver la canne à sucre, on détruit la forêt tropicale en Amazonie. Malheureusement, on n'en parle pas dans les journaux. Il n'y a pas assez d'information. Ensuite, le sucre est mauvais pour la santé. Il est dangereux pour les dents, et il peut faire grossir. En évitant le sucre, on protège sa santé et on respecte l'environnement.

2. – Euh… pardon. Pouvez-vous me dire quel est le risque le plus grave pour l'environnement, selon vous ?
   – Alors… ce sont les voitures, c'est certain. D'une part, en roulant en voiture, on cause de la pollution, ce qui est dangereux pour la santé… D'autre part, l'essence, c'est un combustible fossile et donc elle produit des gaz à effet de serre, qui contribuent au réchauffement climatique.

3. – Excusez-moi… Qu'est-ce qui menace le plus l'environnement, à votre avis ?
   – Ce qui m'inquiète le plus, ce sont les abeilles, plus exactement l'avenir des abeilles. Les abeilles sont indispensables à l'équilibre écologique, et pourtant elles sont en danger, à cause des pesticides… des produits chimiques… et des méthodes modernes d'agriculture. C'est terrible, parce que sans abeilles, il n'y aura plus ni fruits, ni légumes.

6a 💬 À deux, les élèves discutent des raisons pour lesquelles certains consommateurs préfèrent les produits sans huile de palme.

Aux activités 6a et 6b, encourager les élèves à s'exprimer sur différents thèmes environnementaux en réutilisant les structures apprises.

Réponse suggérée :

- L'huile de palme ne représente pas le risque le plus sérieux pour l'environnement, mais c'est quand même un problème grave.
- Elle est beaucoup utilisée dans l'alimentation, mais elle n'est pas bonne pour la santé / bien qu'elle ne soit pas bonne pour la santé.
- On détruit la forêt tropicale afin de planter des palmiers. La déforestation est l'une des causes du réchauffement climatique, parce que la forêt tropicale absorbe le carbone et limite les émissions de gaz à effet de serre.
- Détruire la forêt tropicale aura également un impact négatif sur la biodiversité.

6b 📝 Les élèves rédigent un court message pour expliquer s'ils pensent qu'en modifiant ses habitudes personnelles, on peut réduire les risques environnementaux.

12 Jeune au XXIe siècle

Réponse suggérée :

Tout le monde peut faire quelque chose pour protéger l'environnement.

On peut d'abord s'informer pour identifier les aliments qui contiennent de l'huile de palme.

Ensuite, en modifiant nos habitudes et en évitant ces aliments, on aide à protéger la planète. Par exemple, on pourrait manger moins de pâte à tartiner et de gâteaux industriels.

Si on choisissait des produits sans huile de palme, on réduirait le risque de déforestation.

12.04 Le blog de Morgane

Matériel :
- CD 02, Piste 39
- Cahier d'exercices 5–7

Avant de faire les activités, repérer le Cambodge sur une carte. Expliquer que le pays, ancien protectorat français, fait partie de l'Organisation internationale de la Francophonie (OIF) et que l'enseignement du français y est à nouveau encouragé.

Tous les humains sont égaux, mais… certains sont-ils moins égaux que d'autres ?

1 Les élèves lisent le blog de Morgane et définissent quels problèmes (1–9) elle mentionne.

Réponse :
2, 4, 6, 9

> **APPROFONDISSEMENT**
>
> Faire réagir les élèves à cette liste de problèmes : peuvent-ils donner des exemples autour d'eux ? Des exemples dans leur pays ? Des exemples ailleurs dans le reste du monde ?

2 Les élèves relisent le blog puis répondent aux questions (1–8) en français.

Cette activité permet aux élèves de s'entraîner à la compréhension écrite.

Réponse :
1. l'association française « Toutes à l'école »
2. offrir une éducation primaire et secondaire gratuite aux filles des familles les plus pauvres de la région
3. le programme national khmer et en plus l'anglais, le français et l'informatique
4. pendant l'été, elle a travaillé comme bénévole au centre aéré de l'école
5. elles sont limitées aux tâches domestiques, puis elles travaillent pour aider la famille
6. un tiers
7. les mariages forcés, l'exploitation, la pauvreté
8. parce qu'elles sont généralement responsables de l'éducation des enfants

3 Les élèves expliquent comment Morgane a réagi à son expérience et justifient leur réponse en mentionnant trois informations.

Réponse suggérée :

Morgane était très positive : elle a trouvé l'expérience extraordinaire ; elle était motivée par la mission de l'association (éduquer les filles en priorité) ; elle dit / pense qu'il faudrait plus d'écoles comme *Happy Chandara*.

4 Les élèves lisent les deux textes : Emmanuel (en Haïti) parle des inégalités dues à la pauvreté et au handicap ; Amélie (en France) parle de la discrimination raciale et (dans l'enregistrement de l'activité 5) du rôle de l'éducation.

Les élèves associent les questions (1–6) aux témoignages d'Emmanuel ou d'Amélie.

Réponse :
1 Amélie, **2** Emmanuel, **3** Emmanuel, **4** Amélie, **5** Amélie, **6** Emmanuel

5 Les élèves relisent les deux textes et les font correspondre avec les problèmes de l'activité 1.

Réponse :
Emmanuel 2, 7
Amélie 5, 8, 9

6 Les élèves écoutent la fin de l'histoire d'Emmanuel et d'Amélie et donnent leurs réactions en utilisant les débuts de phrases donnés.

Avant de faire écouter l'enregistrement, demander aux élèves s'ils peuvent imaginer la suite. Par exemple : Qui est Théo ? Qu'est-ce que le patron du restaurant ne sait pas ?

L'enregistrement d'Emmanuel, plus concret, devrait être relativement simple à comprendre. Celui d'Amélie est plus difficile. Expliquer les termes *étudier le droit* et *devenir avocate* avant d'écouter l'enregistrement.

Il est conseillé de faire écouter l'enregistrement deux fois. Selon le niveau de compréhension de la classe, l'enregistrement peut être interrompu après chaque témoignage.

Évaluer ce que les élèves comprennent de l'enregistrement avant de leur donner la transcription.

> **CD 02, Piste 39**
>
> **Emmanuel**
> Théo travaillait pour une association humanitaire. Il était canadien, je crois. D'abord, il m'a donné un fauteuil roulant. Ensuite, encore mieux, il a créé une équipe de basket en fauteuil roulant, avec d'autres garçons amputés comme moi. Il nous a même trouvé un vrai coach, Pierre, qui est super !
>
> Si je n'avais pas rencontré Théo, j'aurais été très malheureux. Grâce à lui, j'ai retrouvé un peu d'espoir. Un jour, peut-être, j'irai aux jeux Paralympiques…
>
> **Amélie**
> Le patron du restaurant, il ne sait pas que j'ai obtenu mon bac avec mention « très bien » et qu'à l'université, je vais étudier le droit. Plus tard j'ai l'intention de devenir avocate. Ce que cet homme a fait, je ne l'oublierai jamais. C'est pourquoi je vais étudier et puis lutter contre la discrimination, l'inégalité, le racisme, afin d'aider les plus faibles, les gens moins éduqués que moi, les personnes qui ne peuvent pas se défendre.

VARIATION

Avec la transcription, les élèves peuvent :
- repérer des connecteurs (*d'abord, ensuite, un jour, plus tard…*)
- identifier des temps variés (conditionnel, futur…).

Le professeur peut aussi créer une activité à trous basée sur la transcription.

Il existe en ligne des vidéos très courtes sur la discrimination qui peuvent être exploitées en classe pour provoquer des discussions et des réactions.

RAPPEL
- Les élèves trouvent deux expressions de but utilisant *afin de* dans le blog de Morgane.

  Réponse :
  afin d'offrir une éducation primaire et secondaire, afin d'aider sa famille

- Les élèves trouvent dans les textes des exemples d'imparfait et de passé composé employés ensemble pour raconter une histoire.

  Réponse :
  Morgane : J'ai travaillé trois mois au Cambodge, où j'étais bénévole.
  Emmanuel : J'étais dans la rue avec des copains et on jouait au foot devant l'immeuble où j'habitais. Il s'est effondré et je suis resté dix heures sous les ruines.
  Amélie : Je cherchais un job d'été avant de commencer la fac en octobre. J'ai donc répondu à une petite annonce…

7 💬 En groupe, les élèves font la liste des plus grands problèmes sociaux dans leur pays. Chaque groupe partage ses idées avec le reste de la classe.

8 📝 Les élèves rédigent un court texte au sujet des problèmes qui touchent particulièrement les jeunes. Ils donnent des exemples, expliquent la gravité de ces problèmes et proposent des solutions.

Indiquer aux élèves qu'ils doivent répondre aux questions dans l'ordre donné.

Cette activité peut être adaptée au niveau des élèves. Dans tous les cas, les encourager à faire des recherches en ligne sur des sites de langue française.

Fixer une longueur minimum en fonction des capacités des élèves, en commençant par une cinquantaine de mots.

VARIATION

- L'activité 8 peut commencer par un travail oral : les élèves organisent les problèmes par ordre d'importance pour les jeunes, du moins grave au plus grave. Ils en discutent ensuite et justifient leurs choix.
- Les élèves peuvent aussi faire une carte mentale au sujet des différents problèmes et y associer du vocabulaire spécifique.
- L'activité 8 peut se faire aussi sous forme de PowerPoint, d'affiche ou de journal télévisé.
- Quelques liens utiles :
  www.1jour1actu.com   www.phosphore.com
  education.francetv.fr   www.tv5monde.com
  info.arte.tv / fr / themes / education

12 Jeune au XXIe siècle

12.05 Gros plan sur… les conflits

La guerre : la terreur et l'espoir

Avant de lire les témoignages, encourager les discussions suivantes si le professeur le juge approprié : *Connaissez-vous des situations de guerre ou de conflit ? Dans quel(s) pays ? Connaissez-vous des jeunes touchés par ces situations ?*

Expliquer UNHCR : United Nations High Commission for Refugees = Agence des Nations unies pour les réfugiés, programme de l'Organisation des nations unies basé à Genève.

1 Les élèves associent les questions (1–8) aux témoignages de Candice, Baptiste ou Myriam.

Réponse :
1 Baptiste, Myriam, **2** Candice, **3** Baptiste, Myriam, **4** Candice, Baptiste, Myriam, **5** Baptiste, Myriam, **6** Baptiste, **7** Myriam, **8** Myriam

2 Après avoir relu les messages de Candice et Myriam, les élèves répondent aux questions (1–6) en choisissant *Vrai* ou *Faux* et en corrigeant les phrases qui sont fausses.

Cette activité permet aux élèves de s'entraîner à la compréhension écrite.

Réponse :
1. Faux (ils sont rejetés par leur communauté)
2. Vrai
3. Faux (c'est dur pour eux, et Myriam fait l'interprète pour les aider)
4. Vrai
5. Faux (Myriam voudrait revoir ses amis en retournant en Syrie)

3 Les élèves relisent le message de Baptiste puis répondent aux questions en français.

Cette activité permet aux élèves de s'entraîner à la compréhension écrite.

Réponse :
1. le Burundi
2. en RDC (République démocratique du Congo)
3. Ils avaient construit une maison et commencé à cultiver un jardin.
4. parce que des soldats sont arrivés et ont menacé la population
5. une tente du HCR
6. Les rations alimentaires ne sont pas suffisantes ; Baptiste et sa famille ont toujours faim.

> **RAPPEL : LA NÉGATION**
>
> Les élèves trouvent des formes négatives ou restrictives dans les témoignages.
>
> Réponse :
> Candice : Quand est-ce qu'il n'y aura plus de guerres ? ; on ne voit que la guerre et la violence ; ils ne peuvent plus continuer leur scolarité ; ce sont des enfants… qui n'oublieront jamais leur traumatisme
>
> Baptiste : nous n'avons plus rien, ni maison, ni jardin, ni école ; personne ne regarde le paysage ; il n'y en a jamais assez ; personne ne mange à sa faim
>
> Myriam : je ne connaissais personne ; je ne parlais ni l'anglais ni le français ; aucun n'est venu ici à Montréal

4 Les élèves trouvent 14 verbes irréguliers (en plus de *avoir*, *être* et *aller*) dans les messages. Pour chacun de ces verbes, ils rédigent une phrase au passé composé, une phrase à l'imparfait et une phrase au futur simple.

Les 14 verbes sont : *voir, pouvoir, perdre, venir, devoir, construire, partir, dormir, connaître, comprendre, faire, accueillir, revenir, revoir.*

5 Les élèves trouvent deux verbes pronominaux dans les messages, puis rédigent six phrases au passé composé, à des personnes différentes.

Les deux verbes pronominaux sont : se retrouver, se revoir

6 À deux, les élèves imaginent une conversation entre Baptiste et Myriam qui se racontent leur histoire.

Renvoyer les élèves à l'Unité 6 (6.06 *Le français à la loupe*) pour réviser les formes interrogatives avant de faire cette activité.

7 En répondant aux questions données dans l'ordre où elles sont posées, les élèves font des recherches sur un jeune qui a été victime d'une guerre ou d'un conflit et raconte son histoire.

Les élèves auront sûrement besoin d'aide pour trouver des sources. Ils peuvent consulter le lien suivant pour plus de renseignements :

https://www.unicef.fr/article/vies-brisees-temoignages-d-enfants-syriens-refugies

Ils peuvent aussi entrer les mots suivants dans un moteur de recherche : *enfant, victime, guerre, témoignage*.

Les encourager à utiliser des temps variés et au moins trois formes négatives différentes. Fixer une longueur minimum en fonction des capacités des élèves, en commençant par une cinquantaine de mots.

12.06 Le français à la loupe

Matériel :
- CD 02, Piste 40
- Cahier d'exercices 9–13
- Fiche 12.01

Améliorer ses résultats grâce à la grammaire

Cette section grammaticale traite des aspects suivants :

- Les accords
- Le comparatif et le superlatif
- Le temps des verbes
- Le gérondif et l'infinitif
- La négation et la restriction
- Les phrases complexes
- Les adverbes, les pronoms
- Adjectif / Verbe + *de* ou *à* + infinitif
- Donner son opinion

1 Les élèves recopient le paragraphe et font s'accorder les mots si nécessaire.

Réponse :
Je m'appelle Marie et je suis **canadienne**. L'année **dernière**, mes parents et moi, nous avons décidé de quitter Québec, qui est un peu **bruyante**, pour aller ailleurs. Mais dans **quelle** ville ? Nous nous sommes **installés** à Saguenay, **une jolie petite** ville calme au bord d'**une** rivière. Mes **amies françaises** Jeanne et Sophie, qui **habitent** à Paris, sont **venues** nous voir et **elles** ont adoré **leurs** vacances chez nous.

2 Les élèves relisent l'activité 1 et font des phrases avec un comparatif ou un superlatif.

Suggérer aux élèves ayant besoin d'activités plus structurées de faire cinq phrases en utilisant un superlatif.

Exemple : Québec est une ville plus bruyante que Saguenay. Québec est la ville la plus bruyante.

3 Les élèves racontent l'histoire de Khaled qui a quitté le Liban et qui habite maintenant en France. (Suite à de nombreuses tensions politiques, certains habitants du Liban ont dû quitter leur pays et certains ont immigré en France.)

Les encourager à employer des temps variés. Fixer une longueur minimum en fonction des capacités des élèves, en commençant par une cinquantaine de mots.

Exemples de structures à utiliser :

- *au Liban : étudier au lycée, passer son bac…*
- *en France : ne pas avoir de travail, faire un apprentissage, chercher / trouver un emploi…*
- *plus tard : étudier à la fac, retourner au Liban…*

4 En utilisant le gérondif et l'infinitif, les élèves parlent de leurs activités journalières.

Avant de faire cette activité, se référer au cahier d'exercices (9–11) pour une meilleure préparation.

5 En utilisant des formes négatives, les élèves parlent de ce qu'ils n'aiment pas au collège.

Fixer une longueur minimum en fonction des capacités des élèves, en commençant par une cinquantaine de mots.

6 À deux, les élèves échangent des arguments au sujet de l'accès en fauteuil roulant dans leur collège. Ils doivent utiliser le plus de connecteurs possible.

Faire rechercher aux élèves le vocabulaire spécifique dont ils pourraient avoir besoin, par exemple : *une rampe d'accès, une personne handicapée, l'accès* (m) *aux handicapés, l'invalidité* (f), *l'incapacité* (f), *l'autonomie* (f), *valide, invalide…*

7 Selon l'exemple, les élèves changent des phrases de l'activité 1 en utilisant des pronoms et des adverbes.

Avant de faire cette activité, se référer au cahier d'exercices (12, 13) pour une meilleure préparation.

> *DE* OU *À* + INFINITIF
>
> Les élèves trouvent des exemples de constructions grammaticales utilisant *de* ou *à* + infinitif dans les sections 12.02 et 12.05. Ils remplissent la Fiche 12.01.
>
> Encourager les élèves à ajouter leurs propres exemples.

Réponse :

adjectif + *de* + infinitif	*avoir* + nom + *de* + infinitif
c'est important de voir mes copains, ou d'écouter de la musique	j'ai aussi besoin de ne rien faire
c'est très difficile de gagner sa vie	je n'ai pas très envie de rester tard
	j'ai besoin de dormir
	j'aurais l'impression d'être complètement isolée
	on a le droit d'être un peu paresseux

verbe + *de* + infinitif	verbe + *à* + infinitif
si je refuse de faire comme elles	ils avaient commencé à cultiver un jardin
j'ai arrêté de parler avec une copine	j'ai commencé à comprendre
ils risquent d'être blessés ou tués	
s'ils essaient d'échapper au conflit	

8 Les élèves répondent à l'un des messages de la section 12.02. Ils doivent employer au moins une construction avec l'infinitif de la Fiche 12.01.

9 En utilisant les expressions pour donner son opinion, en groupe, les élèves disent ce qui les inquiète et ce qu'ils admirent dans le monde. Encouragez les élèves qui en sont capables à justifier leurs réponses.

Comment ça se dit ?

10 Les élèves écoutent les 12 phrases et définissent s'il s'agit d'une affirmation, d'une question ou d'une exclamation.

Il est conseillé de faire écouter l'enregistrement deux fois. Selon le niveau de compréhension de la classe, l'enregistrement peut être interrompu après chaque phrase.

Réponse :

entre parenthèses dans la transcription

> **CD 02, Piste 40**
>
> 1. La vie est dure pour les réfugiés du camp ? (Question)
> 2. Comme c'est pénible, la pression des adultes ! (Exclamation)
> 3. Une discrimination aussi injuste, cela m'indigne ! (Exclamation)
> 4. C'est pénible, la pression des adultes ? (Question)
> 5. Quel désastre : le tremblement de terre ou l'éruption du volcan ? (Question)
> 6. Quel désastre, le tremblement de terre ! (Exclamation)
> 7. C'est pénible, la pression des adultes. (Affirmation)
> 8. Comme la vie est dure pour les réfugiés du camp ! (Exclamation)
> 9. La vie est dure pour les réfugiés du camp. (Affirmation)
> 10. Une discrimination aussi injuste, cela m'indigne. (Affirmation)
> 11. C'est un désastre, le tremblement de terre. (Affirmation)
> 12. Une discrimination aussi injuste, cela t'indigne ? (Question)

12.07 Le parfait linguiste

Comment bien écrire ?

Après avoir relu *Le parfait linguiste* de l'Unité 9 (section 9.07), les élèves choisissent un des trois sujets proposés dans 12.07, *Faites vos preuves !* Ils suivent les conseils pour rédiger un brouillon, corriger les erreurs et enrichir leur texte.

Faites vos preuves !

Les élèves répondent à un des trois sujets proposés (1–3). Cette activité permet aux élèves de s'entraîner à la production écrite.

1 Ce sujet porte sur les réseaux sociaux. Les élèves répondent par écrit aux questions du sondage.

2 Pour ce sujet, les élèves décrivent un danger qu'ils considèrent particulièrement grave pour l'environnement. Ils expliquent leurs raisons et proposent des solutions possibles.

3 Ce sujet invite les élèves à préparer un message pour une famille francophone qui pourrait accueillir de jeunes réfugiés. Ils expliquent la situation de jeunes réfugiés et pourquoi il est important de les aider.

Quelques conseils avant de commencer :

- Après avoir choisi leur sujet, les élèves doivent répondre à toutes les questions dans l'ordre où elles sont données, si possible en rédigeant un (court) paragraphe par question.
- Encourager les élèves à répondre aux questions en développant et en justifiant leurs idées et en utilisant des mots de liaison pour structurer leurs idées.
- Indiquer aux élèves qu'ils doivent répondre aux questions avec le même temps utilisé dans la question. Par exemple, si la question est au passé composé, la réponse doit être rédigée au passé composé.
- Quel que soit le sujet qu'ils choisissent, les élèves doivent exprimer leurs idées simplement. Plus les idées sont compliquées et moins le message est clair, puisque les compétences linguistiques de certains élèves sont parfois limitées.
- Veiller à ce que les élèves utilisent une grande variété de verbes. Pour cela, ils peuvent se référer à la pyramide des modes et des temps dans l'Unité 9 (9.06 *Le français à la loupe*). Un même verbe peut être utilisé plusieurs fois mais à un temps et à un mode différents. Un verbe peut être utilisé plusieurs fois au même temps et au même mode seulement s'il est conjugué avec un sujet différent : *je vais / nous allons*.
- Encourager les élèves à utiliser les différents points de grammaire déjà étudiés depuis le début du programme.

VARIATION

Pour les élèves ayant besoin d'activités plus structurées, traiter une question avec la classe entière ou en groupe.

Leur indiquer des mots-clés à utiliser et leur fournir des débuts de phrases qu'ils doivent ensuite compléter.

11 et 12 Révisez bien !

Matériel :
- Fiche R6.01
- CD 02, Pistes 41, 42

Jeu : « Réponse à tout ! »

Cette unité a pour but de faire réviser le vocabulaire, les expressions et les structures grammaticales étudiés lors des Unités 11 et 12. Les élèves sont donc incités à relire régulièrement leurs notes et à réviser le nouveau vocabulaire et les nouvelles structures grammaticales.

Les activités de cette unité sont délibérément plus ludiques. Il est possible de réviser en s'amusant !

1. Les élèves lisent les questions et les associent aux réponses de Daoud. Ils comptent le nombre de points pour chaque réponse en essayant d'obtenir le plus de points possible.

   Cette activité peut se faire individuellement ou à deux. Le fait de donner des points aux élèves les encourage à donner des réponses détaillées, dans une langue sophistiquée.

   Afin de réussir avec succès une épreuve de production orale, les élèves doivent être capables de maintenir une conversation en exprimant et en justifiant leurs idées au moyen d'une variété de vocabulaire, de structures grammaticales et de temps verbaux. Cette activité donne aux élèves l'occasion d'améliorer leurs compétences à cet égard.

   Réponse :
   Tes voyages : **1** A, **2** D, **3** B, **4** E, **5** F, **6** C
   Tes découvertes en voyage : **1** A, **2** C, **3** E, **4** D, **5** B
   Ta vie d'ado : **1** C, **2** E, **3** A, **4** D, **5** B
   Les problèmes sociaux : **1** B, **2** A, **3** C
   Ton rapport à l'environnement : **1** D, **2** C, **3** A, **4** E, **5** B

   APPROFONDISSEMENT

   Les élèves cachent les questions et regardent les réponses. Ils reformulent ensuite les questions.

   Il est important que les élèves soient familiarisés avec ce genre de questions afin de répondre correctement aux activités de compréhension écrite et de compréhension orale.

2. Les élèves donnent leurs réponses personnelles aux questions en se servant d'expressions trouvées dans les textes des Unités 11 et 12. Ils doivent utiliser le barème indiqué (Fiche R6.01) pour obtenir le plus de points possible.

   Cette activité peut se faire à deux. L'élève A pose les questions à l'élève B qui y répond. L'élève A accorde des points à B selon le barème. Les rôles sont ensuite inversés.

3. Les élèves ajoutent d'autres questions à chaque section et échangent leurs idées avec un partenaire.

APPROFONDISSEMENT

- Donnez aux élèves ces questions et réponses supplémentaires :

Questions	Réponses de Daoud
Accidents de la route (Unité 11)	**Accidents de la route** (Unité 11)
1 Tu as vu un accident avec un cycliste. Raconte ce qui s'est passé.	**A** J'étais choqué, bien sûr, mais content que le cycliste ne soit pas sérieusement blessé.
2 Qui a été appelé et que s'est-il passé ensuite ?	**B** Une voiture et un cycliste étaient arrêtés aux feux. Quand le feu est passé au vert, le cycliste a continué tout droit, mais la voiture a tourné et l'a renversé.
3 Qu'est-il arrivé au cycliste ?	**C** Il a été emmené à l'hôpital, mais il n'était pas gravement blessé.
4 Comment as-tu réagi ?	**D** La police a été avertie. On a aussi appelé une ambulance, qui est arrivée très vite.

- Comme dans les activités du livre de l'élève, les élèves lisent les questions et les associent aux réponses de Daoud. Ils comptent le nombre de points pour chaque réponse.

   Réponse :
   1 B, **2** D, **3** C, **4** A

- Les élèves cachent ensuite les questions, regardent les réponses et reformulent les questions.
- Activité à deux : l'élève A pose les questions à l'élève B, qui y répond en donnant ses réponses personnelles et en essayant d'obtenir le plus de points possible. L'élève A accorde des points à B selon le barème. Les rôles sont ensuite inversés.
- Les élèves ajoutent d'autres questions et échangent leurs idées avec un partenaire.

Une chanson

Cette chanson, *Le p'tit grenier* d'Anne Sylvestre, est facile à trouver et à écouter en ligne. Avant de lire le texte, présenter aux élèves le contexte historique : il est question d'enfants juifs en France pendant la Seconde Guerre mondiale.

Afin d'approfondir la connaissance des élèves à ce sujet, les professeurs peuvent faire visionner le film *Au revoir les enfants* de Louis Malle (1987), accompagné de questions de compréhension.

1 Les élèves lisent la chanson et font correspondre les lignes a–f avec les sections soulignées.

Réponse :
a 3, **b** 1, **c** 9, **d** 7, **e** 2, **f** 5

2 Les élèves retrouvent dans le texte des exemples de verbes au temps indiqués.

Réponse :
- plusieurs verbes à l'imparfait : vous grimpiez, on installait, vous montiez, il fallait, Lise et Sarah qui ne marchaient pas, le plafond était, David se tenait, on y voyait, vous taire n'était pas facile, ce n'était qu'une alerte, vous pouviez, vous vous appeliez, ainsi se passait votre enfance, vous ne mesuriez pas, vous aviez
- un gérondif : en étouffant
- cinq verbes au plus-que-parfait : on avait fermé, on vous l'avait dit, vous l'aviez bien vite appris, on vous avait mis, vous aviez compris

3 Les élèves relisent le dixième couplet et répondent aux questions posées.

Anne Sylvestre souhaite que les enfants n'aient plus à se cacher dans les greniers. Elle veut dire qu'elle espère qu'il n'y aura plus de discrimination envers les enfants, notamment envers les enfants juifs.

Demander aux élèves s'il s'agit d'un souhait réaliste ou pas. Les inciter à justifier leur opinion.

Leur faire donner des exemples où des enfants sont victimes de discrimination.

Comment repérer les informations utiles quand on écoute ?

Après avoir revu *Le parfait linguiste* de l'Unité 8 (section 8.06), les élèves lisent les conseils de 12.06.

Encourager les élèves à bien lire les questions et à s'assurer qu'ils les comprennent. Ils peuvent prendre des notes et traduire certains mots. Leur faire relever les pronoms interrogatifs et s'assurer qu'ils les comprennent.

Pour chaque question, leur faire deviner à l'avance quelle sorte de réponse il pourrait y avoir et quel vocabulaire-clé pourrait être utilisé.

Lors des pauses, les inciter à bien relire les questions.

Faites vos preuves !

Après avoir lu les conseils, les élèves écoutent l'interview avec Gaby et répondent aux questions 1–6.

Cette activité permet aux élèves de s'entraîner à la compréhension orale. Les élèves entendront l'enregistrement deux fois.

4 Les élèves répondent aux questions en choisissant la bonne réponse, A, B, C ou D.

Réponse :
1 B, **2** D, **3** C, **4** B, **5** C, **6** A

🔊 CD 02, Piste 41

Vous allez entendre une interview avec Gaby, qui travaille dans le tourisme en Guyane française.

Pendant que vous écoutez l'interview, répondez aux questions en choisissant la bonne réponse, A, B, C ou D.

Il y a une pause dans l'interview.

Vous avez d'abord quelques secondes pour lire les questions.

- Bonjour Gaby, et merci d'être venu au studio.
- Pas de problème ! Merci de m'avoir invité.
- Gaby, vous vivez et travaillez en Guyane, mais en fait vous n'êtes pas Guyanais, c'est bien ça ?
- C'est bien ça. Je suis né à la Guadeloupe, et d'ailleurs ma famille y habite toujours. À dix-huit ans, je ne savais pas ce que je voulais faire, alors je suis parti voyager.
- Voyager, c'est intéressant, ça ! Où êtes-vous allé pendant vos voyages ?
- Alors j'ai commencé par la France métropolitaine. Je suis français, après tout, j'avais envie de voir à quoi ça ressemblait. Mais je ne suis pas resté très longtemps.
- Non ? Ça ne vous a pas plu, en France ?
- Non, pas beaucoup. Le temps, d'une part. J'y étais en octobre et j'ai trouvé que c'était froid et humide. Ici, sous les tropiques, même quand il pleut, il ne fait jamais froid.
- Mais il n'y avait pas que le temps…
- Non, en effet. Je cherchais des petits boulots pour financer mon voyage, mais c'était difficile de trouver du travail. Et puis franchement, je n'ai pas trouvé les Français très accueillants.
- Ah, dommage ! Alors ensuite, vous êtes parti où ?
- Ensuite, j'ai visité plein d'autres pays. Beaucoup de pays africains, où j'ai découvert des façons de vivre complètement différentes et surtout des gens vraiment accueillants et chaleureux.

[Pause]

- Et après l'Afrique ?
- Je suis arrivé en Guyane, mais je n'avais plus d'argent, et j'avais besoin de gagner ma vie. Et puis, cela faisait deux ans que je voyageais, donc j'avais envie de m'arrêter et de m'installer un peu.
- Et maintenant, vous tenez un gîte ici en Guyane, près de Cayenne. Pourquoi avez-vous décidé de devenir hôtelier ?
- Quand j'étais à Dakar, au Sénégal, j'avais travaillé quelques mois dans un hôtel sur la côte, et j'avais beaucoup aimé cette expérience. J'avais fait un peu de tout, l'accueil, le ménage, même la cuisine.
- Décrivez-nous votre gîte.
- Il est simple, mais les touristes l'apprécient beaucoup ! Il y a six chambres, et une vue magnifique sur la forêt.
- Quelle sorte de touristes accueillez-vous ?
- Les touristes qui viennent chez moi aiment l'aventure et la découverte. Certains partent explorer la forêt amazonienne – toujours avec un guide local, bien sûr. D'autres s'intéressent aux plantes et aux animaux. La biodiversité dans la région est exceptionnelle ; les touristes adorent.
- Gaby, merci d'avoir partagé votre expérience avec nous.
- Merci à vous.

5 🔊 Les élèves écoutent l'enregistrement et répondent aux questions en français.

Réponse :

1. Entre 4 et 19 ans ; il n'y a pas de bébés.
2. Ils ont perdu toute leur famille.
3. Ils étaient enfants soldats et ont été rejetés par leur communauté.
4. Ce sont des Congolais qui comprennent très bien les problèmes des enfants.
5. Les enfants vont en classe – les filles et les garçons.
6. Les plus âgés peuvent faire une formation professionnelle (agriculture, mécanique, confection de vêtements…).
7. Les jeunes peuvent aussi faire du sport / du foot.
8. Ils apprennent à se battre tout en restant amis.

🔊 CD 02, Piste 42

Vous allez entendre une interview avec Flavie, directrice du centre d'accueil L'Arbre à Pain, qui a été ouvert en République démocratique du Congo depuis la guerre civile.

Pendant que vous écoutez l'interview, répondez aux questions en français.

Il y a deux pauses dans l'interview.

Vous avez d'abord quelques secondes pour lire les questions.

- Bonjour Flavie !
- Bonjour Jonas.
- Alors Flavie, pouvez-vous me parler de *L'Arbre à Pain*, le centre que vous dirigez ?
- *L'Arbre à Pain* a été créé il y a douze ans pour aider les enfants et les jeunes victimes de conflits ici en République démocratique du Congo.
- Et ils ont quel âge, en général ?
- Ils sont d'âges variés. Les plus jeunes ont quatre ou cinq ans, et à l'autre extrémité nous avons des jeunes gens de dix-huit ou dix-neuf ans. Nous n'avons pas de bébés, parce que les très jeunes sont normalement accueillis et soignés à l'hôpital.
- Quelle est leur histoire ?
- Dans tous les cas, c'est une histoire douloureuse. Les plus jeunes, ils sont orphelins et n'ont plus de famille – même pas des oncles ou tantes ou grands-parents.
- Et pour les plus âgés ?
- Ce sont des histoires compliquées. Tous ne sont pas orphelins. Certains étaient enfants soldats. Ils ont été forcés de se battre et ont été ensuite rejetés par leur famille et leur communauté.

[Pause]

- Qui sont vos collègues ici, à *L'Arbre à Pain* ?
- J'ai la chance d'avoir une équipe d'éducateurs fantastiques. La plupart sont Congolais, et par conséquent ils comprennent très bien les problèmes de nos jeunes.
- Décrivez-nous une journée typique.
- Le matin, les enfants vont en classe normalement. Filles et garçons, bien sûr. Pour reconstruire le Congo après la guerre, c'est important que les filles soient scolarisées comme les garçons.
- Et l'après-midi, que se passe-t-il, en général ?
- Nous offrons une formation professionnelle aux plus âgés, à partir de douze ans. Méthodes modernes d'agriculture, mécanique, confection de vêtements… Ce sont des formations pratiques, mais variées.

[Pause]

- C'est tout de même très difficile d'aider des personnes traumatisées par la guerre ?
- Bien sûr, surtout par une guerre civile. Ici, nous faisons aussi du sport pour essayer de redonner confiance aux jeunes. Nous avons deux éducateurs qui sont aussi entraîneurs de foot.
- Mais tout cela coûte cher, non ? Et il y a beaucoup de pauvreté au Congo.
- Le foot ne coûte pas cher, il suffit d'un ballon. Et c'est essentiel, à mon avis. Avec le sport d'équipe, nos jeunes apprennent à se battre tout en restant amis, et pour moi c'est le plus important.

Corrigés du cahier d'exercices

0 Bienvenue en Francophonie !

1. 1 à, 2 au, 3 à, 4 à, 5 au, 6 en, 7 à, 8 en, 9 en, 10 aux, 11 à, 12 à

2. 1 en, 2 au, 3 à, 4 au, 5 à, 6 à, 7 en, 8 à, 9 au, 10 en

3. 1 vingt-et-un, 2 soixante-dix, 3 cent, 4 cent un, 5 quatre-vingt-dix-huit

4. 1 soixante-dix-sept, 2 soixante-et-un, 3 cent quatre-vingt-huit, 4 quatre-vingt-seize, 5 quatre-vingt-un

5. 1 février, 2 janvier, 3 mardi, 4 jeudi, 5 mai, 6 samedi, 7 août

6. 1 neuvième, 2 premier, 3 troisième, 4 onzième, 5 cinquième, 6 douzième

7. 1 c, 2 d, 3 b, 4 a

8. 1 1945, mille neuf cent quarante-cinq; 2 1927, mille neuf cent vingt-sept; 3 2020, deux mille vingt; 4 1969, mille neuf cent soixante-neuf

9. 1 six heures moins le quart, 2 huit heures et demie, 3 onze heures et quart, 4 midi, 5 quatorze heures dix, 6 dix-sept heures trente, 7 vingt-et-une heures quarante-cinq, 8 vingt-deux heures cinquante

10. 1 cinq heures quarante-cinq, 2 huit heures trente, 3 onze heures quinze, 4 douze heures, 5 deux heures dix, 6 cinq heures trente / cinq heures et demie, 7 neuf heures quarante-cinq / dix heures moins le quart, 8 dix heures cinquante / onze heures moins dix

11. Réponse personnelle

1 Mon quotidien

1. Normalement, ma mère se relaxe devant la télé le soir. En général, le matin, je m'occupe toujours de ma petite soeur. À la maison, nous ne nous couchons pas tard. Est-ce que vous vous coiffez toujours avant de partir ? À quelle heure est-ce que tu te lèves le matin ? Mon frère et moi, on se couche en même temps et on lit un peu. D'habitude, mes parents se reposent le dimanche après-midi. Ma petite soeur oublie toujours de se brosser les dents !

2. 1 se, Ø; 2 me, me; 3 s', Ø; 4 nous, Ø; 5 se, Ø; 6 t', te; 7 vous, Ø

3. je peux, il / elle / on peut, nous pouvons, tu peux, ils / elles peuvent, vous pouvez

   vous devez, nous devons, il / elle / on doit, je dois, tu dois, ils / elles doivent

   il / elle / on veut, nous voulons, vous voulez, je veux, tu veux, ils / elles veulent

4. 1 veut, 2 peut, 3 doit, 4 veut, 5 peut, 6 veut, 7 veut, 8 peut, 9 doit

5. 1 alors / donc, 2 alors / donc, 3 mais, 4 pourtant, 5 et, 6 par contre, 7 parce que, 8 pourtant, 9 parce que, 10 alors / donc

6. Réponse personnelle

7. Verbes à l'infinitif: dormir, être, travailler, commencer, souffrir, vous coucher, vous mettre, voir, écrire, vous endormir, se souvenir, apprendre, se reposer

8. dormir – inf. utilisé comme nom; être – pour + infinitif; travailler – à + inf.; commencer – aller + inf; souffrir – à + inf.; se coucher: avant de + inf.; se mettre – devoir + inf.; voir – aimer + inf.; écrire – aimer + inf.; s'endormir – pouvoir + inf.; se souvenir – pour + inf.; apprendre – il faut + inf.; se reposer – à + inf.

9. 1 Je vais me coucher tôt ce soir. 2 Je fais la cuisine parce que j'adore manger ! 3 Je ne peux pas manger avant de partir au collège. 4 Je vais au collège en bus pour ne pas arriver en retard.

10. 1 je, on, 2 on, il, 3 je, tu, 4 nous, 5 nous, 6 vous, 7 ils, 8 tu, 9 on, 10 Ils

11. Réponse personnelle

12. Réponse personnelle

13. Réponse personnelle

14. tu écris, il / elle / on écrit, vous écrivez, tu dors, il / elle / on dort, vous dormez

15. commence, commençons, commencent; achète, achetons, achètent; appelle, appelons, appellent; réussis, réussissons, réussissent; me lève, nous levons, se lèvent; obtiens, obtenons, obtiennent

16. 1 se lever, 2 s'habiller, 3 dîner, 4 déjeuner, 5 faire ses devoirs, 6 se relaxer, 7 jouer sur la console, 8 se coucher

17 1 Je fais les courses. 2 Je passe l'aspirateur. 3 Je fais du jardinage / Je jardine. 4 Je ne fais pas la lessive. 5 Je ne fais pas la vaisselle. 6 Je ne repasse pas (le linge).

18 Réponse personnelle

19 1 à pied ; agréable, 2 fatigant, 3 circulation, 4 marche, 5 mets, 6 m'emmène

20 l'argent de poche, gagner de l'argent, faire un petit boulot, garder des enfants, travailler dans un magasin, Ce n'est pas bien payé.

21 Réponse personnelle

22 Je m'appelle Dylan. Je vais dans un collège privé mixte. Il y a environ 500 élèves. Je suis en quatrième. Dans ma classe, nous sommes trente. Je n'aime pas ma classe parce que les élèves ne sont pas sympa. Je prépare un examen et je veux obtenir de bonnes notes pour pouvoir aller en section internationale. J'aime beaucoup faire des échanges scolaires. Comme activités extra-scolaires je fais du théâtre et de la danse.

23 Réponse personnelle

24 1 le français, 2 l'histoire-géo, 3 la physique-chimie, 4 les arts plastiques, 5 la musique, 6 les mathématiques

25 1 le foyer, 2 la cantine, 3 la cour de récréation, 4 le gymnase, 5 la salle de classe, 6 les dortoirs

26 Réponse personnelle

27 1 …, je n'aime pas du tout / je déteste / c'est l'horreur / nul. 2 …, je n'aime pas / je n'aime pas du tout. 3 …, ca ne me dérange pas. 4 …, j'aime / j'aime bien / c'est bien / super. 5 …, j'aime beaucoup / j'adore / c'est génial / c'est super.

28 1 à, 2 Entre… et / De…, à ; 3 à / vers; 4 entre… et / de… à; 5 jusqu'à; 6 d'abord; puis / ensuite, ensuite / puis, Finalement.

2 La pleine forme

1 1 les, 2 la, 3 un, 4 une, 5 une, 6 des, 7 le, 8 la, 9 la, 10 les, 11 de la, 12 du, 13 du

2 1 les, 2 aux, 3 la, 4 un / de l', 5 de, 6 des, 7 de, 8 des, 9 des, 10 de, 11 de, 12 la, 13 de la, 14 à la, 15 au, 16 du

3 du pain grillé, un restaurant élégant, une cuisine variée, de la soupe chaude, des repas équilibrés, des gâteaux décorés, des olives noires, des fraises sucrées

4 1 Chère Marie, 2 Bonne nouvelle, 3 nouveau restaurant, 4 vieille maison, 5 grande maison blanche, 6 italienne, 7 délicieuses, 8 façon traditionnelle, 9 olives fraîches, 10 petits morceaux, 11 desserts géniaux, 12 impression négative, 13 français, 14 faux accent italien

5 1 cette, 2 cet, 3 cet, 4 cette, 5 ce, 6 ces, 7 ces, 8 ce, 9 cette, 10 cette, 11 ces, 12 ces

6 1 Cet abricot-ci ou cet abricot-là? 2 Cet ananas-ci ou cet ananas-là? 3 Ces frites-ci ou ces frites-là? 4 Ces ingrédients-ci ou ces ingrédients-là? 5 Ce jus de fruits-ci ou ce jus de fruits-là? 6 Cette olive-ci ou cette olive-là? 7 Ces plats-ci ou ces plats-là? 8 Ces spécialités-ci ou ces spécialités-là? 9 et 10 réponses personnelles

7

	singulier	pluriel
masculin	celui-ci	ceux-ci
féminin	celle-ci	celles-ci

8 1 Celle-ci, celle-là, 2 Celui-ci, celui-là, 3 Celle-ci, celle-là, 4 Ceux-ci, ceux-là, 5 Celles-ci, celles-là

9 1 Le café, 2 le poisson, 3 les crêpes, 4 la pizza, 5 les jus de fruits, 6 les desserts

10 1 Les croissants? Ceux de la *Pâtisserie du Centre* sont faits au beurre.
2 Les glaces? Celles du *Bar de la Plage* sont variées.
3 Les sandwiches? Ceux de *La Boulangerie Martin* ne sont pas chers.
4 Le thé? Celui du *Salon de Pauline* est le meilleur.
5 La cuisine végétarienne? Celle de *L'Artichaut* est simple mais bonne.

11 1 Djamel et son père sont français mais sa mère est tunisienne et ses grands-parents aussi.
2 « Ma sœur vit à Marseille avec mes parents mais mon frère habite à Tunis. » / « Ma soeur vit à Tunis avec mes parents mais mon frère habite à Marseille. »
3 « Ton passeport est belge, mais tes parents sont français et ta ville d'origine est Paris? »
4 « Nous habitons à Lyon mais dans notre famille, nos plats préférés sont le couscous et le tajine. »
5 « Vous allez souvent à Alger pour voir votre tante et vos cousins? »
6 Leur pays d'origine est le Liban mais leurs enfants vivent aux États-Unis.

12 a 1 Mes / Nos, Antoine, Brigitte, Claude et / ou Danièle; 2 Mon, Emmanuel; 3 Ma, Flore; 4 Mon / Notre, Emmanuel et / ou Flore b 5 Ses, F; 6 Sa / Leur, Gabrielle et / ou Hugo; 7 Ses / Leurs, G, H et Inès; 8 Son / Leur, G et / ou; 9 Son / Leur, G, H et / ou Inès

c 10 Ta / Votre, G, H et / ou I; 11 Tes, H; 12 tes / vos, E et / ou F; 13 Ton, F

13

manger	*Mange*	des légumes.
	Ne mange *pas*	trop de chocolat.
choisir	Choisis	une activité physique.
finir	*Finissez*	vos devoirs.
aller	Va	souvent à la piscine.
	N'allez pas	au collège en voiture.
boire	Bois	de l'eau après le sport.
	Ne buvez pas	trop de café.
prendre	Prends	souvent ton vélo.
	Ne prenez pas	l'ascenseur.
se concentrer	Concentre-toi	sur ton travail.
	Concentrez-vous	sur vos cours.
se coucher	Ne te couche pas	trop tard.
	Ne vous couchez pas	avec votre téléphone.
se lever	Ne vous levez pas	à midi.
s'endormir	Endors-toi	avant 23 heures.
	Ne t'endors pas	sur ton clavier.

14 Réponse personnelle

15 Réponse personnelle

16 1 la fraise, 2 l'ananas, 3 le poivron, 4 les haricots verts, 5 le jus de fruits, 6 l'agneau, 7 la pâtisserie, 8 l'amande, 9 le fromage, 10 les fruits de mer

17 C'est bon pour la santé : manger équilibré, prendre des fruits au petit déjeuner, éviter les plats riches, faire un dîner simple

C'est mauvais pour la santé : ajouter du sel, mettre beaucoup de sucre, manger des pâtisseries, cuisiner avec trop de matières grasses

18 1 le bar, 2 la brasserie, 3 la caféteria, 4 le café, 5 la crêperie, 6 la pizzeria, 7 le restau rapide, 8 le restaurant

19 1 a, b, c, d, e ; 2 a, b, c, d ; 3 f ; 4 g ; 5 h ; 6 a, b, c, d ; 7 b, c, d

20 Réponse personnelle

21 1 d, 2 c, 3 g, 4 f, 5 b, 6 h, 7 a, 8 e

22 1 tête, 2 tousse, 3 enrhumé, 4 fièvre, 5 piqûres, 6 brûlé, 7 ventre, 8 saigne

23 Réponse personnelle

3 Une famille à l'étranger

1 Réponse personnelle

2 Jeanne Morel est une fille qui habite à Paris. Jeanne est une fille pour qui la famille est importante. Jeanne a un grand frère qu'elle ne voit pas beaucoup. Jeanne aimerait trouver une fille avec qui elle pourrait faire un échange. Clément a une grand-mère qu'il voit très souvent. L'italien est une langue que Clément parle très bien. C'est une famille d'accueil que Clément recherche.

3 1 a, 2 b, 3 e, 4 d, 5 c, 6 g, 7 f

4 1 Je les ai bien compris. 2 Je l'ai beaucoup admirée. 3 Je l'ai un peu aidé. 4 Je ne l'ai pas regrettée.

5 1 me plaît, 2 je trouve ennuyeux, 3 j'aime le plus, 4 t'intéresse le plus

6 Réponse personnelle

7 1 je leur raconte les nouvelles.
   2 je lui dis bonjour le matin.
   3 je lui fais toujours la tarte qu'elle préfère.
   4 mais je les vois et je leur parle rarement.

8 1 je leur ai parlé de mon séjour au pair. 2 je lui ai dit merci. 3 je ne lui ai pas envoyé de carte d'anniversaire. 4 je pense leur faire un cadeau de Noël.

9 Verbes qui utilisent être : aller, arriver, mourir, partir, rester, s'ennuyer, tomber, venir.

Verbes qui utilisent avoir : faire, manger. Verbes qui utilisent être et avoir : descendre, monter, passer, rentrer, sortir.

10 1 eu, 2 bu, 3 été, 4 fait, 5 lu, 6 mis, 7 mort, 8 né, 9 pu, 10 pris, 11 ri, 12 venu

11 Réponse personnelle

12 1 me suis bien amusée, 2 me suis levée, 3 était, 4 travaillaient, 5 sommes allés, 6 passait, 7 était, 8 étaient, 9 avons passé, 10 nous sommes baignés, 11 faisait

13 Réponse personnelle

14 Recherche personnelle (en ligne, livres de conjugaison, etc.)

15 Réponse personnelle

16 1 mère, 2 parents, 3 frère, 4 tante, 5 grand-mère, 6 cousin

17 Réponse personnelle

18 positif: courageux, doux, drôle, formidable, génial, gentil, optimiste, souriant, sympa

négatif: étrange, impatient, impoli, insupportable, sévère, stressé, triste

19 1 courageux, 2 impatiente, 3 impolies, 4 drôles, 5 stressé, 6 triste, 7 sévères, 8 insupportable

20 1 agriculteurs, 2 acteur / décoratrice, 3 pharmacien / chirurgien, 4 architecte / styliste, 5 vendeuse / employée, 6 coiffeur / infirmière

21 1 la piscine, 2 la patinoire et le skate-parc, 3 le centre équestre, 4 la salle de spectacles, 5 la bibliothèque, 6 le stade et le terrain de sports

22 1 présente, 3 libre, 4 comme, 5 Qu'est-ce qu', 6 réserver, a égal, d heureux

1 d, 2 a, 3 c, 4 f, 5 e, 6 b

23 Réponse personnelle

4 Faites la fête !

1 1 vais, 2 vont, 3 va, 4 allons, 5 va, 6 vont, 7 vas, 8 allez

2 Réponse personnelle

3
je	fêter*ai*
tu	fêter**as**
il / elle / on	fêter**a**
nous	fêter**ons**
vous	fêter**ez**
ils / elles	fêter**ont**

4
aller – ir-   faire – fer-
avoir – aur-   pouvoir – pourr-
devoir – devr-   prendre – prendr-
être – ser-   venir – viendr-

5 Réponse personnelle

6 1 J'appelle dans cinq minutes.
Je vais appeler ce soir.
J'appellerai quand j'aurai le temps.

2 Je n'ai pas d'argent. J'achèterai un cadeau à Noël.
Je vais acheter un cadeau en ville cet après-midi.
Je finis ce texto, puis j'achète un cadeau en ligne.

3 Oui, je vais revenir pour dîner.
Oui, je reviens dans dix minutes.
Oui, je reviendrai tard, je ne sais pas quand.

7 Ma chambre ? Une minute, je me lève et je la range. J'irai peut-être vivre à Paris quand je serai adulte. Quand j'aurai l'âge, je conduirai une moto. Je ne peux pas sortir ce soir, on fête l'Aïd en famille. Je vais faire ma bat mitsva la semaine prochaine. Ce soir pour le dessert, on va manger un gâteau.

8
présent	est, sont, préfèrent
imparfait	cultivait, étaient, préféraient, étaient
passé composé	a changé, ont commencé, ont (alors) arrêté
aller + infinitif	va (donc) recommencer, va (les) vendre
futur simple	ouvriront, viendront

10 Il se place entre l'auxiliaire et le verbe.
ont <u>alors</u> arrêté, va <u>donc</u> recommencer, va <u>les</u> vendre

9 et 11

1 <u>Autrefois</u>, on cultivait des tomates très variées.

2 Ces tomates étaient grosses, petites, rondes, allongées, rouges, jaunes ou même noires.

3 <u>Puis</u> le monde a changé.

4 Les gens ont commencé à faire leurs courses au supermarché.

5 Les supermarchés préféraient les tomates rouges, rondes et faciles à transporter.

6 Les agriculteurs ont <u>alors</u> arrêté de cultiver les tomates qui n'étaient pas rondes ou rouges

7 et <u>maintenant</u>, c'est difficile de trouver des tomates anciennes.

8 Paul et Manon, des agriculteurs français, ne sont pas contents.

9 Tous les deux préfèrent les tomates anciennes.

10 Paul va <u>donc</u> recommencer à cultiver des tomates jaunes, noires, allongées…

11 <u>Au début</u>, Manon va les vendre au marché.

12 <u>Un jour</u>, Paul et Manon ouvriront peut-être un magasin

13 et les clients viendront de très loin !

12 Réponse personnelle

13 1 Si on habite en Bretagne, c'est facile d'assister au Festival des Vieilles Charrues.

2 Si le festival le Rêve de L'Aborigène se développe,

l'ambiance va devenir moins familiale.
3   On peut travailler comme bénévole dans les festivals si on a plus de 18 ans.
4   Cet été, j'irai certainement au festival des Eurockéennes si le groupe *Chocolat* est au programme.

14 1 et 3: entièrement au temps présent
    2 et 4: un verbe au futur

15 Réponse personnelle

16
infinitif	conditionnel
visiter	vous visiteriez
choisir	nous choisirions
avoir	ils / elles auraient
aller	tu irais
être	il / elle / on serait
prendre	je prendrais

17 1 parlais, pourrais; 2 étais, irais

18 1 allait, serait; 2 était, irait; 3 fait, va assister / assistera; 4 voyait, serait; 5 va devenir / deviendra, continue

19 I: étais, montais, chantais, applaudissait, dansais, chantais, avais
    F: danserai, chanterai, seront
    C: pourrais, serais, prendrais

20 1 e, 2 b, 3 f, 4 g, 5 c, 6 a, 7 d, 8 h

21 L'habillement: le costume, le chapeau, le masque, la belle robe, les vêtements neufs
    Les accessoires: l'arbre de Noël, la bougie, le ballon, le cadeau
    La nourriture: le gâteau, la pâtisserie, la datte
    La musique: le tambour, le rock, le folk, la variété, la musique traditionnelle

22 Autrefois, il y a un an, Au début, ensuite Aujourd'hui, Pour le moment, L'année prochaine, un jour

23 organiser une fête / son anniversaire / un concert
    inviter ses amis / des visiteurs / les musiciens
    fêter son anniversaire
    accueillir des visiteurs / ses amis / les musiciens
    applaudir les musiciens / un concert
    manger des plats de fête / dans la rue
    écouter un concert / les musiciens
    se coucher tard
    assister à un spectacle / au carnaval
    défiler dans la rue / au carnaval
    passer une bonne journée
    participer à un spectacle / au carnaval
    se déguiser au carnaval

24 Opinions positives:
    2   J'attends le concert avec impatience.
    3   J'ai hâte de voir le spectacle.
    5   L'ambiance semble sympathique.
    6   C'est une fête qui compte beaucoup pour moi.
    7   C'est une grande chance pour la ville.
    9   C'est une journée que je n'oublierai jamais.
    Opinions négatives:
    4   À mon avis, la fête n'est pas bien organisée.
    10 Il faudrait interdire les défilés sur la place.
    Opinions nuancées:
    1   C'est bon pour le village, mais ce n'est pas assez.
    8   Il y a du pour et du contre.

25 Réponse personnelle

26 Réponse personnelle

5 Ma ville, demain ... ?

1   1   Je ne vais pas en France.
    2   On ne s'habitue pas ici.
    3   Vous n'avez pas visité la région?
    4   Je ne me suis pas perdu en ville.
    5   On n'aime pas aller dans les vieux quartiers.
    6   Je ne veux pas habiter à la campagne.
    7   Nous n'allons pas déménager en ville.
    8   N'oubliez pas de visiter le musée.

2   1   Je n'aime pas les endroits calmes. Je ne voudrais pas habiter à la campagne parce que je ne m'intéresse pas à la nature.
    2   Hier, je ne me suis pas bien amusé(e) à Paris. Ce n'était pas super: je n'ai pas pu visiter Notre-Dame et je ne suis pas monté(e) à la tour Eiffel. Je ne vais pas explorer le Louvre demain.

3   Réponse personnelle

4   Réponse personnelle

5   1 rien, 2 plus, 3 jamais, 4 aucune, 5 personne, 6 ni, ni

6   1 plus, 2 rien, 3 personne, 4 jamais, 5 aucun, que, 6 ni… ni

7   1   Non, je ne vais plus faire mes courses au centre-ville.
    2   Non, je ne fais aucun achat en ligne.
    3   Non, je n'achète mes chaussures ni sur catalogue ni en ligne.
    4   Je n'achète rien en ligne.
    5   Non, je ne vais jamais dans un hypermarché.
    6   Oui, je ne fais mes achats que dans un centre commercial.
    7   Non, je ne vais avec personne dans les magasins de vêtements. / Non, je ne vais dans les magasins de vêtements avec personne.

8   Réponse personnelle

9   1   Non, il n'y a pas de musée.
    2   Non, on ne vend pas de timbres ici.
    3   Non, on ne peut pas visiter les églises.
    4   Non, il n'y a pas de restaurant par ici.
    5   Non, ce n'est pas un restaurant italien.
    6   Non, il n'y a pas de boutique dans cette rue.

10 Réponse personnelle

11 1   Oui, on peut y aller à pied.
    2   Non, il n'y a pas d'activités culturelles.
    3   Oui, j'y vais souvent.
    4   Oui l'accès en fauteuil roulant y est facile.
    5   Non, on n'y trouve pas d'espaces verts.

12 1 de la pollution, 2 des parkings, 3 d'hôtels, 4 de bus, 5 de ta ville et ses attractions

13 Réponse personnelle

14 1 accueillir, accueillante(e); 2 ouvert(e), ouverture; 3 facile, facilement

15 1 agréable, 2 varié(e), 3 sale, 4 calme, 5 facile, 6 injuste, 7 inacceptable, 8 impatient, 9 désagréable, 10 désordonné

16 1   commercial, sportif, -ville
    2   de bus, de métro, -service
    3   la place du, aux fleurs, de Noël

17 le restaurant, la banque, la rue, la gare, les halles, le château, le supermarché, le musée, la place, la cathédrale, le marché, le gymnase

18 1 Excusez, 2 savez, 3 pourriez, 4 allez, 5 prenez, 6 continuez, 7 loin, 8 aller, 9 traversez, 10 passez, 11 à gauche

19 1 vivante / accueillante, 2 bruyante, 3 embouteillages, 4 pollué, 5 sales, 6 piétonnes, 7 activités, 8 emploi, 9 criminalité, 10 accueillant / vivant

20 Réponse personnelle

21 1 d, 2 f, 3 b, 4 c, 5 g, 6 e, 7 a

22 Réponse personnelle

6 La nature – amie, ennemie ou victime ?

1   1 douce, doucement, 2 longue, longuement, 3 difficile, difficilement, 4 malheureuse, malheureusement, 5 sportive, sportivement, 6 naturelle, naturellement

2   1 Heureusement, 2 vraiment, 3 Personnellement, 4 bruyamment, 5 difficilement, 6 Exceptionnellement, 7 fréquemment

3   1 un peu, 2 trop, 3 assez, 4 très, 5 plus, 6 tout à fait

4   1   On se promène régulièrement à la montagne car les paysages sont absolument magnifiques.
    2   Malheureusement, le cyclone a frappé la côte et les dégâts sont assez graves.
    3   Ils ont très souvent visité les réserves naturelles parce qu'ils aiment vraiment beaucoup les tortues.

5   on se promène régulièrement = verbe + adverbe
    absolument magnifiques = adverbe + adjectif
    malheureusement, le cyclone a frappé la côte = adverbe + phrase
    assez graves: adverbe + adjectif
    ils ont très souvent visité = verbe + adverbe
    très souvent = adverbe + adverbe
    ils aiment vraiment beaucoup = verbe + adverbe
    vraiment beaucoup = adverbe + adverbe

6   1 Quel, 2 si / tellement, 3 Comme, 4 si / tellement, 5 Comme, 6 Quelle

7   1 Quel, 2 tellement, 3 Comme, 4 quelles, 5 Quelle, 6 aussi, 7 si

8   Réponse personnelle

9   pas beaucoup d'habitants, pas assez de magasins, beaucoup de touristes; assez de neige, trop de monde, pas beaucoup de parkings et peu de place

10 Réponse personnelle

11 1 i, 2 j, 3 g, 4 l, 5 k, 6 d, 7 a, 8 c, 9 b, 10 f, 11 h, 12 e

12 Réponse personnelle

13 Ilona aimerait travailler avec les animaux. Elle décide de faire un stage. Elle commence à se renseigner. À 15 ans, elle ne peut pas avoir un vrai travail dans un refuge. Donc elle va s'occuper du chat de sa voisine. Cela lui permettra de mieux connaître les chats. L'année prochaine, elle espère avoir plus de chance. Elle réussira peut-être à trouver un stage chez un vétérinaire.

14 1 de, 2 ø, 3 de, 4 ø, 5 de, 6 à, 7 à, 8 d', 9 à

15 L'eau: la baie, la cascade, l'île, le lac, l'oasis, la plage, la rivière
Les animaux qui vivent dans l'eau: la baleine, le caïman, le dauphin, la tortue
La terre: la campagne, le désert, la dune, la forêt, la montagne, l'oasis, le palmier-dattier, le volcan
Les animaux qui vivent sur terre: la chèvre, le kangourou, le lion, le loup, le mouton

16 Réponse personnelle

17 1 l'éruption – le volcan
2 le cyclone – le vent
3 la sécheresse – le soleil
4 l'inondation – la pluie
5 la tempête de sable – le vent

18 1 réchauffement, 2 surexploitation, 3 pollution, 4 augmentation, 5 déforestation, 6 désertification, 7 marée noire, 8 gaz à effet

19 réduire son empreinte carbone, consommer moins de combustibles fossiles, éviter le gaspillage d'énergie, prendre son vélo au lieu de la voiture, baisser le chauffage, encourager les énergies renouvelables, ne pas boire d'eau minérale, aller au collège à vélo, planter des arbres, préserver la biodiversité

20 1 situé, 2 à, 3 dans, 4 à, 5 loin, 6 y, 7 régulièrement, 8 Depuis, 9 ailleurs, 10 Depuis, 11 toute, 12 jamais

21
noms	adjectifs	verbes	adverbes
la nature	naturel	naturaliser	naturellement
la pluie	pluvieux	pleuvoir	
l'inondation		inonder	
le recyclage	recyclable	recycler	
la forêt la déforestation	forestier		
la destruction	destructeur	détruire	
la chaleur le réchauffement le chauffage	chaud	chauffer réchauffer	chaudement
la personne	personnel	personnaliser	personnellement

22 Réponse personnelle

7 Bonjour de Francophonie !

1 Luc: beau, discret, fou, sportif, travailleur, fort
Lucie: douce, brune, fière, gentille, grande, heureuse
Luc + Lucie = énergique, optimiste, sympa

2 1 fort, 2 sportif, 3 beau, 4 discret, 5 travailleur, 6 sympa, 7 optimiste, 8 énergique, 9 fou

3 Réponse personnelle

4 1 originaux / sympa, 2 vieux, 3 jolie, 4 excellente, 5 homme, 6 jaune / vert, 7 favori / préféré, 8 très / vraiment

5 1 Ma meilleure amie est extrêmement gentille.
2 Mon frère est un garçon assez optimiste.
3 Mes sœurs ne sont pas particulièrement généreuses.
4 Son père a l'air relativement sympa et cool.

« Mon ami idéal est beau et riche ! »

6 Réponse personnelle

7
1	2	3	4	5	6	7	8
h	a	f	e	g	d	b	c

8 1 moins bonne, 2 meilleure, 3 aussi bonne, 4 pire, 5 moins mauvais, 6 plus mauvaises

9 Réponse personnelle

10 1 la ville la plus intéressante, 2 que l'on recommande le plus, 3 les artisans les plus habiles, 4 les produits artisanaux les moins chers, 5 la meilleure, 6 la pire chose

11 Réponse personnelle

12 Astérix, c'est un personnage qui est très célèbre en France. C'est un Gaulois relativement petit mais très fort. Son ami Obélix est un homme que l'on peut décrire comme très gros ! Obélix semble toujours avoir faim ! Obélix a un petit chien sans qui il ne se déplace jamais. Obélix et Astérix sont des amis qui se disputent souvent. Obélix a parfois l'air d'être un peu idiot.

13 1 que, 2 avec qui, 3 semble, 4 l'air, 5 qui, 6 de mon copain, 7 que, 8 vraiment, 9 avec

14 Réponse personnelle

15 Réponse personnelle

16 articles: des, du, la, le, les, un, une
noms: explorateur, lunettes, ménage, population
adjectifs: accueillante, ancien, ce, ces, cet, cette, heureux, tropical

adverbes: beaucoup, couramment, vraiment
verbes: conserver, faire, vendre, vouloir
pronoms: celles-ci, celui-là, où, que, qui
conjonctions: car, mais

17 1 verbe: conserver, pronom: celles-ci
2 adjectif: tropical, adverbe: vraiment, nom: lunettes
3 nom: population, pronom: qui, verbe: vendre

18 1 d, 2 c, 3 d, 4 b

19 Réponse personnelle

20

06h30–08h00	c
08h00–09h00	e
12h00–14h00	h
14h00	b
17h00	g
18h00–19h00	i
19h30–20h00	a
20h30	f
22h00–23h00	d

21 Réponse personnelle

22 (D'autres réponses sont possibles) 1 appartement, 2 immeuble, 3 maison, 4 jardin, 5 quartier, 6 verts, 7 plage, 8 tropical, 9 pleut, 10 distractions, 11 vie, 12 cher, 13 élevés, 14 bas

8 L'école, et après ?

1 1 Si Zoé avait le choix, elle apprendrait la mécanique.
2 Si je prenais le car, je ne serais jamais en retard.
3 Si Djamel pouvait, il étudierait la musique.
4 Si mes parents acceptaient, je changerais de lycée.
5 Si Léa habitait plus près, elle irait au collège à pied.
6 Si Olivier allait au lycée, il ne verrait plus ses copains.

2 Réponse personnelle

3 En parlant avec son prof, Nina a réalisé que la géographie était une matière intéressante. Elle s'est renseignée en faisant des recherches et en regardant un film surprenant sur les volcans, qu'elle a trouvé passionnant. En cherchant sur le web, elle a vu qu'on peut étudier les volcans. Maintenant, elle va s'inscrire en remplissant un questionnaire. Elle espère que les cours seront stimulants et enrichissants.

4 1 en travaillant dur, 2 en tombant de vélo, 3 en passant un an à Genève, 4 en mangeant du poisson, 5 en sortant du lycée, 6 en lisant des articles.

5 Réponse personnelle

6 1 n'a pas donné, 2 sont envoyés, 3 es surpris, 4 a reçu, 5 sont, 6 n'est pas encore corrigé, 7 ont eu, 8 Ne soyez pas étonnés

7 1 est fermée, 2 est sorti, 3 sont souvent faits, 4 est allé, 5 est encouragée, 6 sont partis, 7 s'est couchée, 8 est expliquée

8 1 Mes devoirs ne sont pas finis.
2 La soirée de révision est organisée par Marion.
3 Si votre travail est fait, partez.
4 Le sujet est choisi par l'examinateur.
5 Les sorties le soir ne sont pas recommandées.
6 Tu es intéressée par cette matière, Léa?
7 L'examen est divisé en deux parties.

9 1 Au lycée, beaucoup d'options sont proposées aux élèves.
2 Les élèves de terminale fabriquent ce meuble.
3 L'autonomie des lycéens est respectée.
4 On étudie l'informatique à partir de l'école primaire.
5 Les lycéens sont traités comme des adultes.
6 Les questionnaires sont remplis par les élèves au mois d'avril.
7 Les conseils d'orientation sont donnés par Madame Duprat.

10 1 En octobre, je rentre à la fac.
2 D'abord, je prends une année sabbatique.
3 Je viens de commencer un stage dans un zoo.
4 Depuis un mois, je travaille avec les tortues.
5 Tous les matins, je leur donne à manger.
6 Ce matin, nous sommes sur le point de nettoyer l'espace des tortues.
7 Nous sommes en train de préparer les brosses et les balais.

11 a 2, 7, b 5, c 4, d 3, e 6, f 1

12 1 s'ennuyait, a décidé; 2 est partie, parlait; 3 avait, a pris; 4 aimait, s'est inscrite

13 1 a perdu, n'avait pas; 2 voulait, a travaillé; 3 n'a pas pris, avait; 4 était, a choisi

14 Réponse personnelle

15

Les différents établissements	L'environnement
~~le théâtre~~	~~près / loin de chez moi~~
~~l'informatique~~	~~prendre le car scolaire~~
l'école	avoir plus d'autonomie
le cégep	se faire des copains
Les transports	**Les matières**
~~avoir plus d'autonomie~~	~~l'école~~
~~se faire des copains~~	~~le cégep~~
près / loin de chez moi	le théâtre
prendre le car scolaire	l'informatique

16 Réponse personnelle

17 1 centres, 2 consulter, 3 conseillère, 4 envisager, 5 renseigner, 6 fiches, 7 courtes, 8 passer, l'étranger, 9 remplir, 10 près, 11 s'éloigner, 12 s'inscrire

18 Réponse personnelle

19 intention, envie, hâte, projet, + réponse personnelle

20 1 travailler, 2 améliorer, 3 fiches, 4 révision, 5 réviser, 6 remettre, 7 réussir, 8 écrit, 9 échouer à, 10 obtenir

21 Réponse personnelle

22 1 N, 2 N, 3 N, 4 T, 5 T, 6 N

23 Réponse personnelle

24 Réponse personnelle

9 Au travail !

1 passé composé: je suis passé, il a dit, J'ai aimé

plus-que-parfait: je n'avais pas trouvé, J'avais téléphoné, Ils m'avaient répondu, je n'avais pas contacté, Je m'étais préparé

2 1 avais choisi, 2 avaient fait, 3 avais téléphoné, 4 avait donné, 5 m'étais préparée, 6 étais allée, 7 étaient venues

3 être: tu sois, il / elle / on soit, vous soyez

avoir: j'aie, nous ayons, ils / elles aient

faire: tu fasses, il / elle / on fasse, vous fassiez, ils / elles fassent

aller: j'aille, tu ailles, nous allions, ils / elles aillent

4 1 alliez, 2 ayons, 3 fasse, 4 il faut que je sois, 5 il faut que j'aie, 6 il faut que j'aille

5 1 soient, 2 fait, 3 sont, 4 ayez, 5 soit, 6 vont, 7 fassiez, 8 a, 9 aille, 10 aura

6 1 Bien que je n'aie pas d'expérience, ils m'ont donné le poste.
2 Bien que nous soyons jumeaux, nous sommes très différents.
3 Bien que j'aie beaucoup de devoirs, j'ai le temps de voir mes amis.
4 Bien que je fasse du babysitting, je ne gagne pas assez d'argent.

7 1 Il faut que je fasse beaucoup de sport si je veux être en forme.
2 Il faut que j'aille en cours régulièrement si je veux obtenir mon diplôme.
3 Il faut que je sois disponible l'été si je veux trouver un stage.
4 Je ne suis pas très intéressé par les maths mais il faut que j'aie de bonnes notes.

8 Réponse personnelle

9 1 avais, aurais; 2 aurais, avais; 3 jétais, aurais; 4 avait, je serais

10 1 serais, avais; 2 aurais, avais; 3 avais, serais; 4 serais, avais

11 Réponse personnelle

12 1 a, 2 b, 3 a, 4 b, 5 a, 6 a, 7 a

13 Réponse personnelle

14 Ordre logique: 2, 1, 5, 3, 4. Formule IOJRE: O, I, R, J, E

15 Réponse personnelle

16 faire un métier utile aux autres, faire de longs trajets, avoir une bonne ambiance avec les collègues, travailler dans de bonnes conditions, avoir des possibilités de promotion, gagner beaucoup d'argent, avoir des conditions de travail difficiles, être mal payé

côtés positifs: faire un métier utile aux autres, avoir une bonne ambiance avec les collègues, travailler dans de bonnes conditions, avoir des possibilités de promotion, gagner beaucoup d'argent

côtés négatifs: faire de longs trajets, avoir des conditions de travail difficiles, être mal payé

17 1 autonome, 2 créatif, 3 déterminé, 4 disponible, 5 méticuleux, 6 motivé, 7 organisé, 8 sérieux, 9 sociable

18 Réponse personnelle

19 Réponse personnelle

20 1 Je voudrais faire un métier utile aux autres.
2 Mon rêve, c'est de pouvoir beaucoup voyager.

3 J'aimerais travailler à l'étranger.
4 Ce qui m'attire, c'est la médecine.
5 J'ai l'intention de faire des études longues.
6 Je ne veux pas travailler seul.
7 J'espère étudier l'informatique.

21 Réponse personnelle

22 Réponse personnelle

10 À l'écoute du monde

1 1 téléchargée, 2 écrits, 3 achetés, 4 prises, 5 tourné, 6 faite

2 1 ø, 2 ø, 3 vues, 4 aimées, 5 ø, 6 ø, 7 appelée

3 1 qu', 2 qui, 3 qu', 4 que, 5 qui, 6 que, 7 que, 8 qui

4 J'ai vu la fille dont tu parles. As-tu rencontré ce « copain » à qui tu écris sur Facebook ? Voici le message auquel Zoé a répondu. C'est la tablette sur laquelle Simon regarde des films. Il existe des logiciels avec lesquels on peut dessiner. Connais-tu l'appli dont je me sers ?

5 Réponse personnelle

6 1 je ferais, 2 j'écouterais, 3 je prendrais, 4 serait, 5 j'aurais

7 1 aurais, 2 avais, été, 3 aurais, avais, 4 Si, auraient, 5 aurais, avais, 6 Si, aurions

8 Réponse personnelle

9 1 à, 2 ø, 3 ø, 4 à, 5 à, 6 ø, 7 à

10 lui COI, les COD, les COD, leur COI, lui COI, le COD, m' COD, m' COI

11 1 le, 2 lui, 3 la, 4 leur, 5 les, 6 lui, 7 l'

12 1 Je m'**en** 4 sers, j'**y** 2 pense, j'**en** 3 poste
2 J'**y** 1 vais, je n'**y** 2 réponds pas,
3 J'**y** 1 suis, je n'**en** 4 ai pas l'habitude, je n'**y** 1 fais pas grand-chose

13 1 en, 2 en, 3 en, 4 y, 5 y, 6 y, 7 en, 8 en

14 1 Oui, je **le lui** ai envoyé. 2 Oui, on **les y** applique. 3 Oui, je **t'en** ai parlé. 4 Oui, on peut **la leur** donner. 5 Oui, il **m'y** a emmené. 6 Oui, vous **me l'**avez transféré.

15 1 Moi, toi, 2 lui, elle, 3 eux, 4 moi, toi, 5 -toi, -moi

16
	nature	forme dans le dictionnaire
apparu	verbe au participe passé	apparaître
plaît	verbe au présent	plaire
offert	verbe au participe passé	offrir
m'en	pronoms	me, en
perdu	verbe au participe passé	perdre
mise	verbe au participe passé	mettre
n'en	négation + pronom	ne, en
sociaux	adjectif au pluriel	social
à jour	préposition + nom	jour

17 Réponse personnelle

18 Réponse personnelle

19 Réponse personnelle

20 1 accro, 2 virtuel, 3 inconnus, 4 cyber, 5 rumeur, 6 insultes, 7 se passer, 8 périmées

21 a 5, 8; b 8, c 5, 8; d 5, 8; e 3, 5, 8; f 4, 6; g 1, 3, 4, 5, 6; h 1, 2, 7

22 C'est important de se comporter poliment sur Internet. Il y a des règles à appliquer. Évitez d'écrire en majuscules. N'utilisez pas trop d'émoticônes. Faites attention à l'orthographe. Si vous recevez un courriel, demandez la permission avant de le transférer. Vos courriels doivent être courts, avec des titres clairs. Vous pouvez les envoyer en copie aveugle pour ne pas révéler les adresses des destinataires.

23 Réponses possibles :
D'abord, il faut se comporter poliment.
Il faut appliquer les / des règles.
Il ne faut pas écrire en majuscules.
Il ne faut pas utiliser trop d'émoticônes.
Il faut faire attention à l'orthographe.
Il faut demander la permission avant de transférer un courriel.
Il faut écrire des courriels courts.
Il faut donner des titres clairs.
Il faut envoyer les courriels en copie aveugle pour ne pas révéler les adresses des destinataires.

24 organiser une réunion professionnelle, les relations commerciales, la réunion internationale, le voyage d'affaires, assister à une vidéoconférence, la diversité linguistique, le monde des affaires

25 Réponse possible : Le français est utile pour les relations commerciales, les réunions internationales, les voyages d'affaires, la diversité linguistique, le monde des affaires.

Le français permet d'organiser une réunion professionnelle / d'assister à une vidéoconférence.

11 En voyage

1 **1** Plus de 50 ingénieurs ont fait 5 300 dessins. **2** 132 ouvriers ont monté la tour. **3** On a / Ils ont terminé les travaux en deux ans. **4** Gustave Eiffel a inauguré la tour en 1889.

2 **1** VP, **2** VP, **3** PC, **4** PC, **5** PC, **6** VP, **7** VP, **8** PC, **9** VP, **10** PC

3 **1** chaque, **2** tous, **3** différentes, **4** plusieurs, **5** quelques, **6** certains, **7** autre, **8** aucune

4 Tu n'as pas aimé ce voyage ? Non, mais tant pis, j'en ferais d'autres ! – Il faut avoir moins de 25 ans pour avoir une réduction ? Non, n'importe qui peut en avoir une. – Tu aimes les documentaires sur la Chine ? Oui, j'en ai vu plusieurs. – Est-ce que tu as visité un pays francophone ? Non, aucun, mais j'aimerais bien. – Tu envoies des cartes postales quand tu voyages ? Oui, quelques-unes à mes grands-parents. – Tu n'aimes pas voyager seul ? Non, je préfère partir avec quelqu'un. – Vous voyagez avec beaucoup de bagages ? Non, en général, on a un sac chacun.

5 **1** n'importe quoi, **2** quelque chose, **3** n'importe qui, **4** tout le monde, **5** quelqu'un, **6** plusieurs, **7** d'autres, **8** Certains, **9** aucunes, **10** tous

6 Réponse personnelle

7 Réponse personnelle

8 **1** Il y a, **2** pendant, **3** depuis, **4** pour, **5** dans

9 **1** b, **2** a, **3** a, **4** b, **5** b, **6** a, **7** b, **8** a, **9** b

10 **1** parce que / car, **2** alors / donc / par conséquent, **3** d'abord, puis / ensuite, après, pour finir, **4** cependant / pourtant, **5** pour / afin de, **6** si, **7** sauf si

11 Réponse personnelle

12 Réponse personnelle

13 Réponse personnelle

14 **1** c'était bon – 6; **2** prendre l'avion – 4; **3** le continent – 1; **4** visiter une attraction – 7; **5** pour un mois – 2; **6** il faisait chaud – 5; **7** J'ai vraiment hâte de… – 8; **8** des amis – 3

15 Réponse personnelle

16 **1** culture, **2** penser, **3** esprit, **4** différences, **5** être, **6** générale, **7** culturels, **8** apprendre, **9** prendre

17 Réponse personnelle

18 **1** jeunesse, **2** réserver, **3** nuits, **4** compris, **5** gratuite, **6** confirmer

19 Réponse personnelle

20 1 – Excusez-moi, il y a un problème dans la chambre. 2 – Ah, que se passe-t-il ? 3 – Il n'y a pas d'eau chaude et la climatisation ne marche pas. 4 – Vous êtes certain ? 5 – Oui ! Vous pouvez réparer tout de suite ? 6 – Non, je ne pense pas. 7 – Alors je voudrais une autre chambre. 8 – Impossible, nous n'avons pas de chambres libres. 9 – Dans ce cas, je voudrais me plaindre au directeur. 10 – Allez-y. Le directeur, c'est moi !

21 **1** Début. Il y a eu **2** un accident. Un piéton **3** a traversé la route. Une voiture **4** roulait vite. La voiture **5** a freiné brusquement. Elle a ralenti **6** mais pas à temps. Elle a renversé **7** le piéton. Il **8** a été blessé. On a appelé une ambulance. La police **9** a été avertie. Le blessé **10** a été emmené à l'hôpital. Fin.

12 Jeune au XXIe siècle

1   **1** le tien = le téléphone de Léa; le mien = le téléphone de Paul

    2 les miens = les parents de Julien; les tiens = les parents de Julien; les miens = les parents d'Ali

    3 les miennes = les copines d'Alice

    4 les siennes = les amies de Justine

2 **1** les nôtres, Victor-Hugo, **2** La nôtre, les jeunes / les ados, **3** la leur inquiétude, **4** les vôtres, mauvaises / pas bonnes, **5** Les leurs, les photos de ses copains

3 Adverbes: **1** aussi, **2** souvent, très, **3** bientôt, **4** peut-être, **5** certainement, **6** complètement, **7** vraiment, **8** toujours

Adjectifs: bonnes, belles

Verbes à un temps simple: a, trouvera, refusent

Verbes à un temps composé: a posté, va devenir, va réussir, a fini, a pris

4 Réponse modèle: Quentin va bientôt rendre visite à Amir, au Mali. Quentin l'a récemment rencontré au collège à Paris et ils ont beaucoup parlé. Maintenant, il a très / vraiment envie de découvrir ce pays et il voudrait aussi apprendre la langue bambara. Le village d'Amir est très / vraiment pauvre et il faut marcher longtemps pour trouver de l'eau, mais Quentin est tout à fait prêt à aider.

5   6, 8, 1, 3, 2, 4, 7, 5

6   1   j'ai arrêté à 12 ans ; nous avons reçu la visite de Louis ; nous avons organisé une vente de gâteaux ; nous avons donné l'argent ; il nous a invités

   2   j'avais appris à jouer de la flûte

   3   Louis cherchait de l'argent ; il était content

7   1 futur, 2 conditionnel

8   Réponse personnelle

9   1   Il s'est blessé en tombant d'un arbre.

   2   En détruisant les forêts, on menace la biodiversité.

   3   Elle observe les gorilles afin de les comprendre.

   4   Pour protéger la planète, j'évite la voiture.

10   En changeant nos habitudes, on peut sauver la planète. Après avoir détruit la forêt, on a planté des palmiers. Elle a découvert la forêt tropicale en visitant le Gabon. On réduit les gaz à effet de serre afin d'éviter le réchauffement climatique. Il faut penser aux conséquences écologiques avant de détruire les arbres. Pour protéger les grands singes, il faut comprendre leur environnement.

11   Réponse personnelle

12   Au camp de réfugiés, c'est important d'aider les enfants <u>qui</u> sont traumatisés. Deux instituteurs <u>y</u> ont créé des classes pour <u>les</u> aider. Il y <u>en</u> a deux, <u>qu'</u>on a installées sous des tentes et <u>qui</u> accueillent des enfants d'âges différents. Dans la première, <u>qui</u> accueille les petits et <u>dont</u> l'instituteur s'appelle Damien, on fait des jeux. Pour <u>les</u> faire, il y a peu de matériel. <u>Il</u> <u>en</u> fait venir de France.

13   Réponse personnelle

14   Brouillon corrigé :

L'année dernière, j'~~aidé~~ *ai aidé* à nettoyer les ~~rue~~ *rues* de mon quartier. J'ai ~~ramasser~~ *ramassé* les déchets. Ce ~~n'étais~~ *n'était* pas très intéressant mais c'était utile. ~~Je rencontrais~~ *J'ai rencontré* des voisins sympathiques. On a bavardé. Je ne ~~connaisse~~ *connaissais* pas ce genre de travail ~~et~~ *alors* j'ai écouté ~~le~~ *leurs* conseils. Le mois ~~prochaine~~ *prochain*, je ~~recommence~~ *recommencerai* et ~~je vais~~ *j'irai* au parc pour le ~~nettoyé~~ *nettoyer*.

Je voudrais partir à l'étranger pour travailler comme volontaire. C'est difficile ~~d'~~ *à* organiser mais c'est ~~passionnante~~, *passionnant*. Je voudrais aller dans *un* centre écologique. Je voudrais sauver des ~~tortue~~ *tortues*. J'admire *aussi* les gens ~~aussi~~ qui partent aider les victimes de conflits. *Mais je* ~~Je~~ suis trop jeune pour *le* faire ~~le~~.

Texte enrichi (réponse modèle) :

Salut X !

L'année dernière, quand j'avais 15 ans, j'ai aidé à nettoyer les rues de mon quartier en ramassant les déchets. J'ai rencontré des voisins vraiment sympathiques, avec qui j'ai longtemps bavardé. Ils m'ont donné des conseils parce que je n'avais jamais fait ce genre de travail. Le mois prochain, nous allons recommencer et cette fois, nous irons au parc pour le nettoyer.

J'aimerais bien partir à l'étranger pour travailler comme volontaire. Ce serait plus difficile à organiser que le nettoyage du quartier mais vraiment passionnant. Si je pouvais, j'irais dans un centre écologique pour participer au sauvetage des tortues. Ceci dit, j'admire aussi les gens qui partent aider les victimes de conflits. Quel courage ! Personnellement, toutefois, je pense que je suis trop jeune pour le faire.

À bientôt. Y

15

avoir le droit de ☺	régler un problème ☺
avoir peur de ☹	réussir ☺
énerver ☹	trouver une solution ☺
être accepté(e) ☺	le chômage ☹
faire du bénévolat ☺	la difficulté ☹
gagner sa vie ☺	l'éducation ☺
harceler ☹	le harcèlement ☹
inquiéter ☹	l'isolement ☹
inventer ☺	la méchanceté ☹
mettre au point ☺	les photos trafiquées ☹
se moquer de ☹	la pression ☹
raconter des bêtises ☹	le rêve ☺
refuser de faire comme ☺	

16   1   L'attitude de certains copains m'énerve mais j'ai trouvé une solution / réglé le problème : je ne leur parle plus.

   2   Ma priorité, c'est réussir mes examens pour bien gagner ma vie ensuite.

   3   Ce qui m'inquiète / m'énerve, c'est le harcèlement / la méchanceté / les photos trafiquées en ligne.

   4   Mon rêve, c'est de faire du bénévolat ou inventer / mettre au point quelque chose pour aider les gens.

17   1 le racisme, 2 l'inégalité, 3 le réfugié, 4 la pauvreté, 5 la guerre, 6 le traumatisme, 7 la terreur, 8 la paix, 9 grave, 10 l'exploitation

18   1 accueillir, 2 être nocif, 3 lutter contre, 4 manger à sa faim, 5 être privé de, 6 menacer, 7 se réchauffer, 8 disparaître, 9 détruire, 10 partager

19   Réponse personnelle